山西抗战纪事

一卷

杨茂林 主编

商务印书馆
The Commercial Press
2017年·北京

主　编：杨茂林

参与人员：

冯素梅　宋丽莉　安志伟　王勇红
张雪莲　董永刚　雒春普　巫建英
王华梅　常　瑞　刘碧田　李　冰
马启红　李淑珍　赵树婷　乔林晓
朱伊文　马　君　马　敏　王　劼
韩雪娇　张文广

目 录

序 ………………………………………………………………… 001
编辑说明 ………………………………………………………… 001
绪论：山西抗战历史透视 ……………………………………… 001

第一篇
在民族统一战线中共同御敌
逐步开创敌后斗争的新局面

一、中共中央、毛泽东部署华北敌后抗战 ……………………… 003
二、刘少奇在山西推动抗日民族统一战线工作 ………………… 009
三、八路军依托山西开展敌后游击战争 ………………………… 017
四、八路军在山西开创敌后抗日根据地 ………………………… 021
五、战略相持阶段山西敌后根据地"反蚕食"斗争 …………… 027
六、日军"治安肃正"计划与根据地"反扫荡"斗争 ………… 032
七、晋绥抗日根据地的开创和建设 ……………………………… 045
八、晋察冀根据地进行"三三制"民主建政实践 ……………… 049
九、晋冀豫根据地改造旧政权、建设新政权 …………………… 054
十、山西敌后根据地实行精兵简政政策 ………………………… 059

十一、"整风运动"与山西抗日根据地的党的建设 ……………… 069

十二、山西敌后根据地"廉洁政府"建设 ……………… 079

十三、加强抗日根据地党的"一元化"领导 ……………… 086

十四、日军在沦陷区实施"以华制华"政策 ……………… 091

十五、第二战区从联共抗日到"晋西事变" ……………… 101

十六、阎锡山恢复国民党山西省党部、组织"同志会" ……… 106

十七、日军诱降与阎日谈判 ……………… 112

十八、第二战区推行"兵农合一"政策 ……………… 119

十九、白求恩大夫在五台 ……………… 125

参考文献 ……………… 129

第二篇
不屈不挠抗击外来侵略
用生命与鲜血谱写战争史诗

一、山西敌后抗战与《论持久战》思想 ……………… 135

二、第二战区南口争夺战 ……………… 140

三、大同会战 ……………… 146

四、平型关战役 ……………… 152

五、中国军队死守崞县、原平 ……………… 157

六、忻口战役 ……………… 161

七、夜袭阳明堡 ……………… 165

八、连环伏击七亘村 ……………… 169

九、苦战娘子关、保卫太原城 …… 174

十、突袭神头岭 …… 181

十一、晋东南反击"九路围攻"战役 …… 186

十二、吕梁山三战三捷 …… 190

十三、中国军队坚守黄河北岸 …… 195

十四、晋绥军转战晋西南 …… 207

十五、第二战区发动"冬季攻势" …… 212

十六、百团破袭大战 …… 218

十七、中条山大会战 …… 223

十八、日军"C号作战计划"覆亡始末 …… 232

十九、沁源围困战 …… 237

二十、晋绥军区1944—1945年秋春攻势战役 …… 243

二十一、工人武装自卫旅在硝烟中成长壮大 …… 248

二十二、成成中学举校投笔从戎 …… 253

二十三、晋绥民兵书写的人民战争 …… 258

二十四、八路军众将领群聚山西 …… 262

二十五、八路军女情报科长 …… 271

二十六、牺牲在山西正面战场上的国民党军将领 …… 275

二十七、归国华侨投身山西抗战 …… 289

二十八、山西抗战中的国际友人 …… 293

参考文献 …… 299

序

　　研究和撰写《山西抗战纪事》，始于接手《山西在中国抗战历史上的地位》这一重大研究课题。通过深入挖掘和研究各种相关历史资料，我们对这段历史有了一个全新的认识，即山西是当时中国全面抗战的前沿和全民抗战的热土，并由此产生了一种强烈的冲动，那就是尽快把这段历史挖掘好、研究好、撰写好，将历史真实地传达给社会和世人，让大家毋忘国耻，维护和平。的确，山西人民所遭受的空前苦难，山西大地所遭到的百般蹂躏，让我们悲伤流泪，仇恨在心；而山西人民奋起抗击侵略者的顽强斗争和流血牺牲，山西敌后抗日根据地取得的辉煌胜利和历史功勋，则让我们由衷钦佩，感动不已。这样的材料很多，事例也不胜枚举。

　　山西人民对日本军国主义始终保持着高度的警觉性。日本人加藤真一写过一篇《山西纪行》，讲述了1925年考察山西时的遭遇，当时刚刚发生上海反日工人大罢工、共产党人顾正红被日本纱厂工头枪杀的事件。他们的考察路线大致是：先到偏关，继而沿黄河往河曲、保德、碛口、柳林、离石、汾阳、文水、清源和太原走，然后离开山西，但没想到竟遇到了强烈的反日活动。在柳林镇，爱国学生鼓动商店、旅店的店主，不卖给日本人东西，不让日本人住店，并贴上"不许日本人住店""与英日断绝经济交往""不许与日本人交谈""日本人从中国大陆滚出去"等标语，组织游行和发表演说，驱赶日本人；在离石县，学生组织起来，鼓动店家不留宿日本人，不租用骡马给他们；在汾阳城，马店店主拒绝给日本人租用马车；在清源县，店家不给日本人提供住宿，学生组织游行和发表演讲，迫使他们连夜赶路；在太原城，马店都不让日本人住，这些人被警察和宪兵以学生反日为由，劝离了太原城。这说明，山西人当时的思想是开放的，与全国的联系是畅通的，山西人民是富有民族感和正义感的。

山西人民在日军侵略中遭受了历史上的空前苦难。任弼时在1938年1月撰写了《山西抗战的回忆》一文，近距离地揭露了日军侵入山西的暴行："日寇在疯狂的侵略政策下，采用一切征服殖民地最野蛮凶恶残暴的行为来对待我被占区域的同胞。每到一个城镇，多将未逃走的居民杀去半数以上（崞县县城被杀者二千余人）。对政府职员和抗日领袖分子，则用火烧和活埋的方法处死。两三岁的小孩亦为其俎上之肉。房屋大部被其焚毁。青年妇女几无不被其轮奸，奸死者不知其数，未死者亦多遭杀戮。且大批强征青年妇女以汽车运去（仅朔县维持会，就为日寇强征3000青年妇女）。最残酷者，莫过于最近高邑县（今河北省高邑县——引者）之惨案。其经过是：12月19日，日寇到东塔镇强奸妇女，激起当地群众愤怒，群起抵抗。20日，开来日军，将该村群众一百余人均以铁钩悬于树上，割开肚子，提出肠胃，复将人头击破，灌以洋油，燃火焚之，然后将房屋焚毁而去。"这才是山西人民遭受苦难的开始。

山西人民始终坚持着顽强不屈的抗战精神。陆定一在《寄自晋东南》中说："有几位冒险的记者，听说晋东南是敌人后方，被敌人占领去了，糟蹋得'不亦乐乎'，只剩少数的我国军队躲在山上。他们冒了大险，准备牺牲自己的生命，到晋东南看看究竟。他们来了。他们亲自把自己的脚踏到晋东南的土地上，才知道不但山上是我们的，而且平地也是我们的，才知道这里并不如外面所传说的那样凄惨景象，人们并不是垂头丧气的，恰恰相反，在城市的街道上，你看见人们熙攘往来，常常有大的集合和游行在进行着，人们脸上泛着胜利的微笑，谈起日本鬼子来就说得出一串悲惨到令人不能相信的故事，而这种悲惨的故事谈到后来就变成悲壮激烈的仇恨的誓言。"当时，在阳城，就连放羊的孩子也在唱"向前走，别退后"，引起了他人接唱，"人民被屠杀，土地被强占,我们再也不能忍受";在长治,朱德总司令召开士绅座谈会,给大家分析国际局势,谈国共合作,释合理负担,讲共产造产,回答大家关心的问题;在沁县,《新华日报》的铅印机在深山里转动着,日报在华北一销就到了两万份,每天都在传递着斗志,激励着精神。1939年3月,曾经在盂县上下鹤山歼灭战中被俘的日本兵说:"我来中国后曾打过三次仗,从未见过正式的中国军队。这次战斗,是最激烈最残酷的一次,我见到了真正的中国军队!"

山西是中华民族抗击外来侵略者的战略要地。 毛泽东于1938年曾对美国合众社记者说过,八路军正在晋察冀、晋西北、晋东南、晋西南四个区域进行广泛的游击战,有了很多大小的胜利,只要到处采用这种办法,敌人就无法灭亡中国。事实证明就是这样。战后日本防卫厅在《华北治安战》一书中说道,日军占领太原后,"中国军由于在各方面败退,全面进入了游击战,扰乱日军后方。尤其共军的游击战术巧妙,其势力与日俱增,广泛地扩大了地盘"。张闻天当时写过一篇文章,明确指出党在山西的方针,是让山西成为整个北方游击战争的战略支点,用以抵御日寇对西北与中原的前进。当时,共产党就是要在北方做出一个模范的例子,证明给全国人民看:不论日寇军队的飞机大炮怎样厉害,不论日寇怎样占领了我们的中心城市与交通要道,我们仍然有办法同敌人作战,消耗他,疲惫他,瓦解他,打击他,最后完全驱逐他。在《山西抗战的回忆》一文中,任弼时则更加明确地指出:"山西自雁门以南、井陉娘子关以西系高原多山,对保卫华北、支持战局有极重大的意义。敌人要完成其军事上占领华北,非攻占山西不可。如山西高原全境保持我军手中,则随时可以居高临下,由太行山脉伸出平汉北段和平绥东段,威胁敌在华北之平津军事重地,使敌向平汉南进及向绥远进攻感到困难,故山西为敌我必争之战略要地。"

山西是中国抗战军民打击入侵敌寇的敌后主战场。 朱德总司令在《八路军抗战的一周年》中指出:"八路军入晋后,开始平型关的巨大胜利,给混乱溃败的战局以初步的稳定,兴奋了山西、华北以至全国人民,给日本帝国主义长驱直入、一往无敌的气焰,减杀不少。"当时,全国上下,贺捷电报飞向八路军,其中上海各界救国会在贺电中说:"贵军受命抗敌,力奏奇功,挽西线垂危之局,破日寇方长之焰,捷报传来,万众欢腾。"在晋察冀抗日军民粉碎日军"八路围攻"后,国际友人安特尔写道:"在这些游击队接连不断的扰乱和袭击下,日本军一时就不敢向南推进,把很多数量的军队都停留下来,企图用以消灭那些游击队。但是,这根本没有影响到那些游击队的发展,他们反而在山西、河北、察哈尔三省的边界上建立起了和日本军长期作战的根据地";"的确,这根据地中的中国人民已经有非常坚强的、有组织的力量,能够经常地打击日本军。这种力量,当他们刚刚一开始形成时,就已经表现得非常顽强,经过几个月的战斗,现在是日益强大"。当晋东南抗日军民粉碎日军"九路围攻"后,《新华日报》专门发表了《山西胜利的意义》的短评:"山西的胜利,证明了敌人最后失败的必不可免。这几个月来的战事,我们很明显地看出敌人的弱点;敌人想以现有兵力平均分布各占领区域,则兵力单薄,处处受我打击;反之,兵力集中一处,固然可以猖獗一时,但其他地方兵力更加单薄,盘踞更不易。这一顾此失彼的弱点,是敌人无法克服的";"山西胜利是怎样获得的?是由于我军民的团结,将士的忠勇,游击战斗技术的优良";"在这捷电频传的时候,全国人民都在期望着山西的将士们更英勇更坚强,将日寇逐出雁门关,逐出太行山。光复山西,成为我们收复河北及东北的根据地,我们遥祝山西将士们的胜利"。因此,可以说,八路军挺进山西实行战略展开,逐步以晋东北、晋西北、晋东南、晋西南为根据地,广泛发动群众,开展游击战争,建立敌后根据地,创造了扭转华北战局乃至影响全国抗战的奇迹。

山西是当时全国爱国人士和热血青年纷纷前往的地方。 1937 年 9

月，著名的爱国人士杜重远拜访了在太原做统一战线工作的周恩来。与此同时，伟大的爱国人士李公朴也在太原拜访了周恩来，并于1939年10月，带领"抗战教学团"进入晋察冀根据地，不仅开展抗战教育，而且亲自调查和参加武乡王家峪八路军总部座谈会，并在此基础上撰写完成了《走上胜利之路的山西》《华北敌后——晋察冀》等著作，客观描述了根据地的真实状况，由衷地赞叹道："模范的抗日民主、抗日民族统一战线的晋察冀边区，象征着中华民族解放的胜利"，"晋察冀边区是新中国的雏形"。1938年年底，卞之琳在太行山根据地进行随军访问后，发表了《晋东南麦色青青》，记录了当时的所见所闻：在长治城，街道上走来了许多穿灰色和黄绿色军装的年轻人。在北平，在上海分手的又在这里的街上拉了手，带来了意外的欢欣，相互看看身上穿的军衣。原先不认识的也总有他们共同认识的朋友。"在这里我遇见了杭州梁氏三姐弟。他们中姐姐在决死三纵队的军政干部学校当指导员，正预备当县长；妹妹也在深山里熬炼过，现在是一个记者；弟弟从抗日延安军政大学里出来了，正要到河北去打游击。"

山西抗战当时已受到国际社会的高度关注和支持。早在1937年10月，英国《伦敦先驱日报》记者杰姆斯·贝特兰在见过周恩来后就断言："这是显然的，组织华北民众抗战的主要任务将落在第八路军的身上。"1938年6月，伟大的国际主义战士白求恩率领医疗队进入晋察冀根据地，不仅救治伤员，而且建立模范病室、创建特种外科医院，提高了治疗效率，培养了一批医护人员。对自己与八路军相处的这1年零8个月时间，他很感慨："我万分幸运能够到你们中间和你们一起工作和生活，我向你们表示：我要和中国同志并肩战斗，直到抗日战争胜利。"中外记者西北参观团的6位外国记者，于1944年8月中旬来到晋绥军区参观；9月初，又前往晋绥边区第八军分区访问，参观了分区医院及兵工厂，见到了被俘虏的日伪军；9月中旬，又来到汾阳县，见证了八路军攻击汾阳日军据点的战斗，看到了被攻克的日伪据点、被押解的大批俘虏和被缴获的大量战利品，非常感慨："我们看到了你们英勇作战，看到了你们的胜利和牺牲，看到了人民是怎样的拥戴你们，看到了解放区军民是怎样的同仇敌忾！"参观团中的福尔曼先生说，我要将看到的八路军英勇战斗的故事，写成文章，拍成照片，告诉全世界人士，争取美国对八路军的武器援助，最后打垮日本法西斯。武道先生明确指出，八路军游击队比日本军队打得好，中国人民是有能力一步步将日本侵略者赶走的。而后来成为中国人民老朋友的爱泼斯坦则表示，这次我们看到了敌后的军队与人民在怎样艰苦英勇地工作和战斗，怎样牺牲自己的生命为自己的祖国、为世界人类和平而斗争。参观团记者们于10月初离开山西，他们把晋绥边区军民抗击日本侵略者的斗争及其经济、文化和教育的建设情况，向全世界做了客观而生动的报道。

尽管战争残酷，生活艰难，但这里始终洋溢着胜利的激情，就像冬日里已经出芽的麦苗。当时，卞之琳坚定地相信，初到太行山时"我们在一片苍黄的冬野里看见那青青的一行行，就仿佛在一个否极的旧世界里看到了希望本身"，"现在还是冬天，更大的冰雪多分还要来，可是麦苗一定会愈锻炼愈有劲，不但如此，它们一定还会就从冰雪的本身吸取使它们滋长所必需的水分"。是啊，冬天已经来了，春天还会远吗！

以当时的见闻和评论为序，恐不多见，虽不一定全面，但有历史的客观与真实，这是我们想看到的和想传承的。无论如何，把在山西发生的这段难忘的历史挖掘好、研究透、撰写全，以告慰在战争中死去人们的在天之灵，彰显在战争中为民族和人民牺牲的烈士们的千秋功业，是我们的历史责任，也是我们做好这项工作的初衷和动力。

杨 茂 林

2015年7月15日于太原

编 辑 说 明

山西抗战是一幅波澜壮阔的战争历史画卷。怎样才能挖掘好其内容、反映好其面貌呢？也就是说，无论是研究内容和编撰体例，还是叙事方式和语言风格，都应该能阐释清楚其主要内容和基本进程，突出其总体地位和重要作用。

1.我们采取了以纪事为主的研究方法和编撰体例，即以一事为起迄，详一事之始末，每一事为一题，各排次第，详叙始终。在此基础上，我们把每一事每一题，按照其不同内容，分成政治、军事、社会、经济、文艺、文学、教育、生态八篇，按时间先后集中叙述，清晰连贯地反映某个方面历史发展的基本过程。为弥补以事为题、事事之间缺乏联系的不足，我们在每篇前有一概述，以加强总体描述和说明，更好地反映本篇所涉及人事的历史线索及其之间的逻辑联系。

2.我们力求把握好以下关系。（1）宏大叙事与微观分析。既注重宏观而巨，有对大事件、大发展、大变革所做出的宏观叙述，如抗日民族统一战线在山西的形成与发展、中国共产党在山西开展敌后游击战争和建立敌后抗日根据地、国民党在山西进行正规战役以及第二战区进行抗战活动等；又关注具体而微，如对基层抗战活动的个案研究和细致描述，普遍涉及社会下层、妇女、家庭、社会团体、劳工阶级等在抗战中的心理和行为、思想和行动等。（2）"自上而下看这段历史"与"自下而上看这段历史"两种视角。既有上层精英阶层引领或领导的重大事件，也有下层或底层社会群众参与各种抗日活动的历史事实。（3）综合研究与重点研究。既有总体情况，也有政治和军事情况，更有经济、社会、文化、教育、文学、生态等情况；既有山西各阶层、各党派等全民抗战情况，也有国民政府和阎锡山地方政府等抗战情况，更有中国共产党领导的抗日斗争情况。（4）文献研究与实证研究。既充分利用史料等文献，又广泛吸纳包括口述资料在内的各种最新研究成果；既有传统的综合研究和定性分析，又特别重视应用数量统计做出的量化分析。但无论如何，我们都力求避免对已知事实做简单陈列，而是在理清何时何地何事的基础上，对史实进行系统归纳，做整体评析。

3. 研究和撰写遵循的要求。第一，有正确的立场、观点和方法，全面而准确地研究和撰写山西抗战历史，做到史实清楚、立论有据，并能提供新知识和新范式。第二，在前人研究基础上，广泛收集史料，吸纳最新成果，"采群书而为书"，"合众家之长为一炉"，在史实记载、分析评论、文字表述等方面做到最好。第三，吃透历史材料，围绕专题和分篇的架构，组织和安排好相关材料。第四，尽可能地做到史论结合，以叙事为主，并加以评论点睛。第五，以讲故事的叙事特点和风格，增强研究成果的可读性和社会效益。

总之，本书的撰写，力求客观展现山西抗战历史，达到"文省于纪传，事豁于编年"的效果，同时既成有可读性的历史读本，又成可供借鉴的学术著作。

绪论：山西抗战历史透视

众所周知，山西是抗战时期中国山地游击战争的主战场，也是华北抗战的战略支点，在中国抗战史上有举足轻重的地位和作用。据初步统计，山西现存抗战遗址多达3000余处，重要的就有562处，这在全国是独一无二的。所有这些抗战遗址，连同存量极其丰富的战争史料和流传极为广泛的战时故事，既是中国人民抗日战争和世界反法西斯战争的重要见证，也是山西抗战重要地位的历史观照。山西抗战历史昭示了日本军国主义的战争罪恶，也承载着山西人民所遭受的深重苦难，更揭示出山西军民面临民族危机时所爆发出的同仇敌忾、抗击侵略的高昂斗志以及不畏牺牲、勇于胜利的民族精神。

本书围绕山西抗战历史，按主题分类进行透视，分别从政治、军事、社会、经济、文艺、文学、教育、生态八个方面进行纪实性描述，目的在于全面挖掘和系统反映山西抗战这部伟大而波澜壮阔的历史诗篇。

一

政治篇，以建立和发展山西抗日民族统一战线、创建和巩固敌后抗日根据地建设为主线。

"西安事变"后，中国共产党人出于民族大义，为促蒋抗日做了大量工作，及至七七事变抗日战争全国爆发，终使国共两党再度携手，在抗日民族统一战线的旗帜下共同抗日。1937年8月25日，红军主力正式改编为八路军，朱德任总指挥、彭德怀任副总指挥。同时，中共中央北方局移驻太原，开始以山西为中心指导华北抗战工作，实现了山西牺牲救国同盟会（"牺盟会"）工作的重点转移，成立了由共产党实际领导的、晋绥察各军政机关和民众团体参加的"第二战区民族革命战争战地总动员委员会"（"战动总会"），促进了山西抗日救亡运动的新高涨，开创了山西抗日民族统一战线工作的新局面。

太原失守后，华北正规战争基本结束，华北将以八路军为主体开展抗日游击战争。遵照中共中央和毛泽东的指示与部署，八路军于1937年11月分兵进入晋东北、晋西北、晋西南、晋东南创建敌后抗日根据地，实行全面的战略展开。1938年武汉陷落后，战斗在山西敌后抗日根据地的八路军三师主力，首先奉命向东开进，分别深入冀南、冀中、山东和冀鲁豫边地区，广泛开展游击战争，巩固和扩大了敌后抗日根据地。各根据地在政权建设上实行"三三制"原则，分阶段全面建设民主政治。晋察冀边区第一届参议会的召开，标志着根据地新民主主义政治制度的健全和完善，是根据地民主政治建设史上的转折点。1941年至1942年，抗日根据地经历了抗日战争中最困难的时期，财政经济和人民生活极端困难，中国共产党贯彻精兵简政政策，各抗日根据地节约了开支，减轻了负担，使军队做到机关精干、连队充实、训练加强，战斗力大大提高，为抗日根据地度过最艰苦最困难的时期发挥了重大作用。从1942年春天起，在全党范围内展开了严肃认真的整风运动，山西抗日根据地通过党的建设，加强了党的一元化领导，促进了党政军在思想上、政治上、组织上的统一和团结，为夺取抗战最后胜利做了充分准备。

1939年，在山西逐渐形成了日军占领区、第二战区控制区和敌后抗日根据地三种政权交错并存的格局。日本华北方面军按照其大本营回攻华北作战的指导方略，正式提出"治安肃正"作战目标，即按照"巩固点线，扩大面的占领"方针，以分割、封锁、讨伐相结合，"分散配置，分区'扫荡'，灵活进剿"，轮番向各敌后抗日根据地发动了大规模的"扫荡"，企图一举拿下华北。进入1940年，日军对根据地的"扫荡"更趋频繁，残酷推行"囚笼政策"，但都遭到根据地广大军民的有力反击，被彻底粉碎了。日军鉴于山西在华北战略地位的重要性,也加紧了对阎锡山的诱降活动。经过多次协商,1941年8月11日,阎锡山指派赵承绶到汾阳城与日军代表田边盛武、楠山秀吉等正式谈判,签订了《汾阳协定》。后来,由于阎锡山不敢贸然投降,日军最终废弃该协定,开始加紧了对晋绥军和阎占区的经济封锁和军事进攻。

二

军事篇,以山西敌后抗日游击战争和山西正面战场战役为主线。

在全民族共同抗击外来侵略的斗争中,山西承担起了历史所赋予的重大使命。共产党和国民党领导的抗日军队,分别担负着敌后战场和正面战场的作战任务,形成了共同抗击日本侵略者的战略态势。敌后战场与正面战场是中国抗日战争的有机组成部分,在战略防御阶段上主要是战役配合,进入战略相持阶段后主要是战略配合。中国共产党领导的八路军出征山西对日作战,拉开了敌后抗日游击战争的序幕。随着敌后抗战的深入发展,山西敌后战场钳制了众多日军兵力,消灭了大量日伪军,逐渐成为中国华北抗战的主阵地、主战场。

抗战时期,山西成为中国共产党开辟敌后战场的第一阵地。卢沟桥事变后,日军把山西视为最具有"战略价值"的要地,叫嚣"一个月拿下山西,三个月灭亡全中国",把侵略战火烧到晋北,力图造成纵深进击太原的战略态势。中共北方局和八路军开展山西抗日游击战争,八路军三个师主力部队相继开赴恒山、五台山、管涔山和太行山区,进占同蒲线以东的晋东北、同蒲线以西的晋西北和正太线以南的晋东南等战略要地。先期抵达晋东北的第115师取得了平型关战役的胜利,击破了日军不可战胜的神话,极大地振奋了全国民众的抗日热情,增强了全国人民的胜利信心。之后,八路军又连续出击敌人,相继取得了腰站、井坪、宁武、冯家沟、雁门关、阳明堡、七亘村、黄崖底、广阳等一系列战斗的重大胜利,有力地支援了忻口战役,成为国共两军协同配合、共赴国难的光辉典范。

抗战时期，山西成为巩固、发展、壮大敌后战场的战略依托。太原失守后，抗战进入了抗日游击战争从山西向华北发展的新阶段。中共北方局在《独立自主地领导华北抗日游击战争》的决定中明确指出，要坚持运用基本的游击战，但不放松有利条件下进行运动战，要将"小游小击""中游中击""大游大击"结合起来，以调动大敌于运动战中歼灭之。按照这一方针，八路军相继创造了神头岭伏击战、午城战役、薛公岭伏击战、榆辽战役、田家会大捷等一系列典型战例，粉碎了日军"五路围攻"晋西北、"八路围攻"晋察冀、"九路围攻"晋东南等一系列军事进攻，将日军占领的"点"的四周和"线"的两侧的广大地区控制在自己手中，造成了"普遍存在于山西各地的游击战争"的局面，再次拖住了急欲吞噬山西全省而强渡黄河的日伪军。在对敌斗争中，八路军部队迅速发展，由出征时的4万余人增至近16万人，开始成为坚持华北敌后抗战的主力军。

抗战时期，山西成为支撑华北抗战的战略支点和重要基地。抗战进入了战略相持阶段后，八路军发动了百团大战，将交通破袭战推向了对敌斗争的巅峰。在中国共产党领导下，山西抗日军民以人民战争的铁拳，粉碎了日寇的"扫荡"与"蚕食"，打退了反共顽固派的"摩擦"与进攻，渡过了险关，保存了力量，成为支持整个山地、平原游击战争的基地，支持华北长期抗日战争的重要堡垒。同时，山西抗日军民也创造了武工队、麻雀战、地雷战、窑洞战、联防战、围困战等各种各样的对敌斗争形式，涌现出了一批又一批的杀敌英雄、劳动英雄和拥军模范。当战略反攻开始后，以山西为中心的整个敌后抗日根据地，又以"最前面的战略基地"，最先拉开了"中国抗战的三幕戏"中"最精彩的结幕"，向日伪军发起了迅猛进攻，为夺取最后胜利做出了巨大牺牲和重大贡献。

山西正面战场在抗战初期进行了一系列正规战役，这一阶段的战役以国民党军队正面战场为主，共产党领导的八路军则多次在侧翼有力配合了友军,这些战役中最有影响、规模最大的就是太原会战,包括天镇战役、忻口战役、娘子关战役、太原保卫战等一系列战役,参战的中国军队约28万人,伤亡约10万人,日军投入14万人的兵力,伤亡约3万人,这些战役粉碎了日本帝国主义"速战速决"的方针,对战略相持阶段的到来起了决定性作用。1941年5月,日军以10万余人的兵力进犯中条山,中国军队奋起抗击,战斗持续月余,战况惨烈悲壮,虽然打击了日军,但由于轻敌、缺乏精心准备,特别是由于国民党始终不放弃反共策略,这次战役最终以国民党军队伤亡巨大而失败了。

山西正面战场,尤其在战略防御阶段,是多支部队合作抗日的主阵地,既有晋绥军,也有中央军、西北军、川军、滇军,还有八路军,他们所进行的战斗、战役都是山西正面战场的组成部分。正面战场虽然失利,但中国将士奋起抗击,浴血奋战,用生命和鲜血抵御侵略者的爱国壮举,将永远铭刻在中华民族历史的伟大丰碑上。

三

社会篇,以山西人民遭受的深重苦难以及社会各阶层的奋起斗争为主线。

1937年至1945年的八年间,是中国社会遭受多种苦难的特殊历史阶段,由于日本军国主义的侵略践踏,国土沦丧,生灵涂炭,中华民族到了危亡时刻。山西就是这种苦难和危亡的真实缩影,在这里,日军实行残酷的"三光政策",焚毁家园,杀戮百姓,抢夺财物,奸淫妇女,民众生活极度艰难和困苦。为躲避日本人的残暴,山西的老百姓颠沛流离,有的甚至长年躲进深山,居无定所,衣食无着。即便在日军走后回到家里,也吃不饱、穿不暖,生计特别困难,生活尤其艰辛。特别是日军惨无人道的暴虐行为,使老百姓惶恐不安,精神郁闷,所造成的恐惧和留下的伤痛经年不能祛除。更为恶毒的是,日军公然违反国际公约,悍然实施毒气战和细菌战,污染了山西许多地方的水源，造成病菌肆虐，许多人得了疥疮、染了伤寒、患了痢疾等，而当时医疗条件和技术落后，根本无法及时有效医治，使许多民众遭受病痛折磨，生不如死，苦不堪言。

这一时期，山西人民虽历经苦难，但没有失去乐观态度和斗争精神，他们坚强耐韧，在战争中顽强地生活着，充满了对未来生活的渴望和对抗战胜利的信心。他们抱着生存念头，拖儿带女，背井离乡，由平原向偏远山区逃难，或务农或经商或务工，努力寻找着活下去的办法和支点。同时，日本侵略者的残暴以及自己同胞们的鲜血，也刺激和唤醒了民众心中的反抗意识，在面对侵入家园的日军时，他们也不顾安危地进行反抗，英勇地投身于抗战杀敌的行列。特别是共产党领导的八路军及其他各种抗日武装，英勇抗战，戮力保护民众的生命和财产，形成了强大的感召力和凝聚力，不仅动员集聚了山西各阶层的民众奋起抗日，而且吸引着全国的热血青年和有志之士来山西参加抗日活动，他们最终成了敌后抗战取得胜利的有生力量。

这一时期，山西境内的各种宗教作为当时影响社会的一支重要力量，拥有不少组织和许多信众，因此成了人们的心灵寄托，给苦难中的民众带来了心理慰藉。日本侵入山西后，为了加强思想控制，也曾使了不少手段，企图利用这些宗教进行文化奴役。国难当头，山西宗教界人士以强烈的爱国情怀，利用自身的独特条件，积极采取各种方式，主动支持八路军以及抗日干部群众的抗日活动，有的甚至直接投入到抗日斗争的洪流中去，成为抗击外来侵略的一支社会力量。

这一时期，山西妇女遭到了残暴对待和非人折磨。日军从1937年入侵山西，直至1945年战败投降，无论是在占领的城市还是乡村，以及"扫荡"过的地区，都烧杀奸淫，从未停止过对山西妇女凌辱施暴。"哪里有压迫，哪里就有反抗。"山西妇女没有屈服，她们奋起抗争，毅然决然地投入了捍卫自由和争取独立的斗争。当时在山西，许多妇女自发抗敌，妇女抗日组织如雨后春笋般建立起来，如晋察冀边区妇女抗日救国联合会,就是抗日根据地中最早成立的妇女抗日统一战线组织。各种妇救会组织在党的领导下,积极参加各种抗日救亡活动,发挥了极为特殊的重要作用。

四

经济篇,以山西经济、特别是敌后抗日根据地的经济发展为主线。

抗战时期,由于山西敌后根据地初建,条件自然非常艰苦,加之日军对游击区和敌后抗日根据地进行严密封锁,所以经济状况不容乐观,建设任务十分繁重。早在抗战初期,中国共产党和边区政府就提出要恢复被战争破坏的经济,建立公营企业,逐步实现由依赖外援为主向自给自足的方向转变。当时,各敌后根据地首先提出要繁荣农村经济、发展人民生产、增加社会财富的经济建设方针,并实施了积极有效的政策措施。为推动农业发展,各根据地采取了减租减息、废除高利贷和苛捐杂税的办法,调动了农民群众的生产热情,促进了农业生产的发展,同时改善了穷苦农民的生活,巩固了抗日民族统一战线。

随着对敌斗争形势的日益严峻,经济战线的任务也越来越重。敌后根据地积极推行大力垦荒、兴修水利、科学种田等措施,从而扩大了耕地面积,稳定了农业生产,提高了粮食产量,打破了日伪的经济封锁,有力地支持了抗日斗争。还根据实际发展经济,由政府、部队等创设公营经济,同时鼓励发展合作经营、私人经营的工业、手工业、家庭副业等,使工业品基本上实现了自给自足。从而在国民党政府断绝拨给任何款项、物资和经费的情况下,依靠各项正确政策和抗日军民的积极性,保障了经济支出需要,为夺取抗战胜利奠定了物质基础。

抗战时期,山西只有晋西南的23个县由阎锡山领导的第二战区治理,其中15个与敌占区或根据地犬牙交错。1942年下半年,第二战区经济困难,需要解决120余万军民的生计问题。阎锡山提出要学解放区"自给自足",要求当时驻克难坡的干部、士兵和干部家属一律参加劳动,从事种地、腌菜、养猪、制鞋、家庭纺织等工作。当时,国民政府为整治物价,实行限价政策,阎锡山从中受到启发,认为战时物资贫乏、物价波动现象加剧,原因在于私商投机倒把、囤积居奇,便提出了"发展生产,实行自给自足的管理经济"的所谓"新经济政策",目的是通过取消私商,统一管理市场,实现一个地区、一个商店、一个价格,其实质就是实施战时垄断经济。

民国以来,阎锡山特别重视山西实业问题,并大力倡导工业建设,推动经济发展,其规模在抗战前居于全国首位,但却在战争中遭到了掠夺和破坏。日本占领山西后,将这里作为"以战养战"战略资源供给地,疯狂掠夺当地的煤、铁、盐、棉花、粮食和人力等战略资源。为了达到全面服务日本侵略战争的目的,日本人设置了一整套庞大的经济机构,明目张胆地实施掠夺活动,不仅大肆掠夺自然资源,而且还拆卸了大批工业设备运到他们早已侵占的东北及日本本土,严重地破坏了山西初具规模的工业经济,毁坏了山西较为完善的经济体系。不仅如此,日军还直接掠夺商铺财产,建立殖民机构进行贸易统制和盘剥,使山西民营工商业遭受了难以估量的损失,从根本上打乱了山西走向现代化的历史进程。

五

文艺篇,以中国共产党所领导的山西抗战文艺救亡运动为主线。

抗战期间,中国共产党高举抗战文化旗帜,积极发展敌后抗战文化运动,推动了全国的抗战进步文艺救亡运动,为全民族抗战提供了强大的精神支柱。当时在山西活跃着三支抗日文化队伍,即从延安派出由八路军政治部所领导的文化队伍、山西地方文化队伍、从全国各地来的文化队伍及其文艺工作者,其中,党领导的红色抗战文化成为当时抗战文化的主流。朱德、彭德怀、刘伯承、邓小平、贺龙、聂荣臻、关向应等党政军领导人,都对山西敌后抗日文艺的方针和政策、思想和理论做出过重要论述，朱德的《三年来华北宣传战中的艺术工作》、彭德怀在晋冀豫边区临参会和晋东南文化界"五四"纪念会上的讲话、邓小平在太行文化人座谈会上的讲话、聂荣臻在晋察冀边区艺术节大会上的讲话、关向应的《敌后新民主主义文化建设问题》等，都为敌后根据地的抗战文艺提供了重要指导。

山西的抗战文艺调动了广泛的社会力量。太原失守后，从太原撤出的多数文化团体转入敌后根据地，活跃在太行山区、晋西北、晋东北等地，成为当地进步文化的主要力量。抗战初期，丁玲带领"第18集团军西北战地服务团"，在晋西、太原、晋中、晋东南活动了6个月，途径山西16个县和近百个村庄，辗转3000多里进行文化宣传，影响广泛。随八路军北上的文艺组织，如总部的火星剧团、第115师的战士剧社、第120师的战斗剧社、第129师的先锋剧社等，也活跃在山西农村，为地方和友军剧团进行辅导和演出，极大地激发了敌后根据地的文化热情。特别应该提到的是，许多全国的文化工作者也来到山西，其中有热血青年，还有归国华侨、进步民主人士和文化界名流学者，他们都被山西火热的战地生活深深地感染着，爆发出巨大的创作活力，光未然创作了组诗《黄河大合唱》，冼星海抱病为之谱曲，一曲唱响了中华民族不畏强暴、不屈不挠的伟大精神与非凡气势。

山西的抗战文艺极大地激发和鼓舞了人民群众的对敌斗志，成功地走出了一条文艺为抗战服务、同工农兵相结合的崭新道路。抗战时期，山西的抗战文艺活动一直十分活跃。毛泽东《在延安文艺座谈会上的讲话》一文发表后，更加明确了根据地文化建设的前进方向，抗战文艺进入了一个新阶段。广大文艺工作者更加广泛深入生活，把创作和实践结合起来，把生产和战斗结合起来，不断表现新主题、新人物、新世界，创作出了全新的文艺作品，如赵树理的《小二黑结婚》《李有才板话》，丁玲的长篇报告文学《一二九师与晋冀鲁豫边区》，马烽和西戎的《吕梁英雄传》等。这些作品深刻反映了抗战旋律和时代主题，讴歌了人民群众和革命战士，弘扬了积极向上、英勇斗争的抗战文化。

六

文学篇，以中国共产党领导的山西抗战文学救亡运动为主线。

随着敌后根据地的巩固和扩大，山西抗战文学走到了全国抗战斗争的前沿。抗战初期，以丁玲等为代表的进步青年创作了大量的文学作品；周立波、舒群等作家随军战斗，积累了大量的抗战素材；萧红、萧军、端木蕻良、艾青、田间、塞克、聂绀弩等先后深入山西，写出了许多文学名篇。

进入战略相持阶段以后，除了文协总会经常从大后方派出作家来山西前线深入生活外，各种抗敌协会也相继成立了，如中华全国文艺界抗敌协会晋东南分会等，从而使山西抗战文学更加活跃了。特别是毛泽东《在延安文艺座谈会上的讲话》精神传到山西之后，广大文艺工作者广泛深入基层体验生活、搜集素材，掀起了山西抗战文学创作的新高潮，如赵树理的《小二黑结婚》《李有才板话》就产生了巨大影响。在晋绥根据地，马烽、西戎、李束为、孙谦、胡正成为文学新人的杰出群体，马烽、西戎发表的《吕梁英雄传》，成为山西抗战文学成熟的重要标志。

抗战期间，来自全国各地的著名作家和文学团体，在山西以自己的文化创作成果，推动着山西抗战文学向纵深发展，这对封闭落后的山西文坛是一次大冲击，成为山西文学史上绝无仅有的现象。正是在抗日救亡大旗下，来自全国以及山西本土的作家集聚起来，以更高视野更高水平反映山西抗战，服务全国抗战，绘出了一幅全民族共同抗敌的历史画卷。如白嘉的《我终于见着了他》、行者的《我们的尖兵班》等，都描述了暴风骤雨般的抗日斗争，表现了敌后根据地参军支前、土地改革、政权建设等变革，塑造了抗日领袖人物等生动形象。

山西抗战文学中的许多作品都力求民族化和大众化，体现出了鲜明的中国作风和气派，成为全国抗战文学的重要组成部分，为世界反法西斯战争文学做出了重大贡献。山西的抗日战争也吸引了国际目光，一批外国作家来到中国战场，如史沫特莱、伊卡尔逊等人就在周立波的陪同下先后来到山西，写出了许多报道，真实和及时地向世界传送了八路军的抗战实况，为人们进一步了解八路军和根据地做出了积极努力。

七

教育篇，以山西抗战教育救亡运动和"反奴化"教育为主线。

山西历来重视教育，历史文脉源远流长。日军侵入山西以后，不仅肆意破坏山西的教育体系，迫使许多初等学校停办，高等院校转移，更为恶劣的是，他们在所到之处，疯狂推行奴化教育，给山西教育带来了深重灾难。但是，山西人民没有顺从和屈服。在山西，不论在敌后根据地，还是在第二战区，抑或日伪占领区，人们都采取各种方式，积极创造条件开展救亡文化教育，呈现出抗战教育的独特风貌。

1938年8月，中国共产党提出《抗日十大救国纲领》，要求"改变教育的旧制度、旧课程，实行以抗日救国为目标的新制度、新课程"。当时，山西抗战教育的基本要求是，既要服务抗战，也要遵循自身发展规律，根据不同地区、不同类型的教育需要，采取灵活有效的教学方法，从而在教学上创造出了许多好经验、好做法。当时，为培养战时急需人才，各类干部学校如雨后春笋般地在山西兴起，尤其在敌后根据地，到处洋溢着学员们乐观积极、努力学习的气息；各种扫盲、宣传抗日等的社会教育也逐步深入到根据地的千家万户，使广大民众的文化教育水平有了提高。同时，为适应战争需要，以村政教育为核心的民众教育，也在激发民众爱国情感、动员民众参与抗战的过程中，如火如荼地开展了起来。

远处晋西南的第二战区，虽然条件艰苦，经费吃紧，但初等教育仍继续生存发展；南迁的山西大学，历经风风雨雨，顽强生存。民族革命大学虽几经波折，但培养了无数的抗战干部。这里的青年学生主要来自18个省，还有归国华侨，教员中多是进步民主人士和全国文化界名流学者，如艾青、萧红、端木蕻良、聂绀弩、徐懋庸、周巍峙、侯外庐等。

与此同时，为抵制日伪统治下的奴化教育，山西"反奴化"教育运动也在悄然进行，其中，积极进步的教育内容被渗透到日伪学校的教材和教学中，各类打游击式的教育形式和教学活动秘密开展，日伪学校变成抗日学校，日伪教师和学生成为秘密的抗日力量。

抗战时期的山西教育，对于培养各类抗日救亡人才，唤醒民众反日爱国、抗日救国的政治觉悟，提高民众的整体文化水平，都起到了不可估量的作用。正如1940年李维汉在《亟待改革的教育》一文中所强调指出的："三年以来，教育战线的重要性提到了历史上从来没有过的高度。文化教育战线就成了抗日战线的重要侧面之一，文化教育工作者就成了抗日战争的重要武器之一。"

八

生态篇，以日军在山西劫掠资源和破坏环境为主线。

战前日本是一个军事封建性的资本主义国家，具有对外扩张、掠夺资源的本性。全国抗战爆发后，由于战略地位重要和自然资源丰富，山西成了日军华北作战的首要目标和掠夺资源的重点省份，他们能抢则抢，抢不走就毁，对山西资源及生态环境都造成了难以修复的恶果。

抗战时期，日军大规模地建立军事设施和据点，强征大量劳动力，侵占了大面积农田，使得耕地急遽减少和大片荒芜，农业生产无法正常进行。更为严重的是，日军在山西推行"棉花增产计划"和"鸦片政策"，规定农民禁种五谷，只许种植棉花和罂粟，致使粮食产量锐减，土地生产力降低，肥力持续下降。另外，日军大肆砍伐森林，使得山西的森林面积大幅下降，水土流失和土地荒漠现象严重，自然生态环境严重失衡，整个山西的农林生态系统遭到了史无前例的破坏。山西运城地区丰富的盐资源也成为日军掠夺的重要目标，他们建立了盐业管理运销机构，运用多种手段进行强盗式的掠夺，严重破坏了山西盐业的正常生产秩序。

抗战时期，山西各类资源遭受了空前浩劫。据统计，日军掠夺山西煤炭竟达2100多万吨，其中仅大同煤矿就有1400多万吨，还有生铁30万吨、钢材6.7万吨、冶金焦12万吨等，直接经济损失达6.5万亿元（法币）。缘之于此，山西经济水平急遽下降。

抗战时期，日本还对中国的人力资源进行压榨和摧残。为加强采掘力度，他们大量"招募"矿工，实行"以人换煤"的血腥政策，大批矿工由于非人的待遇、超负荷的劳动、矿井的各种事故以及日军的虐杀而失去生命，仅在大同煤矿就有6万名中国矿工被摧残致死，平均每出230吨煤就要死一名中国矿工。

更骇人听闻的是，日军竟冒天下大不韪，在山西实行惨无人道的细菌战和毒气战，进行惨绝人寰的人体实验和活体解剖。日军不仅在战场上使用"细菌武器"和毒气，而且对手无寸铁的百姓，也毫无人性地使用毒气熏杀，到了丧心病狂的地步！

山西抗战虽然已过七十余载，但每每回首往事，恢宏壮观、气吞山河的抗战画卷仍然历历在目。以山西为中心开展的敌后抗日游击战争和抗日根据地建设，以及在山西战斗过、生活过的抗战军民所建立的千秋功勋将彪炳史册，他们用鲜血和生命浇铸出来的爱国主义精神将指引万代。

第一篇

在民族统一战线中共同御敌
逐步开创敌后斗争的新局面

七七事变后，中共中央北方局为领导华北敌后抗战、根据地建设及敌占区党的组织，从北平移驻太原。按照中央指示，刘少奇以中共中央北方局书记的身份来山西领导抗日民族统一战线工作，促成了"第二战区民族革命战争战地总动员委员会"的创建，极大地加强了山西敌后抗日的力量。之后，山西的抗日民族统一战线进一步发展，抗日游击战争次第展开，为建立敌后抗日根据地奠定了初步基础。

洛川会议后，八路军挺进山西，进入晋东北、晋西北、晋西南、晋东南等地，创建敌后根据地，山西抗战进入了开展游击战争和创建敌后根据地的新阶段。为扩大和巩固抗日根据地，中国共产党和八路军组织广大民众积极开展游击斗争，实行"三三制"原则，分阶段全面推进民主政权建设。晋察冀根据地第一届参议会的召开，标志着新民主主义政治制度的建立和发展，是根据地民主政治建设史上的重要转折。

战略相持阶段到来后，日军疯狂"扫荡"各抗日根据地，实施"囚笼政策"和"牛刀子战术"，加之自然灾害严重，根据地在1941至1942年经历了最困难的时期。中共中央制定和实施了十大政策，实行精兵简政，不仅节约开支，减轻了人民负担，而且使军队机关精干、连队充实、训练加强、战斗力提高，党政民各机关轻便、简单、群众化、战斗化，为粉碎日军"扫荡"、渡过艰难时期发挥了重大作用。与此同时，各根据地开展整风运动，加强党的建设，促进全党在思想上、政治上、组织上的统一和团结，为夺取抗战最后胜利做了充分准备。

抗战时期，山西形成了沦陷区、二战区和抗日根据地三种政权并存、犬牙交错的局面。阎锡山为与共产党争夺山西抗日民族统一战线的领导权，不断制造摩擦，进而发动"晋西事变"。同时，为缓解日军进攻的压力，派人与日军谈判，签订了《晋绥军与日本军基本协定》等。太平洋战争爆发后，阎锡山对日发动"晋西大保卫战"，以示抗战到底的态度和立场。

一、中共中央、毛泽东部署华北敌后抗战

九一八事变后，日本出兵侵占了我国东北，中日民族矛盾逐步上升。在日本军队步步进逼面前，国民党政府采取了"攘外必先安内"的方针，压制了抗日力量，纵容了日本侵略。1935年，日军公然制造华北事变，妄图吞并华北五省，使之成为第二个"伪满洲国"。在民族危亡的紧要关头，蒋介石政府继续实行不抵抗政策，而中国共产党毅然决然举起民族抗日的大旗，于同年12月召开瓦窑堡会议，制定了抗日民族统一战线的政治方针，确立了把国内战争同民族战争结合起来的军事战略，为准备直接对日作战、全面部署抗战工作，做了大量积极而有成效的工作。

中国抗日战争的客观形势和历史进程，使山西成为对日斗争的前沿阵地和主要战场。山西地处华北腹地，向东可控制华北，南进可策应中原，西出可威胁陕甘，北向可远达苏蒙，军事战略地位十分重要。而且与西北及陕甘宁等地区相比，山西人口众多、经济富裕、交通便利，非常有利于红军的发展。此时，与山西接壤的冀、察两省，其大部主权已为日军所控制，正在变为其发动全面侵华战争的近后方。由于国民党对陕甘宁苏区实行严密封锁，山西就成为中国共产党及其领导的武装力量东出直接对日作战的必经之地，而且也是中国共产党把抗日民族统一战线推向华北地区的理想通道。然而，要"打通抗日路线"，把山西变成"苏区"，从而进一步推动华北抗日救亡运动，使中国共产党取得民族革命战争的领导权，首先必须与山西统治当局进行联合，因此，建立山西抗日民族统一战线的任务，就迫切地摆在了中国共产党的面前。

阎锡山是统治山西长达20多年的"土皇帝",此时仍坚持其反共的立场和政策,与国民党军队合力"围剿"红军。1935年冬,中国共产党向阎锡山申述了"停止内战,一致对外"的主张,要求他允许红军通过山西,开赴河北前线对日作战,而阎锡山根本听不进去,继续在黄河东岸沿线"构筑碉堡地带","建立防共团队",阻拦红军东渡抗日。在这种情况下,单纯运用政治手段难以济事,只有把政治的和军事的两手斗争策略巧妙地结合起来,采取先武后文的办法,才是解决问题的根本出路。于是,为了推动抗日民族统一战线的建立,实现对日作战,挽救华北危局,也为了在发展中巩固陕北革命根据地,扩大红军,播撒革命种子,在中共中央的直接领导下,中国工农红军冲破蒋介石和阎锡山的阻挠,坚决举行了伟大而有历史意义的东征。

红军东征由毛泽东亲自兼任总政治委员、彭德怀任总司令。1936年2月20日,中国人民红军抗日先锋军以泰山压顶和迅雷不及掩耳之势抢渡黄河,一举摧毁晋军防线,挺进山西。东征遭到阎锡山军队的顽固抵制,蒋介石则调集20万大军增援阎锡山,并命黄河以西的国民党军队与之配合,企图消灭红军,摧毁陕甘宁根据地,但其企图从未得逞。在东征中,红军所向披靡,从晋西打到晋中,从晋中打到晋南、晋西北,先后转战59个县市区,横扫了大半个山西。红军在所经过的广大地区撒下了革命的种子,广泛宣传党的抗日民族统一战线政策,为后来开辟抗日根据地奠定了基础。最后,中国共产党从抗日救亡大局出发,为避免内战和保存国防实力,推动抗日民族统一战线工作,决定将东征红军撤回河西,并于5月5日向国民党政府和全国各界发出《停战议和一致抗日通电》,宣告红军东征胜利结束。红军东征是中国共产党在抗战准备的历史阶段所开创的把国内战争和民族解放战争相结合的范例,它以红军的实际行动,使全国各阶级各阶层人民看清了共产党是真正爱国、爱民和抗日的,使中国共产党在政治、军事上由被动转为主动,并实现了从军事进攻到政治进攻的战略

一

中共中央、毛泽东部署华北敌后抗战

转变，开始夺取抗日主导权。在山西，红军以强大的威力，打破了阎锡山的封锁，宣传和发动了广大人民群众，把全省的抗日救亡运动推向了一个新阶段，从而迫使阎锡山不得不改弦更张，考虑从共产党身上寻找他的政治出路。

1936年8月间，日军轰响了向绥远进攻的炮声，把侵略魔爪伸到了阎锡山的势力范围。阎锡山认识到，不抗日山西就无以自保。与此同时，蒋介石对阎锡山大施阴谋手段，指令援助阎锡山拦阻东征红军的部队赖在山西不走，意欲吞并阎锡山的地盘。以"一切为了存在""在存在中求生存"为最高哲学的阎锡山，最后确立了"守土抗战"的方针，在共产党有力的政治推动下，采取了"联共抗日"的新政策。这样，在1936年秋天，中国共产党与阎锡山为首的山西统治集团的合作关系终于建立起来，在山西实现了抗日民族统一战线局面，较国共两党正式建立"合作关系"早了近一年。在中共中央和北方局的直接领导下，通过山西新派的胜利斗争，中国共产党掌握了山西抗日民族统一战线的实际领导权，并通过"牺盟会"这个官办的合法组织形式，先后创办了一系列抗日救国培训团体，培养和造就了一支数量相当可观的干部队伍。"牺盟会"在全省开展了轰轰烈烈的抗日救国群众运动，形成了一股强大的革命力量，为实行全面抗战做了成功准备。

七七事变是日本帝国主义经过长期准备而发动的大规模侵华战争的开始，由此引发的中国军队抗战成为中国全国性抗日战争的起点。从此，中国人民反对日本帝国主义的斗争方式发生了根本转变，由过去的非武装斗争提高到了武装斗争的新阶段，而华北则首当其冲，成为抗日战争的最前线。事实上，西安事变的和平解决使内战基本停止，国共关系得到迅速发展，中国共产党将抗日策略调整为"联蒋抗日"。7月8日，中共中央即发布了抗日宣言，号召全国同胞、政府和军队团结起来，筑成抗日民族统一战线的坚固长城，抵抗日本帝国主义的侵略。9日，中国工农红军发出通电，请缨杀敌，实行直接对日作战，誓死保卫祖国领土。15日，中共中央又以团结抗战、实行民主政治为主旨，向国民党中央提交了《中国共产党为公布国共合作宣言》的文件，提出了发动民族革命抗战、实现民权政治、改善人民生活等国共合作的三项基本政治纲领，提出红军改编为国民革命军、受国民政府军事委员会统辖的主张。在中国共产党的呼吁、斗争、推动和督促下，在全国人民抗日救国浪潮的压力下，蒋介石被迫接受共产党提出的"合作抗日"的政治主张，承认了陕甘宁边区的合法性和共产党的合法地位，并接受红军改编。

1937年8月22日至25日，中共中央在陕北洛川召开了政治局扩大会议。会议分析了抗日战争爆发后的政治形势，在正式确立"全面的全民族的抗战"路线的基础上，通过了《关于目前形势与党的任务的决定》，指出了中国的政治形势已经由准备抗战进入实行抗战的新阶段；同时，通过了由毛泽东提议的《抗日救国十大纲领》，逐条规定了争取抗战胜利的具体道路。在会上，毛泽东还特别做了国共两党关系问题和军事问题的报告，提出并详尽地阐述了独立自主的抗日游击战争的战略任务和战略方针，即深入敌人后方，放手发动人民群众，开展独立自主的山地抗日游击战争，钳制与消耗进攻之敌，配合正面战场，开辟敌后战场，建立敌后抗日民主根据地。

与此同时，根据国共两党达成的协议，在陕北的中国工农红军被改编为国民革命军第八路军，这标志着国共第二次合作的正式形成。八路军下辖3个师近4.6万人，设总指挥部，总指挥为朱德，副总指挥为彭德怀。自8月底至10月中旬，八路军第115师、第120师、第129师三大主力师分批从陕西省的三原县出发，东渡黄河开赴山西抗日前线。同时，以彭雪枫为主任的八路军驻晋办事处在太原正式成立。七七事变后和八路军挺进山西前，中共中央北方局已由北平移驻太原，北方局书记刘少奇及其他领导人的到来，使山西抗战成了华北

一 中共中央、毛泽东部署华北敌后抗战

党组织的中心工作。这些重要力量汇集于山西,在中共中央、毛泽东的战略部署下,义不容辞地担负起了领导和发动山西抗日游击战争、推动民族革命战争不断走向胜利的伟大使命。

全国抗战开始后,整个华北战局呈现出敌强我弱的态势,一方面是日军的疯狂进攻和逼近山西,另一方面是国民党军队的节节败退和丧师失地,山西已经成了对日作战的前线阵地。山西是华北屋脊、北中国的锁钥,太原是山西省会、晋境交通枢纽,夺取了太原即可夺取山西,夺取了山西即可固守平津、侵吞华北、进取中原、迂回西北。因此,加紧会攻山西就成为日军侵夺华北、吞灭中国总战略的首要目标。随着华北抗战局势的日趋恶化,日军按照"一个月拿下山西全省,三个月灭亡全中国"的战略计划,迅速把侵略战火从北平、天津、河北、察哈尔、绥远烧到晋北,开始夺取恒山山脉以为侵吞冀、察、晋三省的"战略中枢",形成向山西纵深出击的态势。针对日军的强大攻势和国民党正规战争的全面溃败,毛泽东从政治和军事两个方面,对国民党正规战争的溃败原因进行了深刻剖析,揭露了国民党所实行的片面的抗战路线和错误的战略战术,明确提出了挽救抗战危局的正确方针,"这就是实行孙中山先生的'唤起民众'的遗嘱,动员社会的下层民众加进这个统一战线去",同时将"战略战术上单纯防御的方针,改变为积极攻击敌人的方针"。① 毛泽东通过对敌、我、友三方面的情形和未来战争发展趋向的科学分析,认定在这种情势下,挽救华北危机、扭转华北战局的根本力量唯有中国共产党及其领导的人民武装八路军,并且必须坚持山西阵地,开展山西抗日游击战争,创造山西的战略支点,才能达到支持和发展华北抗日战争的根本目的。

这时,按照国民党的要求和部署,八路军应以集中配置的方式进入恒山山脉地区。中国共产党人清醒地认识到,这样一来,八路军势

---

① 毛泽东:《毛泽东选集》(合订本),人民出版社1966年版,第347、348页。

必会全部陷入日军的迂回包围中，陷入被动挨打的危险境地。

为使八路军在战略上展开于机动地位，开展真正独立自主的山地游击战争，中共中央、中央军委和毛泽东立即做出新的战略部署，决定八路军三个主力师由集中配置变为分散配置，展开于山西各战略要地，进行独立自主的抗日游击战争。为了使八路军和华北党组织归于战略一致，实行协力配合，在八路军东渡黄河挺进华北抗日战场之际，1937年9月12日至29日，毛泽东代表中共中央和中央军委，相继给华北前线发了一系列电报，就首先发动与开展以山西为中心的敌后抗日游击战争做了重要指示和部署。毛泽东指出，在山西应分为晋东北、晋西北、晋东南、晋西南四个战略区，以此四个战略区域实行战略展开，对进占中心城市和交通要道之敌形成四面包围的态势，有力地钳制和打击敌军，使山西成为我党我军实行和坚持抗战的立足点。依托这四个战略支点，伸展四臂，向外扩大，囊括广大的华北地区，连接西北地区，策应中原地区，使山西成为我党我军扩大与发展抗战的根据地。毛泽东再三强调要坚持独立自主的山地游击战争这一基本的战略方针，明确了游击战争主要应处于敌之翼侧及后方，在山西全境广泛发动群众，组织人民抗日武装，创建敌后抗日根据地，坚持长期抗战和开展游击战争。这一战略部署的制定和实施，不但粉碎了蒋介石"借刀杀人"的恶毒计划，使中国共产党及其军队避免了难以想象的挫折和损失，而且对抗日游击战争的勃兴和敌后持久抗战的发展，都起了决定性的指导作用。

在毛泽东战略思想的指引下，中国共产党高举的抗日战争的伟大旗帜首先飘扬在山西上空，抗日游击战争的烽火最早开始在三晋大地上熊熊燃烧起来，并且获得了最大的胜利与成功。[1]

---

[1] 参见张国祥：《山西抗日战争史》，山西人民出版社1992年版，第3~123页。

二、刘少奇在山西推动抗日民族统一战线工作

七七事变后,中共山西党组织就积极入手,为实行牺盟会工作的重点转移,动员群众参加抗战做了大量富有成效的工作。尤其当上海八一三事变发生以后,牺盟会又进一步充实和发展了自己的行动纲领,提出了"全民总动员,争取民族革命战争的胜利"的口号,规定了全民族的生活都应适合战时的状态,一切工作都应该是为了战争的胜利。按照行动纲领的精神,牺盟会在一些工作上还做了较为具体的部署和安排。如要求通过牺盟会的机关刊物《牺牲救国》向社会各阶层大力宣传、呼吁所有不愿做亡国奴的人们都要行动起来积极参加抗战;立即组织宣传队、剧团下乡进行抗日救国的宣传,把全省人民发动起来;通电国民党中央政府,要求急调陆海空三军北上抗日,援助宋哲元部;发动全省一百万人积极捐助,支援全国抗战;征调五万少年先锋队员到太原进行军事训练,积极备战;为适应抗战,向阎锡山提出改革政治机构、保障公民爱国运动自由和改善人民生活等三项政治主张。在牺盟会各级组织的积极努力和协调下,上述这些工作都按计划有序地开展起来。"经过一个多月的紧张活动,全省范围的抗日救亡运动也发展到了空前高涨的程度。"①

为了适应斗争形势变化的需要,7月底,刘少奇由延安来到山西,直接领导山西的抗战工作,并明确提出了在战区建立抗日政权性质的战地动员委员会的主张。8月下旬,周恩来来到太原,就当时山西的统一战线工作与刘少奇深入交换了意见,并进行了详细的研究,确定以武装民众、进行战争动员为工作重心。旋即同阎锡山进行协商和谈

---

① 牛荫冠:《山西牺牲救国同盟会纪略》,《山西文史资料》(第15辑),山西人民出版社1981年版,第25页。

判，于9月正式成立了由中国共产党实际领导、晋绥察各军政机关和民众团体参加的"第二战区民族革命战争战地总动员委员会"。共产党派邓小平、彭雪枫、南汉宸、程子华、武新宇等负责该会的组织领导工作。这是继牺盟会之后在华北战场上诞生的又一个新型的抗日民族统一战线组织。洛川会议后，刘少奇立即向中共山西党的公开工作委员会传达了会议精神，要求牺盟会要以《抗日救国十大纲领》为指导，尽可能地发挥力量去发展群众运动，推动抗日民族统一战线，为争取抗战胜利而努力。"把基层群众工作同上层统一战线工作有机结合起来，并且始终把着眼点放在组织人民群众上，这是中共中央确定统战工作的基本方针，也是北方局在准备抗战的历史阶段指导山西和华北党开创抗日民族统一战线新局面的成功的实践。"[①]

刘少奇认为，在抗日民族统一战线的问题上，在任何时候和任何情况下都要清醒地认识到推动抗日民族统一战线对于实现党的策略任务的极端重要性，要坚定不移地把它放在党的工作的突出位置上来，而且还要能够适应客观形势的发展变化，灵活运用正确的思想来指导统一战线工作。他指出，现在抗战已经开始，全国的政治形势进入了一个新的历史阶段。过去是准备抗战，现在是实行抗战，而且要从单纯地依靠军队抗战过渡到全民族抗战上来。因此，我们在斗争策略上也应当有所改变。要扩大和巩固统一战线，积极捕捉时机，放手发动广大群众参与抗战。在接见牺盟会总会的负责干部（包括非党干部）时，他根据抗战的形势发展，要求牺盟会大胆放手发动群众，成为群众运动的实际组织者和领导者，号召青年学生和知识分子到广大农村去开展游击战争。他指示党的公开工作委员会，不应仅仅局限于牺盟会这一单一的组织形式，应该根据不同民众的身份要求，分别成立工、农、青、妇等救国组织，真正把各界群众动员与武装起来。他

---

① 张国祥：《山西抗日战争史》（上），山西人民出版社1991年版，第164页。

二　刘少奇在山西推动抗日民族统一战线工作

还以牺盟会的名义亲手起草了《山西农会章程》，为公开合法地发动广大农民群众，组织与建立农民抗日救国会提供了工作依据和思想保障。在他亲拟的《人民自卫队组织条例》中，明确规定了自卫队的性质与任务。他指导和帮助中共山西工委举办党员训练班，并亲自讲授山西抗日民族统一战线的形成与发展，坚持统一战线中的独立自主原则，以及发动抗日游击战争的必要性和重要性等。

在刘少奇的正确指导下，山西的抗日民族统一战线工作，在形势转变的关键时刻，不但没有迷失方向，反而很快开创了新的局面。这些工作主要是围绕牺盟会展开的：

首先，中国共产党通过牺盟会以抗战总动员为中心，督促阎锡山以省政府的名义公布了五项法令，即优待抗日军人家属办法、战时工厂法、改革政府机构、进行减租减息、实行军队政治化。并向山西省政府提出了七项建议和主张：（1）改造与充实山西省总动员实施委员会（成立于1937年7月下旬），使之成为名副其实的动员全民抗战的权力机关。（2）严惩一切阻碍抗战动员及动员不力的官吏，保障民众抗日的一切自由。（3）减租减息、增加工人工资和实行合理负担，使人民生活迅速得到改善。（4）裁撤政府机关冗员，惩办抗战中有消极怠工及不胜任职责的分子。（5）通令政府各机关执行总动员令，并发给人民枪支弹药。（6）执行优待抗日军人家属办法。（7）严惩自动放弃抗战阵地的军官，甚至对其执行枪决。

这七项具体主张的提出及推动省政府付诸实施，扩大了牺盟会在广大群众中的政治影响，推动了牺盟会的迅速发展。

其次，组建代表工人自己的组织——山西省总工会和太原市总工会。根据中共北方局及刘少奇关于建立各种群众抗日救国组织的指示精神，牺盟会从发动广大工人群众参加抗日斗争出发，通过中共太原市委中的工人工作委员会，以号召太原工人参加"九一八"六周年纪念大会为契机积极展开工作。参加大会的群众多达3万余人，除工人群体以外，还有社会其他各界群众，声势与规模之大，空前未有。这次大会通过了"成立山西省总工会"的提案，举行了声势浩大的游行示威。由于指导思想明确，活动准备充分，这次纪念大会举办得很成功，不仅检阅了工人队伍，而且鼓舞和发动了广大人民群众，达到了预期的目的。随后，山西省总工会也于9月19日正式宣告成立，同时，以牺盟会为首的20多个群众团体联合发起成立了山西省各界抗敌后援会。不久，又成立了太原市总工会。省、市总工会一成立，工人群众就纷纷响应，在各厂建立和健全了基层工会组织。在不到一个月的时间内，仅太原市成立基层工会的工厂就有近30个，发展会员达五万余人，而且迅速波及全省，许多地、县工会也逐步恢复或新建起来。由于工人群众的强烈要求，山西省政府最终向工人下发冲锋枪500支、步枪2500支，使山西工人第一次获得了对敌作战的武器。随着工会组织的普遍建立和工人革命情绪的日益高涨，山西工人运动进入了一个崭新的发展阶段，即工人武装抗日的新阶段。首先由牺盟会组织训练，成立了山西的第一支工人抗日武装——太原工人武装自卫队（简称"工卫队"）。接着，又相继建立了正太铁路工人游击队、阳泉工人游击队、同蒲铁路工人自卫队、榆次晋华纱厂工人游击队、太谷工人游击队、祁县工人游击队等。

再次，中国共产党通过牺盟会创建了山西新军。从正式建立山西青年抗敌决死第一纵队，到太原失守前后，期间又相继建立了第二、第三、第四纵队，并且成立了太原工人武装自卫队。这些抗日武装组织既是山西新军的基础，又是后来山西新军的主干，它们完全由党掌管，并且遵照中共北方局和八路军总部的指示，分别开赴各战区抗日前线。其中，第一纵队（政委薄一波）和第三纵队（政委戎子和）到晋东南；第二纵队（政委张文昂）到晋西南；第四纵队（政委雷任民）和工卫队（政治部主任周子祯，后为侯俊岩）到晋西北，协同各战区的八路军部队、地方党组织及牺盟会，积极发动抗日游击战争和创建敌

二 刘少奇在山西推动抗日民族统一战线工作

后根据地。由于八路军捷报频传和工作团(实际是县委)的深入宣传发动,以及共产党和八路军政治影响的迅速扩大,全省开始出现了群众参军、参战和组织地方抗日武装的热潮。广大农民群众积极行动起来,他们不仅参加八路军、"决死队",而且组建游击队和自卫队。八路军所到之处,都成立了规模不等的抗日武装。

还有就是中国共产党以牺盟会为依托,逐渐掌握了一些地方的政权。实际上,早在山西抗日民族统一战线形成之初,中共北方局就曾明确指出,要"用一切方式援助新派力量的发展,并设法参加新派,使新派实际地统治某些地区"的策略方针。按照这一策略方针,党的公开工作委员会便利用阎锡山对溃散的旧军、旧政权丧失信心,寄希望于牺盟会和新军来挽救山西危局的有利时机,通过牺盟会的组织形式,顺理成章接过专、县等地方政权,并很快委派一批共产党人担任了专员公署政治主任和抗日县长。比如,宋劭文担任第一专署政治主任兼五台县长,薄一波担任第三专署政治主任,武灵初担任第四专署政治主任,张文昂担任第六专署政治主任,杜任之担任太谷(兼管榆次、平遥、介休、徐沟和榆社)县长,胡仁奎担任盂县县长,等等。这虽然只是局部状况,但为共产党后期进一步发展和掌握地方政权创造了先决条件,其意义重大。

最后,召开了牺盟会第一次全省代表大会,为发动全省人民群众,独立自主地开展山西抗日游击战争树立了明确的政治目标。此次代表大会于9月27日至30日在太原举行,出席会议的代表共有300多人,来自牺盟会所属各部门和单位,代表工、农、兵、学、商等各界人民群众,其中工、农代表占多数,代表人数占到总人数的40%。因此,这次会议是牺盟会召开的一次具有广泛代表性的盛大会议。会议根据现实抗战的新需要,全面总结了牺盟会成立以来的工作,提出了当前和今后一个时期的战斗任务,通过了实行全民总动员的各项方案,改选了领导机构,修改了工作纲领,发表了大会宣言。大会还特别邀请当时正在山西前线的中共中央军委副主席周恩来到会做了重要报告。周恩来在报告中分析了当时抗战的形势,论述了巩固和扩大抗日民族统一战线的重要意义,阐明了战胜日本帝国主义的路线、方针和办法等。

  大会充分强调了全民总动员,反对片面的抗战路线,结合山西抗战的形势,将中国共产党的《抗日救国十大纲领》都写了进去,不仅反映了山西人民的总体愿望和要求,而且也是牺盟会后期工作的行动指南。此次大会后,牺盟会就在中国共产党的公开工作委员会的领导下,密切配合八路军发动和开展了山西敌后抗日游击战争。随着战争形势变化和发展的新需要,牺盟总会基本按照山西的行政区划在原有中心区的基础上做了调整,在全省设立了五台、岢岚、沁县、临县、长治、洪赵、夏县、太原、乡宁、雁北十个中心区,作为牺盟总会的派出机关,负责领导各地区的牺盟会工作。各个中心区遵从代表大会所确定的方针与任务,围绕全民总动员的目标,在自己所辖区域内着手建立工、农、青、妇等各界群众抗日救国组织,扩大抗日武装,建立与恢复地方政权。这种新的组织领导方式不但使牺盟会开始朝着各界群众抗日救国组织的联合会和总的领导机关的方向发展,而且为中国共产党在山西赢得民心、发展武装、建立政权,以根据地为依托,放手发动和发展游击战争,有效打击敌人迈出了富有建设性的一步。

  其后,中共北方局为了把贯彻党的《抗日救国十大纲领》、推动华北抗日民族统一战线的方针政策落到实处,于1937年10月27日向华北各部队和中共地方党组织发出了《指示电》,就发动和组织群众抗日救国斗争进一步明确了方针和原则。《指示电》[①]明确指出:

    八路军及各地方党部应即依据下列各项去独立自主地动员与领

---

① 山西大学编:《晋冀鲁豫边区史料选编》(第1辑),1980年,第39~40页。

二 刘少奇在山西推动抗日民族统一战线工作

导群众：

一、在被敌占区领域，共产党与八路军以自己名义公开直接去动员群众。

二、在我军的后方，八路军共产党应努力争取公开地位与公开直接动员群众的权利，各地党部在可能时应有公开代表在群众中活动，完全代表党的态度，传布党的主张，号召群众起来，提出要为改善生活而斗争，组织工会农会参加自卫游击队等。并公开批评一些同盟者的错误，反对统治民众运动的自杀政策。但不应号召群众与抗日的政府军队团体对立，相反，还应援助他们。唯一般地方党员的面目还不应暴露。

三、扩大与深入共产党八路军在群众中的政治宣传，用地方党八路军名义直接公开地各自发表宣言，广泛散发对地方群众的传单、刊物、标语等。并应可能联合各地方民众团体举行盛大抗日示威游行大会，提出当地群众的要求和口号。

四、地方党及八路军各级政治部要以自己公开的面目和主张动员群众，扩大民族统一战线运动，要使自己成为统一战线的领导者组织者，但不要因为自己独立自主的动员与领导群众，便拒绝与各民众团体中其他党派进行联合运动，或一切都要包办。

五、一切共产党员在群众运动中要完全依照党的主张去领导群众运动，不许在群众中模糊党的主张。

六、一切共产党员要坚决去发动与领导工农群众的斗争，实际去改善群众的生产，并坚决组织工会与农会等独立的群众团体。

七、八路军的政治工作人员要切实建立各地方的党部。各地党的工作人员与八路军在游击活动时，要以共产党代表的面目在群众中出现，不使群众只看见八路军看不见党。

八、八路军在各地要努力直接去扩大自己，地方党要动员群众去加入八路军。

九、在游击区域中应注意筹措经费,除没收汉奸财产外,可向富户募集救国捐,以充实地方工作及游击队经费。

这一文件贯彻了党的《抗日救国十大纲领》精神,是一份推动抗日民族统一战线的纲领性文件,为中国共产党发动、组织群众参加抗日斗争提供了思想保证。

三、八路军依托山西开展敌后游击战争

1937年11月8日,太原失守,整个华北地区的抗战局势出现了根本性变化,以国民党军队为主体的正规战争逐渐转向以中国共产党领导的敌后抗日游击战。这标志着中国抗战进入了一个新的历史阶段。

对于山西和华北前线战局的形势,中共中央和毛泽东非常关注,并且根据形势的急剧变化,及时调整抗战方案,给以正确的指导。太原失守当天,毛泽东就电示八路军和华北党组织,指出:太原失守后,华北正规战争阶段基本结束,游击战争阶段开始,而这一阶段的游击战争以八路军为主体,其他则附从于八路军,这是华北总的形势。第二天,中共中央军委又电示八路军,指出:在华北,以国民党军队为主体的正规战争已经结束,以八路军为主体的游击战争上升到主要地位。在这种形势下,敌人不久将以主要力量向我战略区内线之各要点发动进攻。因此,我军在晋东北、晋西北、晋东南、晋西南地区的部署应控制一部分兵力担负袭击敌人的任务,大部分兵力则分散到各个要地,发动民众,组织民众抗日武装,以准备充分的力量对付敌人之进攻。11月13日,毛泽东再一次电示八路军和华北党组织:

甲、全国片面抗战已无力支持,全面抗战还没有到来,目前正处于青黄不接、危机严重的过渡期中。

乙、山西各军大溃,除刘湘、汤恩伯外暂时均不能作战。正规战争结束,剩下的只是红军为主的游击战争了。山西统治阶级及各军领袖已动摇无主了。

丙、红军任务在于发挥进一步的独立自主原则，坚持华北游击战争，同日寇力争山西全省的大多数乡村，使之化为游击根据地。发动民众，收编溃军，扩大自己，自给自足，不靠别人，多打小胜仗，振奋士气，用以影响全国，促成改造国民党，改造政府，改造军队，克服危机，实现全面抗战之新局面。

丁、林彪师徐海东旅速到吴城镇地区，准备与贺龙师之贺炳炎、廖汉生支队配合作战，打几个小胜仗。总部、林师师部、陈光旅速到汾西、隰县地区准备打几个小胜仗。刘伯承师应以师部及陈赓旅位于太行山脉地区，多打几个小胜仗；刘师之另一团应交总部或林师指挥，位于介休、灵石以东汾河东岸，与西岸之陈旅配合夹击沿汾河南下之敌，多打小胜仗。荣臻军区以杨成武团为基础成立第一独立师是很对的，还应以总部特务营为基础准备成立第二独立师。以上均请朱德、彭德怀同志迅即处理。

戊、……扩红方法主要经过扩大游击队，其次则内向大地方招募。目前汾阳以东、介休以北虽已不可能，但汾阳以西以南、介休以南还是可能，请总部、林师注意及时抓一把……过去一切计划应以太原、娘子关失守为基点，今后一切计划应以军渡、临汾、蒲县，晋城失守为基点，晋西北应以宁武、神池、五寨失守为基点，晋东北应以五台、蔚县、广灵、灵丘、阜平失守为基点。以上均请考虑及之。①

此前，即11月12日，毛泽东以《上海太原失陷以后抗日战争的形势和任务》为题做了重要报告。他明确指出："在华北，以国民党为主体的正规战争已经结束，以共产党为主体的游击战争进入主要地位。""共产党和八路军决心坚持华北的游击战争，用以捍卫全国，钳制日寇向中原和西北的进攻。""目前是处在从片面抗战到全面抗战的

---

① 中国人民解放军军事科学院：《毛泽东军事文选》，总参谋部出版社1961年版，第88~89页。

过渡期中。片面抗战已经无力持久，全面抗战还没有来到。这是一个青黄不接的危机严重的过渡期。"但"从片面抗战转变到全面抗战的前途是存在的。争取这个前途，是一切中国共产党员、一切中国国民党的进步分子和一切中国人民的共同的迫切的任务"。与此同时，毛泽东还特别针对党内外开始露头的右倾投降主义，严肃提出要"在党内，反对阶级对阶级的投降主义"，"在全国，反对民族对民族的投降主义"。他一再提醒全党，必须清醒认识到阶级投降主义的危害以及反对民族投降主义的极端重要性："在抗日民族革命战争中，阶级投降主义实际上是民族投降主义的后备军，是援助右翼营垒而使战争失败的最恶劣的倾向。为了争取中华民族和劳动群众的解放，为了使反对民族投降主义的斗争坚决有力，必须反对共产党内部和无产阶级内部的阶级的投降倾向，要使这一斗争开展于各方面的工作中。"[①]

遵照中共中央和中央军委的指示要求，八路军总部决定除令第115师之晋察冀军区和晋西北之第120师继续就地坚持敌后游击战争，放手发动群众，创建与扩大抗日根据地，做好粉碎敌人围攻的准备外，又令第115师师部率第343旅适时转入吕梁山脉，创建晋西南抗日根据地；第129师主力由正太路南下，依托太行、太岳两山脉，创建晋冀豫边抗日根据地。1938年2月，八路军总部再令第115师之第344旅和第5支队开赴太行山区，转归第129师统一指挥，参与创建晋冀豫边抗日根据地。这样，八路军就在华北以山西敌后山区为依托，将所辖区域分成四大块，实行全面的战略展开，使共产党所领导的八路军进入了抗日游击战争和创建敌后山区根据地的新阶段。

在太原失守前，中共北方局就清醒地估计到整个华北沦陷的可能局面。因为太原是当时华北地区最后一个尚存的大城市，如太原失守，在华北进行正规战争的条件也就不复存在，所以理论上组织相

[①] 毛泽东：《毛泽东选集》（合订本），上海人民出版社1964年版，第365~368页。

当固定的战线是不可能的，只能以游击战争的形式来坚持华北的抗战。为此，中共北方局明确指出：华北今后抗战的主要形式将是大规模的游击战争，华北全党今后的中心任务就是组织、领导广大人民进行抗日游击战争。要求所有干部和共产党员学习军事，学习游击战争，成为游击战争的组织者和领导者。与此同时，北方局还带领各级党组织深入地方开展群众工作，向群众做耐心的宣传和解释，反复说明所有在华北的中国人应该走的光明道路，要留下来继续同敌人做斗争；而要继续斗争，不能仅仅依靠正规部队来打，还要由人民自己组织起来、武装起来共同打击敌人。这样，通过从党内到党外的宣传和动员，就为在山西开展群众性抗日游击战争在思想、组织和群众动员上做了必要的准备。11月15日，刘少奇又遵照中共中央的指示精神，亲自为中共北方局起草了《独立自主地领导华北抗日游击战争》（简称《决定》）[①]的决定。《决定》紧贴实际，实事求是，从六个方面出发，对中国共产党在华北抗日游击战争新阶段的工作做了详细的部署。

---

① 中共中央文献编辑委员会：《刘少奇选集》（上），人民出版社1981年版，第95页。

四、八路军在山西开创敌后抗日根据地

为贯彻落实中央和军委的指示要求，在中共北方局和八路军总部的直接领导与指挥下，八路军各部和华北各党组织都召开了专门会议，做出了实施《决定》的具体步骤。接着，八路军各部分别以晋东北、晋西北、晋东南和晋西南为依托，进一步发挥独立自主的原则，放手发动人民群众，广泛开展游击战争，实行新的全面的战略展开，着力并成功地创建了晋察冀边、晋西北、晋冀豫边和晋西南等以山西为中心的敌后山区抗日根据地，为坚持山西抗日游击战争和最大程度地发展华北抗日游击战争奠定了重要基础。

1937年8月下旬，第115师到达晋东北后，在阻击敌人战略进攻的同时，即遵照中央、中共北方局和八路军总部的指示精神，深入发动群众，着手创建抗日根据地。10月下旬，第115师主力奉命向正太线南移后，继续留在晋东北的部队，即一个独立团、一个骑兵营和师教导队的两个队，再加上第343旅之第685团的一个连，师部随营学校，八路军总部特务团的一个营部带两个连，团部的政治处、供给处，以及第343旅派往平山、井陉、平定地区的工作团，第120师之第359旅派往平山、盂县地区的工作团，总共约三千人，在第115师政治委员聂荣臻的率领下，以五台山为中心，分别向察南、冀西、五台和定襄、平山和盂县四个地区展开，配合地方党组织、牺盟会、动委会，广泛进行抗日宣传，发动与组织人民群众，大力扩充八路军部队，普遍建立地方抗日武装，积极开展游击战争，根据地和部队建设都取得丰硕成果。聂荣臻曾回忆当年晋察冀边区根据地的建立情况：杨成武的独立团在北，赵尔陆的工作团和少

数部队在西，王平的工作团和刘彪的骑兵营在中，周建屏和刘道生的工作团和小部队在南，这四支力量齐头并进，在各自的区域都取得长足发展，将晋东北、察南、冀西一带开拓成为抗日游击区，为创建晋察冀边区抗日根据地奠定了初步的基础。①

为适应时局发展的新形势与新需要，晋察冀军区于11月7日正式宣布成立，聂荣臻任军区司令员兼政治委员，唐延杰任参谋长，舒同任政治部主任，查国桢任供给部部长，叶青山任卫生部部长。这是八路军出师华北抗战以后成立的第一个军区，它的成立极大地振奋了晋察冀边区军民的抗战精神。不久后，八路军总部又决定成立隶属于军区的四个军分区：第一军分区，司令员杨成武，政治委员邓华，所辖区域系以广灵、灵丘、浑源、蔚县为中心的雁北、察南、平西、平汉路保定至北平段以西的冀西地区；第二军分区，司令员兼政治委员赵尔陆，所辖区域系以五台、定襄、繁峙为中心的晋东北和太原以北的晋北地区；第三军分区，司令员陈漫远，政治委员王平，所辖区域系以阜平、曲阳、唐县、完县、满城为中心的平汉路保定至新乐段以西地区及部分路东地区；第四军分区，司令员周建屏，政治委员刘道生，所辖区域系以盂县、平山为中心的平汉路新乐至石家庄段以西和正太路石家庄至寿阳段以北地区。这四个军分区的建立与地域的划分，不仅加强了对抗日游击战的统一领导与指挥，而且从军事上把晋东北、察南、冀西等抗日游击区联结在一起，形成了晋察冀抗日根据地的最初规模。

晋察冀军区成立后，随即提出了"集中力量，把游击区扩大巩固起来，使它成为一个强大的抗日根据地"②的建设方针。以此为指导，晋察冀军区同中共晋察冀省委、牺盟会和动委会一道，把动员群众、组织武装、发展党组织和建立抗日民主政权等各项工作创造性地结

---

① 聂荣臻：《聂荣臻回忆录》（中），解放军出版社1984年版，第375页。
② 聂荣臻：《模范抗日根据地晋察冀边区》，《八路军军政杂志》1939年，第10~11页。

四　八路军在山西开创敌后抗日根据地

合起来，在短短几个月内就取得了惊人成绩。如在晋东北各县普遍建立了游击队，在察南、冀西各县广泛组织义勇军，把全边区"赤手空拳的农民变成武器相当齐备的民族战士"①。由于他们十分重视发动人民群众和扩大武装力量，人民群众踊跃参军，晋察冀武装力量迅速发展，各分区都成立了三个相当于团的大队，再加上人民武装配合作战，短时间内，晋察冀三省边界地区的形势发生了巨大变化。1938年1月，晋察冀边区抗日民主政府正式诞生，边区统一的工人救国会、农民救国会、妇女救国会和青年救国会也相继成立起来了。抗日武装、民主政权和群众组织领导机关的建立，使人民群众的抗战积极性空前高涨，到3月初，全边区有组织的群众人数已达到80余万，形成了一股巨大的革命力量。这一时期，不仅平汉路以西、平绥路以南、同蒲路以东、正太路以北的广大地区成为边区政府管辖和活动的范围，而且已开始发展到平绥线以北、平汉线以东的地域，冀中亦成为晋察冀边区抗日根据地的重要组成部分②。由于广大民众抗日积极性的不断提高，各界群众抗日救国组织的蓬勃发展，以及地方抗日武装的普遍建立与壮大，晋察冀边区逐步从一个抗日游击区转变成了一个有相当规模的、基础巩固的抗日根据地。

在晋西北，第120师在管涔山区各地迅速分兵，积极拓展。其中第359旅分布于雁门关、崞县（今原平市）至忻县以西地区；第358旅随敌南下，分布于忻县至太原以西及交城以北山地，并迅速向南推进，一直扩展到汾（阳）离（石）公路沿线；宋支队则继续活动在朔县以北、怀仁至大同以西地区。各部队在分散开展游击战争的同时，积极掩护工作团、地方党组织、动委会、牺盟会、决死第四纵队与工卫队在各地开展工作。由于第120师与中共晋西北省委、动委会、牺盟会、山西新军携手合作，很快就使北起左云、右玉、清水河，东抵大

---

① 聂荣臻：《模范抗日根据地晋察冀边区》，《八路军军政杂志》1939年，第10~11页。
② 张国祥：《山西抗日战争史》（上），山西人民出版社1991年版，第211页。

同、太原一线，南至汾离公路的整个晋西北地区变成了抗日游击战争的战场。八路军部队迅猛扩大，地方抗日武装迅速发展，工、农、青、妇等群众组织普遍建立，地方政权亦得以重建或改造，从而使晋西北抗日根据地于1937年年底基本形成。但晋西北抗日根据地的创建，同样经历了一个艰苦卓绝的斗争过程。太原失守前，晋西北许多县城相继为敌人所占。在此形势下，由贺龙、关向应率领的第120师，遵照毛泽东关于开赴管涔山脉，展开于大同、太原的侧翼，向绥远、大同发展的指示精神，于9月下旬进入晋西北地区，坚守了阵地，阻击了敌人，配合了国民党军队的忻口战役，开始把管涔山脉变成了游击区。太原失守以后，为将晋西北游击区迅速扩大转变成抗日根据地，第120师又立即实行新的战略部署，开展了广泛的游击战争，经过同敌人的激烈争夺，最终使晋西北抗日根据地得以巩固和扩大。

在晋东南，由刘伯承、张浩率领的第129师按照中央指示精神，快速拆分和布派部队，展开了创建太行、太岳区抗日根据地的工作。师部"一面命令各团以营或连为单位，进到平汉路、正太路沿线，发动群众，开展游击战争，打击继续南犯的敌人；一面抽调大批干部和一些连队，组织了许多工作团和游击支队，分散到太行山区的各地发动群众"[①]。除原有的秦赖支队继续坚持活动在晋中，进到冀西的骑兵营、进到平汉线邢台至磁县地区的第129师随营学校及第386旅之第771团一部，继续坚持在当地开展工作外，又在平（定）和（顺）公路以东、正太路以南、平汉路石家庄至内丘段以西的晋冀边地组织了由桂干生、张贻祥领导的八路军游击支队，在辽县（今左权县）以东、漳河以北、平汉路邢台至磁县段以西的冀豫边地组织了由张贤约、张南生领导的先遣支队，在白（圭）晋（城）路以东、漳河以南、平汉路以西的太南地区组织了赵（基梅）涂（锡道）支队和由王卓如、桂承志领

---

① 刘伯承：《刘伯承回忆录》（中），上海文艺出版社1981年版，第18~20页。

四 八路军在山西开创敌后抗日根据地

导的道清游击支队,在榆社、武乡、襄垣、黎城地区组织了谢(家庆)张(国传)大队。陈赓的第386旅进入豫北地区活动,唐(天际)支队即八路军晋豫游击支队开赴中条山地区活动。与此同时,由师政治部副主任宋任穷、组织部部长王新亭、宣传部部长刘志坚等率领工作团和步兵分队,分别深入到沁县、长治、晋城、武乡、襄垣、平顺、沁源、安泽、屯留等地开展工作。薄一波(同时担任第三专署政治主任)领导的决死第一纵队活动在以沁县为中心的太岳地区,戎子和领导的决死第三纵队活动在曲沃、浮山地区。据统计,从1937年10月太原失守前后,到1938年4月反敌"九路围攻"时,第129师曾有步骤地分遣了三分之二兵力到各地开展游击活动。这样,第129师从晋东南出发,很快就布满了平汉路以西、正太路以南、同蒲路以东、黄河以北的太行、太岳山的整个晋冀豫边地区,并在中共冀豫晋省委、山西省委工作委员会、牺盟会和决死第一、第三纵队的密切配合下,迅速打开了抗日游击战争的局面,于1938年年初初步完成了开创晋冀豫边区抗日根据地的任务。1938年4月下旬,由中共中央和中央军委批准正式成立了晋冀豫军区,司令员倪志亮,政治委员黄镇,下辖五个军分区:秦赖支队活动的晋中地区为第一军分区,司令员秦基伟,政治委员赖际发;八路军游击支队活动的晋冀边地区为第二军分区,司令员桂干生,政治委员张贻祥;先遣支队活动的冀豫边地区为第三军分区,司令员张贤约,政治委员张南生;谢张大队活动的榆武襄黎地区为第四军分区,司令员张国传,政治委员谢家庆;赵涂支队活动的太南地区为第五军分区,司令员赵基梅,政治委员涂锡道。

晋西南地处同蒲铁路以西、汾离公路以南、黄河以东的吕梁山区,是连接陕甘宁边区和华北敌后解放区的又一战略枢纽。第115师师部率第343旅进入晋西南地区以后,一方面开展游击战争,阻敌南犯、西侵,保卫黄河防线;一方面发动群众,开创吕梁山抗日根据地,控制战略枢纽。首先派出数个游击支队,向文水、交城、太原附近活动。

接着，又组成许多工作团，深入汾西、灵石、孝义、石楼、永和等地，发动群众，开展游击战争。第115师和中共山西省委、牺盟会、决死第二纵队（政委张文昂，同时任第六署政治主任）三股力量结合起来，广泛发展地方抗日武装，扩大八路军部队，建立群众组织，重建和改造专、县政权，很快开创了吕梁山区抗日斗争的新局面。同时，又经过第115师钳制和打击西犯黄河河坊之敌的一系列胜利战斗，山西敌后的又一个重要战略支点——晋西南抗日根据地于1938年3月底建立起来。晋西南抗日根据地，犹如一个坚固的屏障，与晋西北抗日根据地一道，共同保卫着中共中央和陕甘宁边区的安全。

五、战略相持阶段山西敌后根据地"反蚕食"斗争

1941年和1942年,日军在华北、华中地区积极推行旨在巩固占领的"治安强化运动",对各个根据地发动了规模空前的"扫荡"与"蚕食"。同时,国民党顽固派还在蓄意阴谋破坏,不断制造事端,并同日军订立"无言协定",致使许多军队叛国投敌,掉转枪口对付共产党及其领导的抗日军民。在国内外两种势力的夹击下,山西的各敌后抗日根据地如同其他敌后抗日根据地一样,区域萎缩,人口减少,财政经济极端困难;军民急需的基本生活物资都成了大问题,开始进入最严重的困难时期。周士第在回忆当时晋绥边区抗日根据地的境况时说:

> 1941年和1942年间,日寇对晋绥根据地大小"扫荡"30余次,历时总计达400天。敌人在频繁"扫荡"的同时,又实行了残酷的"三光政策"。在此期间,蒋介石暗中与日寇勾结,发动了第二次反共高潮。驻在宜川县秋林镇的阎锡山,也与日寇勾结,积极进行反共反人民的罪恶活动。在日寇和国民党的夹击下,晋绥根据地的形势日益恶化。……根据地的面积日渐缩小。最严重的时候,靠近晋中平川的八分区,只剩下十七个村子。敌人的疯狂掠夺和破坏,使本来就贫困的晋西北变得更加穷困了。人民衣食不得温饱,部队也常常是吃了上顿没下顿。随着根据地的缩小和敌人的破坏,不但使晋绥的军民处于很艰难的境地,更为重要的是党中央和敌后各抗日根据地的联系受到了严重的阻碍,陕甘宁边区受到了威胁。①

---

① 周士第:《把敌人挤出去》,《山西革命回忆录》(第1辑),山西人民出版社1983年版,第287~288页。

面对日益严重的困难局面，中共中央从抗战全局着眼，及时向各抗日根据地发出了一系列重要指示，制定和实施了战胜敌人、克服困难和扭转危局的多项重大战略决策。如1941年6月9日，中央军委就向八路军发出关于开展"反蚕食"斗争的指示，并指出：击破敌之"蚕食"的中心环节在于有一套正确的政策，而这种政策主要应从政治上着手，而不能只是军事进攻，或以军事进攻为主。在被敌"蚕食"的地区，应多采用革命的两面政策，一方面要加强对伪军、伪组织的工作，引导其在适当范围内为我所用；另一方面，抗日团体及政权组织，应以隐蔽的方式，注意保存自己，处处为群众着想，保护群众。指示还着重强调，健全与加强由当地干部领导的、与群众有血肉联系的地方武装，是就地坚持斗争的基本条件。总之，愈能保存自己，团结人民，孤立敌人，就愈能坚持长期抗战。1942年5月4日，中共北方局和八路军总部联合发出《关于反对敌人"蚕食"政策的指示》，指出："蚕食"政策是目前敌人向我华北各抗日根据地进攻的一个主要手段，这是敌人在困难日益增加、兵力不足、摧残我根据地的一切方法遭受失败的条件下，由"治安肃正"和"治安强化"发展而来的一个最毒辣的阴谋。为此，开展坚决的、全面的、有系统的"反蚕食"斗争，就成为目前华北我党我军的一项最紧急的任务。而只有争取这一斗争的胜利，才能渡过黎明前的黑暗。该指示指出，"反蚕食"斗争的基本方针应该是：以武装斗争为中心，发挥党、政、军、民的整体力量，把政治斗争与军事斗争、隐蔽斗争与公开斗争有机地结合起来，展开全面的对敌斗争。

在"反蚕食"、反封锁的斗争中，山西敌后抗日根据地一开始就把对日伪的军事出击和政治攻势有机地结合起来，取得了很好的斗争效果。首先从军事斗争来看，在晋察冀边区，北岳军区在1941年3月间相继摧毁平山、建屏及井陉地区一百多个村的伪政权。5月又连续攻克近20个日伪军据点。到8月，北岳区逐渐萎缩的局面开始得以扭

五 战略相持阶段山西敌后根据地"反蚕食"斗争

转。而在晋绥边区，各军分区与民兵密切配合，从1941年3月到8月的半年时间里，共进行了大小战役370多次，不仅攻克了一批伪军的据点，而且还恢复了一批乡村政权。而太行、太岳两区更是依托当地群众，积极组织对敌破袭，如对平汉铁路、同蒲铁路的破袭等，都给日军以沉重打击。

再者，就是在展开军事斗争的同时，对日伪军发起强大的政治攻势。从1941年7月开始，各根据地就逐步派出武装宣传队，深入敌占区开展以"中国必胜，日本必败"为主题的武装宣传，揭露日军"治安强化运动"的政治阴谋和目的。这些行动都取得了较好的效果。比如说，当时第129师就派出59个武装宣传队到敌占区做宣传活动，散发传单竟达50多万份。太行第一军分区组织武装宣传队，经常跨过封锁线向敌占区和游击区散发传单，张贴标语，有时还召开群众大会，在鼓舞民众的同时，动摇了日伪军心。太岳各军分区和第386旅、决死第一纵队各部组织的武装宣传队，阵营大、攻势强。像第386旅各团的武装宣传队，配合锄奸队，不仅逼近日伪军据点展开宣传，而且在打击日伪别动队的同时，还瓦解了许多伪军，摧垮了许多伪组织。在襄垣、潞城地区离敌据点十里以外的伪组织，全被清理干净。第120师直属队及晋绥边区各军分区组织的武装宣传队，在祁县、太谷、清水河及和林格尔等地区，开展对日伪军的工作，发动与组织群众搞破袭、抓汉奸。在宁武、崞县、神池和朔县地区，相继恢复了210多个村的公开或秘密的抗日政权。先后争取敌占区青年200多人参加了抗日队伍。在北岳区，晋察冀军区派出的30多支武装宣传队，深入敌占区散发宣传品248种130余万件，召开各类群众座谈会258次，参加人员7800余名，有力地打击了敌人的别动队。

武装宣传队的政治攻势对于瓦解日伪军、伪组织，对于打破敌人的封锁与"蚕食"发挥了重要作用。因此，在1941年12月，中共中央充分肯定了敌后各抗日根据地军民对日伪开展政治攻势的做法和所取得的成果。为了将这一有力武器的作用发挥到极致,中共北方局和八路军总部于1942年1月决定:广泛组织武装工作队(简称"武工队"),深入敌占区和游击区组织和发动群众,开展政治、经济、文化等全面的对敌斗争。从此,武工队就代替了武装宣传队,成为我抗日根据地"反蚕食"斗争的先锋军。在我军强大的政治攻势下,日伪人员开始动摇和分化。如晋绥边区原驻岚县、五寨,后调防大同的日军中队长常延,在武工队强有力的政治宣传下,开始意识到战争的错误性,深深感觉到侵略者是没有出路的,于是偕同妻子投井自杀。他在临死前还特地给宪兵队留下一封遗书,遗书中说:"侵华流年,胜利回家毫无希望,而士兵逃跑自杀、士气颓丧,厌战情绪日渐高涨,对华作战前途暗淡,只有死路一条。"岚县东村日军伊滕,因思乡厌战,在街上大书反战标语,等等。在太行区,武工队组织日本和朝鲜朋友编译宣传图册和传单,对敌进行喊话,这在政治攻势中发挥了特别重要的作用。一分区还把边沿区青年集中到根据地进行反奴化教育训练。通过这些形式,许多伪军伪人员瞻念前途,发生动摇。有的主动同游击队联系,递送情报,有的毅然反正,加入抗日游击队。

  太岳区对日伪的政治攻势同样取得了很大的收获。像在1942年秋季的政治攻势中,散发传单、书籍、报刊、漫画等宣传品有21万余份,张贴标语1万多条,甚至在赵城县敌人宪兵队门口都张贴了传单和宣传品。由于政治宣传猛烈有力、覆盖面广,因此在日伪军中引起了很大的震动。其后不久,相继有霍县师庄伪工程队的140多人、灵石南关伪自卫团和张壁伪军30余人反正或暴动。

  1942年9月11日,中共晋察冀分局和晋察冀军区在平山县寨北村召开全边区党、政、军高级干部会议,着重总结了"反蚕食"斗争的经验,提出了以武装斗争为核心,配合各种斗争向敌后展开全面攻势,变游击区为根据地、敌占区为游击区,敌进我进,向"敌后之敌后"伸展的对敌斗争方针。会议特别指出:必须把游击战争开展到

五 战略相持阶段山西敌后根据地"反蚕食"斗争

"敌后之敌后"去,不但地方部队要这样做,主力部队也要这样做。必须组织大量的游击队,向敌后展开活动,把敌人从面的占领压缩回到据点去,在敌占区建立许多小块的游击根据地,以有效地阻止敌人继续进行面的占领。

在抗日军民的密切配合和有力打击下,敌人由"逐步蚕食"改变为"跃进蚕食",由"全面压缩"改变为"重点进攻",使其"蚕食"推进计划遭到破产。在根据地军民"反蚕食"的斗争中,特别是在"反蚕食"斗争逐步走向深入的时候,对于敌人一些顽固的较大据点,抗日军民则因地制宜、灵活应变,有效开展"围困战",通过"围困"断敌路、绝敌粮,把敌人"挤"走。在一系列围困战例中,以晋绥边区的第六军分区忻县蒲阁寨和第八军分区交城芝兰,以及太岳区的沁源城等地的围困战最具典型意义,反映了根据地对敌斗争的多样性和复杂性,在山西乃至全国抗战史上具有重要意义。

六、日军"治安肃正"计划与根据地"反扫荡"斗争

日军侵占武汉后，改变了既有的战略方针，停止了对国民党正面战场的战略进攻，转向华北敌后抗日根据地，主要对付共产党、八路军及其领导的人民抗日游击战争。由于抗日游击战争的不断发展和抗日根据地的普遍建立，敌人占领的地区被压缩到有限的范围内，其在华北实施殖民统治的侵略计划遭到了重创。为了扭转这种被动局面，日军在占领武汉前即确立了华北作战的基本原则，并在占领武汉后正式付诸实施。日本《华北治安战》一书这样写道：

> 当时，方面军占领地区的状况，从我军兵力及治安实情看来，实际上势力所及只限于重要城市周围及狭窄的铁路沿线地区，仅仅是"点和线"，其他大部是匪占地区。因此，方面军为完成任务，必须制定建设华北的正式施策，对此虽曾做出计划，但到汉口作战结束以后，由于所需兵力得到增援，此项工作始逐渐具体化。
>
> 为了保证安全，仅保持"线"的占领无任何意义。必须保持"面"的占领，使华北在政治和经济方面都能独立经营。尤其应该承担开发和获得日本国内扩大生产所需重要资源的重任。为此，必须积极进行肃正作战，实现包括各个要地在内的"面"的占领。以武力为中心的讨伐肃正乃是保证实现安定的首要条件，治安建设的根本方针在于显示"皇军的绝对威力"。这就是方面军对完成任务的基本想法。[①]

[①] 日本防卫厅战史室编：《华北治安战》（上），天津人民出版社1982年版，第107~108页。

六 日军"治安肃正"计划与根据地"反扫荡"斗争

上述两则记载,很直观地将日军回攻华北的目的、任务及其战略做了简要表述。所谓"治安肃正",就是以"讨伐作战"和"治安工作"相配合,即首先通过武力"讨伐",摧毁共产党、八路军及其领导的抗日根据地和武装力量,然后施行欺骗、怀柔政策,以达到笼络民众、实行殖民统治之目的。日本华北方面军第110师师团长桑木,将"讨伐作战"和"治安工作"做了这样的总结与说明:"明朗华北之建设,首先非待诸治安工作之安定与维持不可,而讨伐实为其基干……真正之治安确立,实依赖于讨伐相融合之治安工作之彻底扩充,才得以期完整。……所以当实施作战时,除直接作战之准备外,且须完成治安工作之准备。亦即当作战开始时,则应以疾风迅雷之势,将敌捕捉消灭,覆灭其根据地,并得不失机宜,彻底完成要地之兵力的分散配置。……速恢复行政组织,计议自卫机关之再建……以至完成把握民心,这是根本要旨。"①

由此可见,所谓的"治安肃正",乃是日本侵略军回攻华北后所采取的一种血腥与欺骗兼施并用的侵略政策。为了使"治安肃正"计划得以顺利实施,日本华北方面军特别通过实地调查、审查缴获文件、检查邮件等手段获得材料与情报,对根据地党、政、军、民的组织状况进行细致分析,并从情报工作中加深对共产党和八路军及其领导的人民抗日游击战争的认识。在《华北治安战》一书中,日军指出:"中共的组织特色是具有党、政、军三位一体的密切关系。军和政是党的两臂。党挥动两臂以推动革命。即军是党以武力推动革命的组织,政是党掌握政权领导,以推动革命的组织。华北方面军为了观察中共的政治工作,必须首先了解中共的党、政、军的组织。为此,进行了调查研究。"②

武汉失守以后,日本华北方面军按照其大本营回攻华北作战的指

---

① 左权:《"扫荡"与反"扫荡"的一年》,《解放》第91、92期。
② 日本防卫厅战史室编:《华北治安战》(上),天津人民出版社1982年版,第83页。

导方略，专门将过去汇集的有关中共党、政、军的调查材料编写成一份《情报记录》，正式提出"治安肃正"作战的主要攻击目标。其中明确指出华北治安的对象是共军，共军的核心及动力则是政治部。

尽管如此，在日本华北方面军看来，这个阶段仍不能完全准确地掌握中共的实际情况。于是，在1939年12月初，日本华北方面军又特别召开了情报主任会议，研究做出了加紧收集中共党、政、军、民情报的决定，以便为其确立根除我抗日势力的对策提供充分依据。会上，日本华北方面军参谋部第二课高级参谋兼部长滨由平，从提高情报工作的水平着眼，围绕"讨伐成果的情报观察"和"关于谍报工作"两个方面的问题做报告。其中强调指出："今后的情报，必须日益精密，迫切要求查清作为敌人抗战力核心的党、军、政、民的组织及其组织基础的军事、政治、经济、思想的中心内容。为此，仅仅依靠在敌人外围配置的谍报组织，从外部入手获取情报，是不能得到圆满结果的。必须向敌方组织内部打入谍报人员，潜伏在敌人心脏之中以掌握其实质。建立这样的组织，当然会有很大困难，但各兵团的谍报网，将来必须向这个领域扩展。另外，以往的宣传，对敌人地区毫无渗透力量，如果利用上述谍报网作为宣传网，我认为一定能更好地发挥宣传效果。"①

日军根据其所制定的关于华北"治安作战"的基本指导原则和华北"治安肃正"的重点目标，在武汉失守以后的三四个月内，便很快从华中、华南和日本国内抽调重兵，约达八个半师团编入了华北方面军的战斗序列，使华北日军的兵力急剧扩大，兵力从30万人迅速增加至约44万人，占到全部侵华日军的半数以上。日军回兵华北以后，即按照"巩固点线，扩大面的占领"方针，以分割、封锁、讨伐相结合，采用"分散配置，分区扫荡，灵活进剿"的"牛刀子战术"，向我各敌

---

① 日本防卫厅战史室编：《华北治安战》（上），天津人民出版社1982年版，第179页。

六 日军"治安肃正"计划与根据地"反扫荡"斗争

后抗日根据地发动了大规模的轮番"扫荡",以期一举拿下华北。其中日本华北方面军1939年度"讨伐肃正"的作战计划分为三期施行:1月至5月为第一期,6月至9月为第二期,10月至1940年3月为第三期。1940年度的"讨伐肃正"作战计划分为两期实施:第一期从4月到9月,第二期从10月到年底。据统计,从1939年到1940年,日军对华北敌后抗日根据地实行千人以上规模的"扫荡"达109次,其中1万人到2万人的大"扫荡"7次,3万人以上的大"扫荡"两次,人数最多的一次,兵力达到6万人以上。接连不断的"扫荡",使华北敌后抗日军民陷入了严重而紧张的战斗局面中。而且,与"扫荡"相配合,日军还大肆修筑铁路、公路、据点、碉堡等设施,从1939年到1940年,日军在华北修复铁路达1870余公里、公路15600公里,新建碉堡、据点2749个。其中,1940年新建碉堡和据点总数为1939年的五倍。目的就是以铁路为柱、公路为链、碉堡和据点为锁,来分割封锁我敌后解放区,限制我抗日军民活动范围,进而通过"扫荡",以彻底摧毁我敌后抗日民主根据地,逐步实现其由点到线再到面的占领计划。

众所周知,以山西为中心的山区各抗日根据地,是整个华北敌后抗日根据地的战略依托。从军事和政治的战略意义上来讲,它们既是华北敌后解放区的摇篮,又是中共北方局和八路军总部据以领导与指挥整个华北抗日斗争的中枢所在。对于山西敌后抗日根据地所具有的军事和政治上的战略地位与意义,日本侵略军同样十分清楚。因此,对于以山西为中心的敌后山区各抗日根据地的"清剿",成为日本侵略军进行"治安肃正"作战的最主要目标。如日军桑木师团长就认为:"华北治安之枢纽,实在山地,如山岳地带未能彻底肃清,则明朗华北之实现,仍属难望。尤因共产军企图获得本师团作战地域内之平汉线方面的山地,以作为扰乱华北之据点,其势力已逐渐扩大而难以轻视。"[①]

[①] 军事科学院左权军事文选编辑组:《左权军事文选》,军事科学出版社2005年版,第294页。

有鉴于此，日本侵略军对山西尤其是山区敌后根据地调集重兵，大规模频繁"扫荡"。此时担负山西地区防御任务的日军部队为华北方面军第1军，其所属部队有：第20、第108、第109师团和独立混成第3、第4旅团。到1939年上半年，又增调了第36、第37、第41师团，和独立混成第9、第16旅团。另外，还有担负晋西、雁北地区防卫任务的第12军所属之第32、第26师团。所以说，当时仅布防于山西地区的日军就有8个师团、4个独立混成旅团，人数20余万，占到日军华北总兵力的将近一半。如果再加上布防于邻省边界地区而兼负封锁山西各根据地任务的敌军部队，其兵力可能达到二十五六万人，足见日军对山西敌后山区抗日根据地的重视程度。

部署完成后，日本华北方面军即根据"讨伐肃正"计划，按照既定战术，于1938年12月间，向各所属部队正式下达了第一期"作战"任务。其中，对于山西敌后各抗日根据地的"讨伐肃正"作战要旨是："一、驻蒙兵团继续执行原来任务，担任作战地区内的治安肃正工作，尤应确保察南要地，努力阻止匪军沿太行山脉向京津方向侵入。二、第1军打击山西省北部残敌正规军，同时尽力'扫荡'同蒲路及正太路两侧。对同蒲以东的山地，从西方及南方掐断敌人的联络补给要地，通过封锁困死匪军。三、方面军直辖各兵团：第10、第110师团，各以主力肃清京汉路东侧地区，以其一部掐断通向京汉路西侧各地的要冲，协助第1军对山地的封锁；第14师团在其作战地区进行肃正工作，同时，以其一部扼住山西省边境。"[①]

1938年到1939年，日军用兵在1万人以上的大规模"扫荡"有5次之多，出动兵力累计达到15余万人。在这几次"扫荡"与"反扫荡"的斗争中，以五台山、晋东南和北岳区进行的斗争最为典型。

首先是日军对五台山抗日根据地的"扫荡"。在这次"扫荡"中，

---

① 日本防卫厅战史室编：《华北治安战》（上），天津人民出版社1982年版，第117页。

六 日军"治安肃正"计划与根据地"反扫荡"斗争

敌人采取极为慎重而周密的部署,不仅构筑碉堡、修复道路,为"扫荡"进行了充分的准备,而且按照其预定计划与目标,将整个"扫荡"作战分为四期进行:

第一期5天,集中"扫荡"台怀镇一带地区;第二期21天,重点"扫荡"五台山西部地区;第三期7天,"扫荡"龙泉关一带地区;第四期14天,"扫荡"洪家寨及其附近滹沱河谷地区。参加这次"扫荡"作战的日军部队,以第109、第36师团和独立混成第3、第4旅团为主力,辅以第10师团等部协助。敌人发动这次"扫荡"的主要意图是:从"北围五台"时所占领的据点出发,首先封锁晋察冀边区,而后逐渐推进,并贯通五台—台怀—大营、五台—龙泉关—阜平—保定、涞源—易县、涞源—蔚县诸大道,以此对我实行彻底切割、封锁,进而加以消灭。但在其向台怀镇发动"扫荡"时,首先就遭到在五台山区一带开展游击战争的第120师之第359旅的英勇反击,吃了一个大大的败仗。在战斗取得胜利后,我军又跟踪追击回窜之敌,紧紧咬住敌人不放,展开激烈的围歼战,消灭敌军五百余人,缴获大批军用物资,取得了在运动中歼敌的成功战例。自此,日军"扫荡"战势每况愈下,致使这次"肃正讨伐"以失败告终。时任日军第109师团参谋的山崎重三郎大尉曾做了如下的回忆:"一、1939年5月的五台作战是继1938年秋作战的再一次剿共作战,其战果与初次相同,毫无所获。二、作战期间,几乎无法掌握共军的动向,甚至连共军的踪影也弄不清。因而,从未进行过较正规的战斗。另外,由于战地民众实行'空室清野',第一线部队在作战期间也未遇到居民。三、当作战开始时,方面军便发出训令,指示'作战部队应彻底追捕敌人。战场遗弃物资等由另行编成的收容班专负其责'。"①

其次,日军对晋东南抗日根据地的"扫荡"作战,是从道清、同

---

① 日本防卫厅战史室编:《华北治安战》(上),天津人民出版社1982年版,第133页。

蒲、正太、平汉线出发，分作九路向我进犯的，因而也称第二次"九路围攻"。这次"围攻"日军调集六个师团和一个独立混成旅团（第9旅团），由第1军司令官梅津美治郎亲自指挥。其企图是：要在四条铁路的中间，打通南北走向的白晋路，劈开东西往来的临（汾）屯（留）黎（城）邯（郸）线，并控制沿线主要城镇，将我晋东南根据地切割为数块，而后，通过渐次压缩，以消灭抗日武装，摧毁抗日基地。其规模之大、"扫荡"之烈，都是前所未有的。《解放》周刊社论也曾指出："最近战事重心显然是在晋东南。敌人集中了六个师团兵力从道清路西段，同蒲路南段，正太路及平汉路中段，四面向晋东南进攻。其进攻步骤分四个阶段：（一）严密封锁，（二）调集兵力，（三）分路进攻，（四）分区'扫荡'。其进攻主力为第109师团沿白晋公路南犯；第20师团向临屯公路及翼高公路东侵；第108师团则介于上述两师团间配合行动；第36师团则沿平辽公路南进；第10师团从邯郸、涉县向东阳关、黎城西攻；第35师团则由道清路西段北犯，企图先打通白晋公路，及由临汾经屯留、黎城到邯郸之路，把晋东南抗日根据地，在上述四条铁路的口字形中，加个十字，写成田字，以分割与缩小我机动范围，而便其'扫荡'战之进行。"①

晋东南根据地的抗日军民是在当时的反摩擦斗争中，迎击敌人这次大规模"扫荡"的。根据日军纠集重兵的"扫荡"计划，及其侵占、分割根据地的阴谋，抗日军民以持久游击战的指导原则，采取"发动民众武装疲惫敌人，适当集结主力相机歼敌"的战术，开展了"反扫荡"斗争。第129师（该师主力于1939年3月后由冀南返回太行），第115师之第344旅，晋豫边支队，决死第一、第三纵队为作战主干，党、政、民协力配合。在日军进攻之前，就发动群众进行了"空室清野"，破坏了可资敌人利用的所有城墙、道路，组织了运输队、担架队、情报传递网、向导小组等，游击队、自卫队亦完成了参加战斗的

---

① 《粉碎敌人"扫荡"计划　坚持华北抗战》，《解放》1942年第82期。

准备工作。当日军于7月初发动"扫荡"以后，军民团结一致，奋力进行反击。首先，针对日军合击第129师的企图，一面以小部队配合地方武装和广大民兵，普遍开展游击战争，阻滞、消耗、疲惫敌军，一面以主力集结于武乡县西北和辽县西南地区，待机打击敌人。在榆社县以西之云簇镇，我一部主力与日军展开激战，取得歼敌一部的胜利。在辽县以西之石厘村，我又一部分主力伏击进犯之敌，亦取得了歼敌三百余人的战绩。在河北涉县城以西的河南店，我另一部主力沉重打击了进攻之敌。接着，又针对敌人控制"点""线"，以分割我抗日根据地的阴谋，军民协力以袭击战、围困战、麻雀战，对占据交通线之敌展开广泛进击，迫使日军不断收缩据点，最终于8月下旬结束"扫荡"。这次大"扫荡"历经50多天，与敌交战达70余次，伤毙日军3000余人，收复了半数失陷的县城，粉碎了敌人以重兵"扫荡"聚歼我军主力的企图。

第三就是日军对晋察冀边区北岳区抗日根据地的"扫荡"作战。这次"扫荡"历时一个半月，是由敌驻蒙军独立混成第2旅团和防卫河北省之第110、第27师团，以及第1军一部联合进行的。整个"扫荡"作战共分为三个阶段：第一阶段，自1939年10月25日至11月19日，日军以管头为目标，分五路合击我第一、第三军分区部队；第二阶段，自11月20日至30日，日军以阜平为目标，分七路合击晋察冀军区主力；第三阶段，自12月1日至8日，日军再次分多路进攻，企图合击我第一、第三军分区部队。针对日军所采取的多路分进合击之战术，我方以游击战和运动战相结合的方式，一面分兵钳制进犯之敌，一面隐蔽集结主力待机歼敌。战斗一开始，晋察冀部队和第120师主力，就紧紧咬住由阿部规秀中将指挥的独立混成第2旅团，先后于雁宿崖、黄土岭地区展开激战，歼敌1400余人，并击毙旅团长阿部规秀，粉碎了日军合击我第一、第三军分区的阴谋，取得了第一阶段"反扫荡"作战的胜利。聂荣臻说："这个胜利，震惊了敌人，震动了全国，因为击毙日军中将，这在全国抗战历史上是件独一无二的事例。"① 所以，日本华北方面军司令官多田骏对此十分懊丧，惊叹"名将之花凋谢在太行山上"。日本《朝日新闻》报甚至连续三天通栏标题载文，亦说"自从皇军成立以来，中将级将官的牺牲，是没有这样例子的"。特别是"在驻蒙军中，阿部中将战死"的消息，引起对事态的重视，从而对旅团努力加强了各种增援、补给措施及侦察联络。此后，日军独立混成第2旅团又和第110、第27师团及第1军相配合朝阜平腹心地带进发，开始了第二阶段的报复性"扫荡"作战。驻蒙军首先对涞源县东南地区，继而对西南地区，第110师团（配属第27师团的一部）对满城北部及阜平地区，分别进攻，由第1军的一部，从五台方面进行策应，妄图以此计划彻底摧毁华北中共势力的最大根据地。但是，在广大抗日军民分兵钳制和不断袭击、伏击和阻击之下，敌人合击我军主力的阴谋计划再次落空。当战斗进入第三阶段以后，我方依靠有利地势与敌展开周旋，使敌再次扑空。由于连续数次扑空，并在我军民的不断打击之下，最终被迫退出根据地。据统计，在这45天的激战中，抗日军民与敌正面接触达108次，共伤毙日军4000余人，俘虏13人，取得了"反扫荡"作战的又一次胜利，进一步巩固和发展了晋察冀边区抗日根据地。

1940年以后，日军对根据地的"扫荡"更趋频繁和残酷。此时取代杉山元接任日本华北方面军司令官的多田骏，更将其"讨伐重点指向剿灭共产匪团"，提出实行"竭泽而渔"的"囚笼政策"，实行集结重兵、分区"扫荡"和灵活进剿的"牛刀子战术"，对我根据地展开大规模"肃正讨伐"作战。对于以山西为中心的敌后山区各抗日根据地，敌人在普遍进行"肃正讨伐"的同时，则由南而北、从东到西，把"扫荡"重点逐渐集中指向我晋西北抗日根据地。《华北治安战》一书在谈

---

① 聂荣臻：《聂荣臻回忆录》（中），解放军出版社1984年版，第440页。

六 日军"治安肃正"计划与根据地"反扫荡"斗争

及山西西北部地区的"敌情"和对该地区进行"肃正作战"的计划时指出:"在这一地区,近来共军的渗透颇为显著,任其发展下去,不久即可变成完全赤色地带,若不趁其根基尚未巩固之前彻底予以剿灭,则其祸害恐将波及河北、蒙疆。因此必须对其活动严加监视,必要时立即进行讨伐。在此情况下,第1军须极力控制同蒲路北段以西地区,对以东地区的共军势力严加警戒,切勿使其扩展。"①"山西省西北部是共军120师及前发生兵变的山西新军的根据地。第1军在方面军指导下,与驻蒙军相配合,企图消灭盘踞在兴县、临县、岢岚及岚县地区的共军,以防止该地区的共产化,并削弱中共在同蒲线北段以东策划的活动。"②

在此指导方针下,日军对晋西北抗日根据地,发动了连续的大规模的残酷"扫荡"。首先是动用1万3千兵力的春季大"扫荡",接着就是两万余兵力的夏季大"扫荡",而后又是两万余兵力的冬季大"扫荡",其中夏季大"扫荡",日军乘第120师主力由晋察冀边区回晋西北不久,即调集其独立混成第3、第9、第16旅团,并以防卫晋西南的第41师团和驻蒙军第26师团相配合,采用多路分进合击的战法,对我军实行"肃正讨伐",企图围歼我军主力,摧毁晋西北抗日根据地。日军对本次"扫荡"部署如下:"一、独立混成第3旅团在面对黄河作战开始前应首先消灭岢岚附近的共军。然后从岢岚附近开往黄河一线作战,与驻蒙军相配合,消灭保德东南地区的共军。二、独立混成第9旅团应首先消灭岚县附近及交城西面之共军,然后从该地开往黄河一线作战,与独立混成第16旅团相配合,消灭据守在兴县北部之共军。三、独立混成第16旅团应向方山及临县北部地区进行作战,切断岚县及兴县方面之敌向西南方向的退路,与独立混成第9旅团相配合消灭驻在之敌。"③

---

① 日本防卫厅战史室编:《华北治安战》(上),天津人民出版社1982年版,第237页。
② 同上书,第270页。
③ 同上。

从这一份计划中可以看出，日军首先分多路展开于整个晋西北地区，然后加以逐步压缩，合击我军主力和根据地首脑机关。针对敌人的进攻阴谋，八路军部队和地方武装协力配合，采取分散与集中、避实与击虚相结合的战术，不但达到了既疲惫敌人，又避其锋芒的目的，而且成功地袭击和伏击日军，先后在米峪镇和二十里铺打胜了两个干净利落的歼灭战，一举粉碎了日军的"扫荡"计划。从6月6日至7月6日的32天艰苦斗争，我方与敌作战达251次，伤毙敌4500余人。俘虏日、伪军53人，挫败了敌人寻歼我军主力的企图。

敌人的冬季大"扫荡"，是在"百团大战"后期发动的。在这次"扫荡"中，日军以对我"百团大战"的疯狂报复心理，不仅动用了参加夏季大"扫荡"作战的全部兵力，而且还抽调了正太线上的独立混成第4旅团，加强了进攻力量，不仅在战术上继续采取了多路队形分进合击的方法，阴谋寻歼我党、政、军领导机关和主力部队，而且开始实行了惨绝人寰的"杀光、烧光、抢光"的"三光政策"，妄图毁灭我军民赖以生存的基本条件，彻底摧毁我抗日根据地。为了粉碎敌人的猖狂进攻，我方针对当时的特殊形势，巧妙制定了作战方针。首先是以小部分兵力分散在内线，配合游击队和民兵武装，广泛开展群众性的游击战争，不断袭扰、打击敌人；其二是派一部分主力深入敌后，破坏交通运输，袭击敌人据点，致敌首尾不得相顾；第三是集结相当主力，进行机动作战，适时歼灭敌人。根据这一作战方针，我军民奋力反击，与日军进行了历时37天的周旋与战斗，大小战事计217次，歼敌2500余人，毁敌公路125公里、桥梁23座，并收复了被伪军侵占的城镇。而且，在整个"反扫荡"作战过程中，充分利用敌人暴行，从反面教育人民群众，激起了广大群众对侵华日军的无比仇恨和抗战积极性，从而在斗争中学会了更多对付敌人"三光政策"的办法，不断改进了"空室清野"工作，致使日军在很多时候既找不到人，也拿不到物。在四大战役和三小战役中，我第120师和新军部队与敌作战

六 日军"治安肃正"计划与根据地"反扫荡"斗争

达1158次,毙伤日伪军24500余人。所以说,1940年是晋西北抗日根据地全面开展建设的一年,但建设工作一开始,就进入了空前严重的对敌"反扫荡"斗争,因此,这一年又是晋西北军民"反扫荡"斗争并取得伟大胜利的一年。

当然,敌我之间的"扫荡"与"反扫荡"作战,不仅是严酷的军事斗争,同时贯穿着尖锐的政治斗争、经济斗争和思想斗争,因此"扫荡"与"反扫荡"斗争是军事、政治、经济、思想的综合斗争。对于敌人来讲,特别强调实行所谓"总力战",即以军事"讨伐"为基干,密切配合政治上、经济上和思想上的策略,以达成其"治安肃正"的最终目的。敌人的所谓"政治工作"就是"以华制华";所谓"经济工作"就是"以战养战";所谓"思想工作"则是"奴化教育"。就是说,敌人一方面通过欺骗、腐蚀,把"灭共亲日"的思想贯彻于政治阴谋中,以摧毁国人的民族意识,将中国纳入"大东亚新秩序"的轨道;另一方面则通过掠夺、破坏,以摧毁中华经济基础,根绝抗日军民的生存条件,变中国为日本帝国主义的商品倾销市场和原料供给基地。而且在敌人看来,"以华制华"的要义,实在"把握民心""获得民众"。只要有了民众,不但可以实现敌人武力征服中国的目的,而且能够完成其经济侵略中国的任务。因而,日方依据"以华制华"的政治方针,把"争取民众,使之成为自己人"当作推行其"治安肃正"计划的最根本问题。由此出发,日本华北方面军还特别提出了进行"思想战"的任务,专门制订了"思想战指导纲要"方案。这份方案,不但贯彻了其"总力战"的精神,而且要求其所属单位及有关部门和社会团体,把它当作推动"总力战"的思想武器来运用。这正是日本华北方面军公布与实施该"纲要"的根本宗旨。

按照"思想战指导纲要",日军大施挑拨离间、培植汉奸组织和奴化教育等手段,"煽动国共相争"、"破坏两者的合作,以导致'抗日救国'统一战线的崩溃",等等,但这对我广大爱国民众来说完全是徒劳的。相反，党的全面抗战路线、方针、政策极大地调动了各阶层人民群众抗日救国的积极性，从而组织起浩浩荡荡的革命大军，密切配合主力部队和地方武装，开展了粉碎敌人进攻的"反扫荡"斗争。1939年到1940年间，日本侵略军向以山西为中心的敌后山区各抗日根据地发动了一次又一次大规模"扫荡"，但在广大军民紧密团结、有力反击下，均被彻底粉碎了。敌人"以华制华""以战养战"的阴谋计划破产了，由"点"到"线"、由"线"到"面"的"囚笼政策"也失败了。其"总力战"最终并没有带来如愿以偿的结果，相反，却使日本侵略军在狭窄的、顾此失彼的严重困境中，愈来愈难以生存了。

七、晋绥抗日根据地的开创和建设

晋绥抗日根据地是抗战时期中国共产党领导八路军和抗日军民在山西和绥远创建的主要抗日根据地。

卢沟桥事变后，八路军三大主力部队按照中共中央的战略方针和部署开赴华北抗日前线，开辟敌后战场，创建敌后抗日根据地。1937年9月17日，毛泽东给朱德、彭德怀等指示：第120师应集结于忻县待命，准备在取得阎锡山同意后，转至晋西北的管涔山等地区活动。21日，八路军总部命令第120师转战晋西北抗日前线。24日，毛泽东指示："山西地方党目前应以全力布置恒山、五台山、管涔山三大山脉之游击战争。"遵照中共中央军委的战略部署和八路军总部的命令，第120师师部率第358旅进入到神池地区集结，在宁武、神池、朔县一带阻击敌人。第359旅挺进到五台、平山地区，发动群众，开展敌后游击战争，创建抗日根据地。10月1日，第120师政委关向应率领师政治部大部和教导团共700余人到达岢岚，组成工作团分赴兴县、岚县、神池、静乐、岢岚、五寨、保德等县开辟群众工作。到11月底，神池、宁武、平鲁、兴县、忻县等15个县共组织抗日武装1万多人，配合八路军在敌后开展游击战争，配合各个战线友军抗击日军。12月，山西省战地动员委员会在太原、忻县、文水、交城、静乐、岢岚等地，先后组成10支游击支队，共8000余人。到1938年1月，全师由出发时的8200人发展到25000万余人。1月12日，总部向全军发出"坚持华北抗战，与华北人民共存亡"的号召。

1938年2月中旬，为配合日军在津浦线的行动，日军关东军后宫师团黑田旅团两万兵力，向晋西北地区发动大规模的进攻，企图以强势兵力一举摧毁晋西北抗日根据地。日军由大同南下，相继占领了晋西北的宁武、神池、五寨、岢岚、偏关、河曲、保德7个县，形势十分危急。

为此，从1938年2月起，第120师对同蒲铁路北段及太原、忻县间的公路展开破袭战，与日军激战20余天，歼敌1500余人，缴获山炮1门、步机枪200余支、汽车14辆、骡马100余匹，日军攻占的晋西北7座县城也全被收复了。八路军不仅打垮了日军的围攻，并把敌人一直追到朔州、大同附近。这一胜利初步奠定了晋绥抗日根据地的基础。

八路军第120师在给敌人沉重打击的同时，会同当地党组织和民众抗日武装，广泛发动武装群众，开展兵民结合的武装斗争。不久，续范亭等率领的动委会和山西新军部队1万余人也进入晋西北地区。在中共晋西北临时区委及牺盟会、动委会的配合下，八路军广泛宣传抗日救国十大纲领和统一战线政策，安定社会秩序，建立武装自卫队和工、农、青、妇等抗日救亡团体，为晋西北抗日根据地的建设奠定了坚实的群众基础。

1938年5月14日，毛泽东电示朱德、彭德怀、贺龙等，指导在平绥路以北沿大青山脉建立游击根据地。7月，第120师派出由李井泉等率领的大青山支队，从五寨进入雁北地区，9月初，越过平绥铁路进入大青山地区，同当地党组织负责人杨植霖领导的蒙汉抗日游击队会合。1938年夏，国民党军队傅作义部队会攻归绥、武川受挫。为了扩大晋西北抗日根据地，保卫绥远地区这个晋西北的门户，第120师大青山支队配合动委会四支队，深入绥远大青山地区，开辟了绥东、绥中、绥南及察哈尔根据地。其后，日军曾前后十多次围攻大青山支队。在极端恶劣的环境下，大青山支队坚持不懈与敌人做斗争，并组织动员广大群众参加抗战，在游击区内部分地建立了抗日政权，巩固了大青山根据地。由此，晋绥抗日根据地向北扩大到绥远的包头、百灵庙、武川和陶林等地区。

抗日战争进入战略相持阶段后,日军对国民党政府采取了诱降为主、军事打击为辅的方针。1939年1月,国民党中央召开了五届五中全会,确定了"防共、限共、溶共、反共"的反共方针。此后,国民党在抗日根据地周围接连制造摩擦,特别是12月,阎锡山首先发难,制造了"晋西事变",对此,八路军第120师和山西新军部队给予坚决反击,彻底肃清了晋西北地区的反共顽固势力,进一步巩固了抗日根据地。事变平息后,1940年4月,中国共产党与阎锡山当局达成停止武装冲突的划区抗敌的协议,协定以汾阳经离石至军渡公路为界,路以南区域为阎军活动地区。至此,晋绥抗日根据地包括了山西省西北部、绥远省东南部,纵长千里、横贯三百里的广阔地区,成为华北抗战局势中的重要战略堡垒。

随着晋绥抗日根据地的建立、巩固和发展,根据地的民主政治建设不断开展和日益规范。1937年至1939年年底,晋西北党组织利用牺盟会、动委会等统一战线组织,以新民主主义革命的思想理论为武器,不断对封建政治制度进行改造。牺盟会和动委会围绕全民族抗战的总目标,在抗日民族统一战线方针的指导下,发动群众和改善民生,组织动员人民群众投身抗日事业,改造政权和民主建政,推动着抗日根据地的民主政治运动不断发展。

为了动员民众参加抗战,牺盟会和动委会紧密结合晋西北地区的实际状况,提出了一系列抗日民主政治的要求,如改革官僚政治机构,使之适应抗战的需要;发动人民爱国运动,激发民众的爱国热情和积极性;革新旧制度,维护人民民主权利等方面都取得了突出成就,为根据地建设和抗日救亡运动奠定了扎实的理论基础。

全国性抗战爆发后,当地驻军的衣食基本上由当地人民负担。牺盟会、动委会依据合理负担原则,协助各级政府开展减负工作。首先采取的方法是正确调查评价贫富状况,动员有钱财的地主、富农、开明士绅多出钱粮，支援抗日事业。另一种方法就是，通过第四专区和动委会联合向省政府报告，提出减轻人民负担的要求。1938年年初，山西省政府颁令取消了一系列不合理税赋。同时，各地还成立借贷所，为农民生产提供支持和便利。如兴县以动委会的名义成立农民银行，专门供农民借款，以此解决农民借高利贷所遭受的盘剥问题。

1942年11月，晋西北召开了临时参议会，它揭开了晋西北民主政治历史崭新的一页。参议会在组织上体现了中国共产党所提出的"三三制"原则。1942年5月，中共晋西区发出《关于更进一步贯彻政权中三三制政策的指示》，提出要进一步巩固晋西北抗日民主根据地，反对政权建设中的关门主义，改善党的关系，从组织上保证"三三制"政策的贯彻落实。边区参议员由人民直接或间接选举产生，当时145名参议员中，共产党只有47名，不及总人数的三分之一。通过"三三制"政策，不同党派、不同阶层、不同民族的参议员，团结在抗日民族统一战线旗帜下，行使着人民所赋予的神圣权利。

临时参议会通过了"对于巩固与建设晋西北的施政纲领"。这个纲领是根据中国国民党抗战建国纲领、中国共产党抗日民族统一战线政策、晋西北的实际情况及抗日战争的要求制定，它从坚持抗日战争胜利的总目标出发，分别从政权建设、保障人民的政治权利、执行统一战线的土地政策、开展对敌斗争等多个方面，提出了巩固建设抗日民主根据地的各项任务，是抗日根据地新民主主义建设的宏伟蓝图。

临时会议还通过了《晋西北临时参议会组织条例》《晋西北行政公署组织大纲》《晋西北行政督察专员公署组织大纲》《晋西北县、区、村各级政府组织条例》。这些法律文件，不仅确立了晋绥抗日根据地新民主主义的政治体制，而且为新民主主义革命时期民主政治体制的形成积累了经验。

八、晋察冀根据地进行"三三制"民主建政实践

1937年太原失守后,华北战场以国民党军队为主的正规战争已经结束,游击战争上升到了重要战略地位。当时国民党政府人员绝大部分面对日寇入侵都纷纷逃离,机构几近瘫痪。日本侵略军扶植了伪"蒙疆"、伪"华北行政委员会"等汉奸政权,特务、亲日派大搞投降活动。同时,土匪、地主、会道门及各种名目的匪霸武装也趁乱割据一方,欺压百姓,抵制抗日。社会陷入无政府状态,秩序极为混乱。为了坚持华北抗战,建立敌后抗日民主根据地的任务迫在眉睫。而改造旧政权,建立抗日民族统一战线性质的民主政权,就成为建设根据地的首要任务。

1937年10月20日,中共北方局电令聂荣臻要"在晋察冀全区,为了加强与统一军事政治领导,应即进行统一战线的民主政权的改造和建设"。11月,聂荣臻、宋劭文等在阜平会见各方面人士,就改造和建设政权问题进行了磋商,并把磋商意见报告阎锡山,得到国民政府核准。1938年1月10日—15日,晋察冀边区第一次军、政、民代表大会在阜平县城第一完全小学举行。出席大会的代表148人,代表着共产党和国民党,代表着边区各县政府、动委会、自卫会、救国会,代表着边区各群众团体,代表着边区各正规部队和游击队、义勇军,代表着汉、回、藏、蒙各民族和和尚、喇嘛等各界人士。大会决定了统一边区的行政、军事、财政经济、文化教育、民运工作等各项议案,并民主选举产生了边区政府——晋察冀边区临时行政委员会。晋察冀边区临时行政委员会的成立,标志着敌后第一个统一的边区抗日民主政权的诞生。随后,全区各级政权的改革工作陆续展开。1938年,晋察

冀边区有8000多个村庄进行了民选村长的运动,参选公民占40%到50%。1938年至1940年春,晋察冀边区普遍建立了村民代表会和村公所;1938年春建立了区政会议和区公所;1939年秋,对区政会议进行了改革,取消了由各机关、团体各派代表组成的办法,改为区政会议由区民代表组成,区民代表由村民大会直接选举;1938年建立了县政府和县政会议;1939年春开始县政改革,规定县政府之上设县政会议,由县长、秘书、自卫队长各一人和区长、绅士代表、群众代表若干人组成。① 村民代表会议、区政会议和县政会议都可以讨论和决定本级重大事项,是实际上的同级最高权力机关。边区各级政权的初步改革,基本上摧毁了旧的封建政治制度,为全面彻底的政权组织机构改革奠定了基础。

  抗日战争进入战略相持阶段后,随着敌后抗日游击战争的广泛开展及抗日民主政权的纷纷建立,抗日根据地的民主政权建设提上了日程。1940年3月6日,中共中央总结了各地开展民主建设的经验,发出毛泽东起草的关于《抗日根据地的政权问题》的指示。该指示指出,在抗日时期,我们所建立的政权的性质,是民族统一战线的。这种政权,是一切赞成抗日又赞成民主的人们的政权,是几个革命阶级联合起来对付汉奸和反动派的民主专政。它和地主资产阶级的反革命专政有区别,也和土地革命时期的工农民主专政有区别。根据抗日民族统一战线政权的原则,在人员分配上实行"三三制",即共产党员占三分之一,非共产党的左派进步分子占三分之一,不左不右的中间派占三分之一。"三三制"的突出特点是共产党员不一定要在数量上占多数,而要争取其他人士与党合作,通过协商达成一致,取得共同纲领以作为施政方针。从1940年下半年起一直到抗战胜利,"三三制"始终是抗日民主政权坚持的重要政治合作制度。

---

① 肖一平、谢忠厚:《河北抗战史》,北京出版社1994年版,第148页。

八 晋察冀根据地进行"三三制"民主建政实践

1940年开始,晋察冀边区党组织和临时行政委员会,根据中共中央关于巩固敌后抗日根据地和建立"三三制"抗日民族统一战线政权的指示,在全边区实施了"三三制"建政,建立健全了新型的民意和行政机构,形成了具有特色的新民主主义政权组织机构和相应的具体政治制度。1940年6月,晋察冀边区政府颁布了《晋察冀边区暂行选举条例》《晋察冀边区县、区、村暂行组织条例》《晋察冀边区参议会暂行组织条例》《晋察冀边区暂行组织条例》,开始各级抗日民主政权大选运动。首先开始村民代表会选举,由村民直接选举。7月,开始区代表会和区长的选举。区代表会以村为单位选举,200个公民以下的村选举区代表1人,200个公民以上的村,每增加300人,增选区代表1人。8月,进行县议会、县长和国民大会代表选举。县议会选举以区为单位进行,两万人以下的县选举县议员20名,两万人以上的县每增加2500人增选1人。国民大会每县推1人。从9月开始,选举边区参议员。以县为单位,3万人以下的县选举参议员2人,3万人以上的县每增加3万人增选参议员1人。至10月,全边区民主选举基本结束。① 这次民主选举是由广大群众参加的革命运动,平均参选人数占公民总数的80%以上,经过选举产生了村民代表会、区代表会、县议会、边区参议会及各级政府,健全了立法和行政统一的新民主主义政权机构。在边区选举的高潮中,中共中央北方局于1940年8月公布了《关于晋察冀边区目前施政纲领》(双十纲领),在政权建设上强调彻底完成民主政治,在民意机关和政府中必须实行"三三制",并规定了实行"三三制"的具体办法。施政纲领的颁布,得到了各阶层人民的拥护,不仅成为边区共产党的行动纲领,而且很快成为全边区人民共同的行动纲领,民主运动的洪流来得更为迅猛。

1941年和1942年,边区政府进行了大规模的"三三制"村选运动。在太行区和太岳区,1941年进行村选时,参加选举的公民占到公

---

① 肖一平、谢忠厚:《河北抗战史》,北京出版社1994年版,第148页。

民总数的 75% 以上。许多村庄参加选举的公民达到公民总数的 80% 以上，有的村庄则达到 95% 以上。1942 年，普选运动结合减租减息而广泛深入地展开，参加选举的公民进一步增多，占两区公民总数的 85% 以上。在腹心地区五台等县，参加选举的公民更为众多，即达到公民总数的 95% 以上。① 这种民主选举的普遍推行，使广大抗日民众特别是为数最多的劳苦大众，从一向被压抑的社会底层解放出来，开始昂首阔步地走上政治舞台，掀起了有史以来最伟大的民主运动热潮。各阶层民众、各党派人士，都争先恐后地踊跃参加选举活动。中共北岳区党委先后做出《关于一九四一年村选及村建设的决定》《关于一九四二年村选的决定》，并两次开展村选，强调要坚决执行"三三制"原则，发动群众推选坚强可靠而有能力的党员干部、抗日积极分子和开明士绅去参加竞选。从村选后基层政权工作人员的构成看，北岳区 10 个县的全部村民代表会和村政委员中，贫雇农平均占 33%，其他进步分子和中间势力平均占 67%。② 这种破天荒的、天翻地覆的政治大变革，广泛团结了各阶级、各阶层人士，巩固与扩大了抗日民族统一战线。1943 年春，边区政府对广大游击区抗日村政权又进行了整理和改选，使党的"三三制"政策在边区广大基层政权中得到普遍深入的贯彻。各抗日阶级都有权参政，权力实实在在地属于民众，不分阶级、阶层共同参加政权管理。在所有的村民代表会和村政委员会中，共产党员平均占 33%，党外进步势力和中间势力平均占 67%，基本达到了"三三制"的要求。各村民主选举抗日村长、村委，极大地调动了民众的抗日热情，孤立了汉奸及其反动派，使抗日民主政权的基础更加牢固。

1943 年 1 月 15 日，晋察冀边区邀请边区各党各派各界领袖和仁人志士，召开了第一届参议会。参议员中有国民党员 30 余人，有著

---

① 刘泽民等：《山西通史·抗日战争卷》（第8卷），山西人民出版社2001年版，第540页。
② 同上书，第533页。

八 晋察冀根据地进行"三三制"民主建政实践

名的科学技术专家、教育家,有少数民族的代表,有来自敌占区的缙绅,以及抗战有功的社会人士。参议会选举结果,7个驻会参议员中,有共产党员2人;9个政府委员中,有共产党员3人,其余为友党及无党人士。参加参议会的许多士绅代表反映,"共产党不自私自利",堪称"言行一致"的表率。一位曾多次参加过民国国会和地方议会的老参议员说:"这是数十年来阅历人间,第一次见到的真正的民主选举。一切都无可非议……那些被选出的人都是才德两全的有关人物。"这次民主选举结果,"完全证明共产党所提出的'三三制',实出于一片真诚",表示"十二万分的钦佩"。①这次大会总结了边区5年来实施民主政治的成就和经验,正式讨论通过了《晋察冀边区选举条例》《晋察冀边区参议会组织条例》《晋察冀边区行政委员会组织条例》《晋察冀边区县区村组织条例》等一系列条例、法令,使边区的新民主主义政体法律化、制度化。大会接受中共北方分局的提案,将《晋察冀边区目前施政纲领》正式确定为边区临时行政委员会的施政纲领,使边区各界人民有了共同恪守的"纲领"或"宪法"。②晋察冀边区第一届参议会是边区实行统一战线和民主政治的典范。它标志着边区新民主主义政治制度的健全和完善,是边区民主政治建设史上的转折点。

晋察冀边区的民主政权建设,为各地提供了典型经验。边区党组织模范地执行了抗日民族统一战线的各项政策,最广泛地动员、团结了边区各阶层人民,使晋察冀抗日根据地在敌人的心脏地区创建起来,而且能在最残酷的环境中坚持下去,并能够不断发展壮大,还积累起建立和发展最广泛的民族统一战线的丰富经验。

---

① 刘泽民等:《山西通史·抗日战争卷》(第8卷),山西人民出版社2001年版,第534页。
② 同上书,第520页。

九、晋冀豫根据地改造旧政权、建设新政权

晋冀豫根据地的民主政权建设工作是从运用抗日民族统一战线形式发动群众开始的，首先是牺盟会在创建根据地过程中对旧政权进行的改造。

1937年11月，太原失守极大地震惊了以升官发财为要的阎锡山官僚集团。他们惶惶不可终日，或抽身远祸，一走了之，或惶惶难安，不思进取，或顽固不化，倒行逆施，有的甚至叛变投敌，做了汉奸。在此紧要关头、危难之际，一批牺盟会员、决死队干部挺身而出，在党的领导下，担负起了抗日政权建设的重任。当时，阎锡山在晋东南设立了第三、第五行政区，而薄一波出任第三公署行政主任，他利用阎锡山委任的权力，大胆撤换不思进取或反动的旧政权中的各级官僚，在各县大批选用牺盟会、决死队干部担任抗日政府的县长，这些抗日县长又行使权力对区、村旧政权进行改造。这一进程开始时并不顺利。沁县县长李醉天秉承阎锡山和顽固的山西省民政厅厅长邱仰俊的旨意，对抗薄一波，反对牺盟会、决死队，拒绝供应八路军粮食，并且要赶走八路军工作团。薄一波强令李醉天处决了与其关系非常密切的沁县坷村的地主豪绅郭永庆，打击了李醉天的气焰和威信。1938年4月，薄一波又根据民族革命十大纲领中制裁坏官坏绅坏人的规定，以破坏抗日统一战线，反对决死队、牺盟会等罪名撤职查办李醉天，并委派沁县牺盟中心区负责人史怀壁为沁县县长。薄一波还派王埔去沁县当公安局局长，张日新当公道团团长，孟松涛、黎颖去当县牺盟会特派员。这样，沁县的县政权就掌握在了牺盟会、决死队的手里。太岳区沁源县的谭永华、安泽县的邓肇祥、屯留县的徐明、洪

九 晋冀豫根据地改造旧政权、建设新政权

洞县的高希敏等人都是用这种方式被任命为抗日新县长的。

这一时期,阎锡山还直接任命了一些牺盟会会员到第五专署任抗日民主县长。如1937年10月底,壶关县的牺盟特派员张恒业被阎锡山委任为壶关县县长,而当时县公道团团长杨笃宽是旧政权的忠实维护者,拒不同张恒业合作进行抗日动员工作,还百般阻挠合理负担等抗日政策的贯彻执行,于是张恒业利用自己的职权,将杨笃宽驱逐出了壶关县,并由牺盟会会员张星图接任了公道团团长,以后又把公道团三个区团长全部更换为各区的牺盟秘书兼任。

1938年4月,日军对晋东南展开"九路围攻",加速了整个晋东南地区尤其是第五行政区的旧政权改造工作。"九路围攻"中暴露出来的军民配合不够、政权反应迟钝等问题,使牺盟会、决死队及行署的领导人认识到,必须进一步加强民众动员和政权建设工作。为此,在发动民众斗争的基础上,坚持顽固立场、不思进取的第五行署行政主任续济川被挤走了,而牺盟会、决死队重要领导人戎伍胜成功地取而代之。至此,整个晋东南地区两大行署主任都由牺盟会、决死队领导人担任,行署之下的各县级政府也基本为牺盟会掌握,县长绝大多数是牺盟会会员,各县的牺盟特派员、公道团团长、公安局局长等主要职务基本转入抗日进步革命者手中。

1938年夏起,各县的区村级政权逐渐进入改造的高潮。① 在村一级政权中,农民群众被牺盟会、决死队发动起来后,有组织有目标地针对旧政权的某些顽固分子进行斗争,发现这些反动分子在经济上、生活上或工作上的错误和问题,揭发其劣迹,然后罢免或撤换他们,实现对基层政权的改造。

在壶关县,一些反动村长为了维护封建大户的势力,以负担不公为借口,公开反对合理负担政策。有的扩大摊派户数,有的按人口摊派。修缮

---

① 张冠军:《牺盟会与晋东南抗日根据地的政权建设探析》,《石家庄学报》2006年第7期。

编村的反动村长韩国良，拒不执行群众代表意见，随意扩大摊派户，牺盟会抓住典型，发动群众开展讲理斗争，揭发韩国良的种种罪恶，公开撤销了他的村长职务，迫使富户接受负担。城寨编村的反动村长靳有余对抗借粮，牺盟会发动千余名群众罢免了他的村长职务，并选出贫苦农民郭法则担任村长。枉家岩、大井编等村也通过群众"借粮、抽地、废约"的斗争，换掉了坏村长。①

武乡县对村政权的改造是从1938年春开始的。全县48个编村村长，多系旧政府派任，对抗日救国态度不一。从其政治身份来说，分为三种类型：一种是地下共产党员和进步知识分子；一种是本地地主阶级的上层人物；还有一种是顽固派。在比例上，中间势力比重较大。在改造过程中，那些属于共产党员和积极抗日的进步村长，代表了广大民众的利益，坚决贯彻党的政策，主张抗日救亡，得到了大力的支持。而部分顽固分子，特别是那些有劣迹、民愤大的坏村长，如五堡、白和、广志、五台、韩家、王留、烟里、大有等编村的村长，是群众向县府请愿、控告赶跑的，姚庄等编村，旧村长是被迫调走的，韩壁编村的旧村长是自己干不下去，离职回家的。②

1940年8月，冀南、太行、太岳行政联合办事处（简称"冀太联办"）成立，并设立行政委员会，主任为杨秀峰，副主任为薄一波、戎武胜。冀太联办由各抗日党派、抗日军队、各县领袖人物、地方绅士、学者组成，下设各种委员会。冀太联办成立后，即制定和颁布了《施政纲领》，提出了"彻底实现民主政治，建立廉洁政府"的任务和目标。同时就村政委员会的性质、组织及任务问题，发出了专门指示，并且根据彭德怀在中共北方局党校关于《民主政治与三三制政权的组织形式》的讲话精神，讨论通过了《晋冀豫边区村政权组织暂行条例》和《晋冀豫边区村民代表会选举暂行条例》，为大规模的村选运动指

---

① 山西省史志研究院编：《山西牺牲救国同盟会历史资料选编》，山西人民出版社1996年版，第484页。
② 山西省武乡县志编纂委员会：《武乡县志》，山西人民出版社1986年版，第285页。

九 晋冀豫根据地改造旧政权、建设新政权

示了方向，规定了政策与办法。这是晋冀豫抗日根据地全面实施新民主主义政治的重大步骤。

随着冀太联办的成立，晋冀豫区的民主政治建设进入了新阶段。1940年12月，冀太联办召开了第一次专员、县长会议，就农村基层政权建设问题进行了认真的讨论和研究，确定村选工作为1941年四大任务之一，并要求在上半年普遍开展村选运动，完成村政权的改造，下半年进行区选，健全区级政权。据此，太行、太岳区的村选运动从1941年1月由腹心地区开始，逐步向全区推展，八九月间掀起高潮。整个村选运动准备充分、工作扎实、成效显著，并历经"宣传教育、选民发动、调查户口、登记公民、划分公民小组、实行民主选举等过程，最后选出村长，建立村政委员会（即村公所）"。村选运动是劳动人民的伟大节日，它最终满足了人民群众当家做主的要求与愿望，因而在许多地方出现了为当选的村长披红戴花、举行庆祝会议、欢呼民主政治胜利的热烈场面。1942年，据对太行区武乡、榆社、襄垣3县的统计，在598个村政委员中，贫、雇农占35.1%，中农占43%，富农占15.4%，地主占6.5%。通过这次选举运动，各村政权实现了初步改造。1942年到1943年间，冀太联办更把开展大规模的减租减息运动和民主建政结合起来，将不纯分子清除出去，把减租减息运动中涌现出来的群众领袖推举进来，进一步健全和完善了基层民主政治制度，建立起真正符合民意和"三三制"原则的村政权。这样的村政权既树立起贫苦农民的绝对优势，又团结了其他阶层和开明士绅，极大地巩固和发展了山西的抗日民族统一战线。

正值村选运动兴起，1941年3月，冀太联办第二次行政会议接受中共北方局《关于成立晋冀豫边区临时参议会的提议》，决定开始筹备临参会参议员选举及召集临参会第一次会议的工作。同年5月，邓小平在中共北方局机关刊物《党的生活》上发表《党与抗日民主政权》一文，有力地指导和推进了临参会筹备工作的全面开展。在筹备临参

会的过程中，结合村选运动，按照"三三制"的原则要求，对县级政权进行了必要的调整，将民族资产阶级和开明士绅中的抗日积极分子吸收到政权中来，从政治上更加巩固地团结了各抗日阶级和阶层力量。

在改造县、区、村政权，全面建设新民主主义政治的热潮中，晋冀豫边区临参会于1941年7月7日至8月15日在辽县桐峪胜利召开了。出席大会的参议员134人，其中共产党员46人，占34%；国民党员及无党派民主人士88名，占66%。彭德怀、邓小平、罗瑞卿等党和军队的领导人出席了大会。大会决定将晋冀豫边区临时参议会改为晋冀鲁豫边区临时参议会，成立晋冀鲁豫边区政府。大会讨论并通过了《晋冀鲁豫边区政府施政纲领》《晋冀鲁豫边区临时参议会组织条例》及《晋冀鲁豫边区政府组织条例》等一系列条例、法令，选举产生了边区参议会正、副议长及驻会委员，选举产生了边区政府正、副主席和委员及高等法院院长。这次大会以民主、团结为标志，不但使全边区的县、区、村政权经过改造而健全起来，而且建立了边区最高一级的民意机关和行政领导机关。

1941年到1943年，晋冀鲁豫根据地的民主政治建设进一步深入，新民主主义政体实现了法律化和制度化，各级"三三制"抗日民主政权建立和健全起来，民主政治已形成了比较完整的体系。新民主主义政治建设与实施的这一巨大成就，对于团结各抗日阶级和阶层，发展和巩固抗日根据地，对于克服极端困难，坚持持久抗日战争，都发挥了不可估量的历史作用。正是坚持"三三制"政策，在敌后抗日根据地，不少开明地主、绅士、社会名流、学者被选入民意机关和行政机关，参加了抗日民主政权的领导工作，增强了他们与共产党合作抗战、共赴国难的决心与信心。晋冀鲁豫边区的一位士绅参议员说，"八路军开辟了根据地，我们大家都成了主人"，这怎么能不和共产党"携手合作"，将抗战"进行到底呢"！[①]

---

① 张国祥：《山西抗日战争史》（下卷），山西人民出版社1992年版，第151~168页。

十、山西敌后根据地实行精兵简政政策

1941年年底，中共中央从抗日战争战略相持阶段极为复杂困难的实际情况出发，提出了精兵简政的重大方针。其中一条重要指标就是要务必使根据地党、政、军、民各类组织和脱产人员"不超过甚至更少于居民的百分之三"。根据中共中央《关于太平洋战争爆发后敌后抗日根据地工作指示》中精兵简政的要求，山西抗日根据地认真贯彻执行，减轻百姓负担，坚持和巩固了根据地，渡过了抗战最困难的时期。精兵简政指示下达后，各根据地从军队到地方，从上层到基层普遍实行了精简。

北岳区是晋察冀边区的中心，中共晋察冀分局、北岳区党委、边区政府及其直属部门、晋察冀军区、边区各民众团体，均驻在这里。因此，北岳区的精兵简政，在很大程度上就是边区党、政、军、民领导机关的精兵简政。1942年2月初，晋察冀军区发出关于精兵简政整编的命令，决定将北岳区武装部队划分为主力军与地方军建制，既精干了主力部队，又加强了地方武装。1943年1月，晋察冀军区部队再次进行精简整编，取消大团编制，一律改为小团，并紧缩机关，充实连队。同年8月下旬，根据中共中央指示，晋察冀分局将北岳、冀中两区的党、政、军、民领导机关合并，取消北岳、冀中两个区党委，撤销冀中军区和冀中行署，两区之地委、专署、军分区分别由晋察冀分局、边区行政委员会、晋察冀军区实行统一的直接领导。

晋察冀边区行政领导机关的简政工作，从1942年1月开始至1944年上半年结束。其中先后分作三个阶段，总共进行了五次简政。1942年1月至9月为初期阶段，进行了第一、第二次简政，重点是压缩各级行政编制，减少人员和经费。1943年1月至5月为发展阶段，进行了第三、第四次简政，主要是整顿组织机构，改进和加强领导。边区行政委员会相继颁发了《关于各级政府组织机构改变的决定》《关于加强行政效率减少各级事务手续的决定》等文件，在加强区政府的同时，对县以上各级政府机构亦做了必要的调整和改革，再次精简了边区政府机构，取消了行政委员会各处以下的科级单位。1943年秋至1944年6月为进一步发展和巩固阶段，进行了最后一次，即第五次简政，主要任务是在前四次简政的基础上，着力从组织领导和制度方面端正政风。边区行政委员会又颁布了《关于各级政府各部门工作的决定》《关于加强行政效率减少各级事务手续的补充决定》等文件，确定了在各级政府机构中设立主管机关行政事务的部门和人员，制订了专、县、区的进一步简政方案，建立了一套政权干部任免、考核、奖惩和教育培训的管理制度，并且再一次压缩了行政编制，充实和加强了实业部门，由专员、县长兼实业科长，裁撤农林局、工商局，改设实业科领导下的农业股、工商股、合作指导股。经过前后五次简政，行政编制大大压缩，仅北岳区各级政府机构在第五次简政中即精减1500余人。晋察冀根据地政府机关由1942年的2000余人减至500人，减少了75%，专署编制减至50人，县政府平均55人，区公所平均9人。精兵简政扭转了以往抗日根据地政权结构头重脚轻的积弊。1941年简政前的晋察冀边区各级政权结构的比例是：边区政府占各级政权人员总数的18.1%，行署和专署占9.29%，县占42.7%，区占29.64%。经过几次精简后，1943年各级政权结构的比例变为：边区政府占17%，行署和专署为14.33%，县占32.73%，区占35.87%，各级政权人员配备的结构日趋合理。这样，加上党务、军事部门等的精兵简政，包括北岳区在内的全边区党、政、军、民领导机关脱产人员总数基本上达到了中共中央规定的不超过居民总数3%的要求，扭转了机构庞大和头重脚轻的状况，克服了官僚主义、事务主义与文牍

十 山西敌后根据地实行精兵简政政策

主义,较好地适应了客观形势和对敌战争的需要。

在晋绥边区,1941年12月中共中央关于精兵简政的指示一下达,晋绥边区的党、政、军、民领导机关就立即行动起来。当月下旬,晋西北军区便召开军分区以上高级干部会议,学习讨论中共中央关于精兵简政的指示,并结合军区的实际情况,决定了部队的精简计划和编余人员安置的原则与办法。会后,各部队即本着"缩小机关,充实连队"的精神,开始了整编工作。经过短短两三个月的工作,到1942年3月底,第一期精简整编任务完成,全军区主力部队由39000余人减至35000余人,裁减公务人员731名,第120师和新军部队共减少伙食单位达118个。对编余和裁减下来的5000余人,除充实连队外,其余的都做了适当安置。

继晋西北军区第一期精简整编工作之后,于1942年3月下旬,晋西北行署召开由各区专员参加的精兵简政会议,讨论制订了政权系统实行简政的方案,并要求各级政府积极行动起来,把精兵简政工作当作一项关乎全局的大事抓紧、抓好。按照会议的精神,各级政府部门的简政工作迅速展开。同年9月底,中共晋绥分局根据中共中央和毛泽东的指示,一方面对晋绥军区部队的精兵简政做出新的决定:主力军(包括第120师和新军部队),以缩编单位、合并后方、调整机关、充实战斗连队为原则,全部主力军缩减至27000人以下,地方武装部队减至4500人为限。从超编的地方武装部队中抽调1800人,补充第120师1200人,补充新军600人。另一方面,又对党、政、民领导机关及工厂、学校、医院等单位工作人员的比例做出了规定,并且提出了妥善处理编余人员的原则性意见。紧接着,晋绥分局又于10月初召开了高级干部会议,再就精兵简政问题进行了深入的讨论,要求党、政、军、民各级领导机关认真执行分局的"九月决定",尽快把精简计划落到实处。据此,全边区的精兵简政工作掀起热潮。

在党的领导机关方面,撤销绥远区党委(已由绥中退至晋西北偏关县），成立塞北工作委员会，作为晋绥分局的办事机构，协助分局处理有关大青山和雁北地区党、政、军、民的日常工作。同时，将三、四地委合并为三地委，七、八地委合并为八地委。

在行政领导机关方面，亦合并精简了机构，适当调整了区划：三、四专署合并为三专署，岚县（原由行署直辖）划归三专署，五专署委托绥察行署领导，取消五专署东四县办事处，朔县划归五专署，撤销八专署平原办事处，离东县划归八专署，各县贸易局、银行、稽征局合并，民政、教育科合并，财政、粮食科合并；公安战士与各级政府警卫连合并，公安局、武委会与各级政府伙食单位合并，裁减区级各种助理员，撤销村级各种形式的委员会。经过调整区划和精简合并机构，大大压缩了各级行政编制。据28个县的统计，共减少各种人员（包括干部、工勤人员、警卫人员）5949名，区公所平均由15人减至7人，村公所脱产人员由8名减至3名或5名，一共减少5564人。全边区行政人员由18037人减至7489人，并对编余10548人均做了适当安置。

在军队领导机关方面，依照晋绥分局的决定，在第一期整编精简的基础上，又向前大大迈进了一步，取得了显著成效。撤销了新军指挥部，由晋绥军区统一领导；第三军分区之阳曲、静乐、岚县地区与第四军分区合并为第三军分区，以第120师第358旅兼，取消第四军分区，其原指挥机关独立第一旅转移至陕甘宁边区，第三军分区之忻县、崞县、静宁、宁武地区组成第六军分区，以原决死第四纵队兼，大青山地区与第五军分区（雁北地区）合并组成塞北军分区，取消大青山骑兵支队（骑兵第1、第2、第3团番号保留），第五军分区部队编为雁北支队；新军暂一师第36、第37团合编为第36团，工卫旅第21、第22团合编为第21团，暂一师和工卫旅番号保留，取消指挥机关；原决死第二纵队第4、第5、第6团编组为第5、第6支队；原决死第四纵队第19、第35团分别改编为第19、第35支队，原决死第二、第

十　山西敌后根据地实行精兵简政政策

四纵队及工卫旅后方机关合组为新军后方留守处，暂一师后方机关并入第二军分区后方机关。经过第二次精简整编，全军区团以上领导机关人员由9151人减至3580人，减少5571人，占60.9%；仅军区、军分区两级机关人员由7132人减至1754人，减少5378人，占75.4%；主力部队由3万人减至25000人，地方武装由6521人减至5000人，合计共减少6521人，占军区部队总数的17.9%；军工人员由2143人减至1544人，减少599人，占28%；全军区伙食单位由304个减至235个，减少69个，占22.7%，精减骡马1076匹，占47%。另外，第120师驻陕甘宁边区之第359旅和独一旅，亦按照联防司令部的统一计划实行了精简。上层领导机关的精简，充实和加强了基层的战斗连队，使每连由88人左右增至130人左右。这样，上、下两头人员数量之比例即发生了巨大变化：军区、军分区两级指挥机关与战斗部队的人数由1:2变为1:5.6，团级指挥机关与一线连队的人数由1:3.5变为1:10.8。而且，抽调一大批指战员充实到地方武装、民兵组织与武工队中，加强了群众游击战争和"反蚕食"斗争的骨干力量。

随着党、政、军领导机关的精兵简政，各民众团体的领导机关也相应地进行了压缩与精简。晋绥边区精兵简政工作取得了很大成绩，不仅使全边区党、政、军、民领导机关的脱产人员达到了中共中央规定的比例要求，更为重要的是克服了机构臃肿、"鱼大水小"的弊端，精干了上层，加强了下层，减轻了人民负担，提高了工作效能，适应了坚持抗战的斗争需要。因此，当中共晋绥分局将边区精兵简政的工作向中共中央和毛泽东报告后，中央和毛泽东充分肯定了晋绥边区精兵简政工作的成绩，并且批转晋绥分局的报告，指示各地"参照执行"。

晋冀鲁豫边区，特别是太行、太岳区的精兵简政工作开始于1942年1月。中共中央关于精兵简政的指示一下达，晋冀鲁豫边区政府和第129师部队就确定将精兵简政工作列为1942年年度的中心任务之一。1月7日，刘伯承即向第129师直属部队做了题为《如何贯彻中央精兵简政政策》的动员报告，深入阐明了实行精兵简政的重大意义，明确提出了边区部队的精兵建设首先从师直单位开始，由上到下，层层落实的步骤和要求。1月15日，第129师发布《关于实施精兵简政建设的命令》。1月12日，晋冀鲁豫边区政府召开第十一次例会，认真讨论研究了全边区的精兵简政问题，确定了简政的方针、原则和方案。根据晋冀鲁豫边区政府和第129师的安排部署和任务要求，太行、太岳区党、政、军、民各级领导机关的精兵简政工作迅速而全面地展开。

太行区是晋冀鲁豫边区政府的直辖区。它既是全边区党、政、军、民领导机关的所在地，又是领导和指挥整个华北抗战的中共中央北方局与八路军总部（前方）的所在地。在华北敌后各抗日根据地中，可谓领导机关最多、最集中的地方。这些领导机关及其直属单位，拥有抗日武装部队40000人、地方行政工作人员20000余名。60000余人的生活来源和军政机关的给养供应，大多靠太行区解决。在当时根据地缩小、人口锐减的困难情形下，当时的太行区人民群众约能负担45000余人，需要精减15000余人。因此，在太行抗日根据地，"鱼大水小"的矛盾比较突出，精兵简政工作较之其他地区更为繁重。也正是出于这个缘故，太行区对精兵简政工作十分重视，并由中共北方局、八路军总部、太行分局和晋冀鲁豫边区政府协力指导配合，第129师师部和晋冀豫区党委直接领导，从部队到地方、从上层至下层，于1942年1月开始，普遍推行了精兵简政工作。

按照《关于实施精兵简政建设的命令》，第129师经过4个多月的艰苦工作，精简整编任务于5月底基本完成。精简整编后，在太行区的师直机关、第385旅、新一旅及各军分区共420个单位26697人，裁减151个单位，减少6650人，分别占36%和24.9%。其中，师直共29个单位2627人，编缩17个单位，精减1664人，分别占58.6%和55.7%。这样就从根本上改变了"头大脚小"的状况，精干了领导机关，加强了基层连队，提高了部队的战斗力。

太行区党、政、民机关和地方武装的简政工作，与军队的精兵建设同步进行。为了把简政工作建立在客观可靠的基础上，中共晋冀豫区党委坚持立足于保证人民生活和抗战必需的原则，组织各级党委、政府、军区、农会等系统的干部，深入基层，对全区的人口、土地、粮食产量、工副业生产、国民总收入等社会经济状况进行了周密的调查。依据调查所得的材料，区党委于1941年12月至1942年1月间，召开了由县委书记和县长参加的联席会议，精确计算了全区的民力、物力、财力，从而制订出人民群众能够负担的简政方案，具体提出了党、政、民、学脱产人员可保留15000人、精减5000余人的指标。据此，全区简政工作先后进行了3次。

第一次简政于1月至4月，其中心任务是：裁汰骈枝机构，减少脱产人员，充实下层，提高干部质量，增强工作效率，废除一切繁文缛节，建立简便工作制度，树立朴实计算与管理作风；反对浪费，肃清贪污，节省民力。结果，精减了上层人员，加强了下层领导。决定二、四、五、六专署兼理其所在县县政，一部分县政府兼理其所在区区政，小县不设区，实行大区小村制，区数合并至60%，村干部大都脱离生产。这次简政虽然减少了上层人员，但组织机构变动不大，仍显得臃肿，不能适应"反扫荡"斗争的形势。尽管村干部大都脱产，但集中于行政村，战争一来，自然村陷于无领导状态，行政村也处于孤立无援之境。而且，说话的人多，做事的人少，形成了互相推诿、无人负责的局面。

于是，从5月份"反扫荡"后，太行区又进行了第二次简政，其方针是进一步缩小上层机关，足够地充实下层，培养各地区的独立工作能力。具体措施有：减少晋冀鲁豫边区政府和专署两级人员四分之一到三分之一，加强县、区两级；减少边府事务，加强专、县职权；着力改革机构，实施重点放在适应战争上。结果，再度缩小了领导机构，减少了日常事务，合并了同类部门：专、县的民政与教育科合并，财政与粮食科合并，税务与贸易局合并，建设科取消；另外设立了勤务科，以统一管理战时的勤务工作；又成立了办公室，以强有力地组织领导中心工作及强化工作上的统一与配合。同时，改变了大区小村制，每区一般辖15至20个行政村，面积1000到1500平方里；行政村的范围，一般在以7至8里为限，100户以下为丙等村，100户以上为乙等村，200户以上为甲等村，300户以上为特等村。村干部多数不脱产，除大村和工作复杂的村庄设各委员会外，一般将各委员会合并或取消，只保留由几个负责人组成的村政委员会。专、县机构的改革大大加强了对敌斗争与中心工作的推动力量，而大区小村制的改变，既便利了战争的指挥和调动，又提高了工作效能，节省了民力。

1943年是太行区灾荒最严重的一年，全区党、政、军、民团结一致，咬紧牙关，在生产度荒中紧缩机构、精减人员，再一次取得了精兵简政工作的好成绩。此次精兵简政，遵循"适应极端严重的分散游击战争环境，强化区、村工作，千方百计减轻人民负担，密切与群众联系，加强对敌斗争"的方针，大大减缩边区政府、专署两级机构，合并性质相同机关，合并减少伙食单位，建立各级领导核心，抽调大批干部充实下层，加强薄弱部门及游击区与敌占区工作。随着部分党、政、军高级干部赴延安参加整风学习，八路军总部（前方）和第129师师部合并办公，师部亦兼军区指挥机关，后勤机关兼理总部、师部及军区的后勤事务。中共太行分局奉命撤销，太行区党委直属北方局领导。边区政府的民政、教育两处合并为第一厅，财政、建设两处及粮食总局合并为第二厅，取消太行卫生处与抗院，合并三个中学为联中。专、县两级更加强化了办公室，而将各科合并为第一、第二、第三科。这一年，仅太行军区系统减少合并伙食单位即达118个，边区政府由600人减至100人，全区党、政、民、学各级机关工作人员减至11000人，大大突破了原来确定的简政指标。经过三次简政，机构和人员大大减缩,仅政府行政系统即减少人员51%,而且充分体现了"多减上层,加强下层,多减杂务人员"的精神。

太行区的精兵简政工作走在了晋冀鲁豫边区的最前面,起了典型与表率作用,从而带动了全边区的精兵简政工作。毛泽东在为《解放日报》撰写的《一个极其重要的政策》的社论中,高度赞扬了晋冀鲁豫边区的精兵简政工作,把它誉为"做出了精兵简政的模范例子"。

在太岳区,其党、政、民各单位的简政工作分为两期进行,第一期从1942年3月开始,第二期于1943年2月以后实施。第一期简政的重点是紧缩县以下行政机构,实行并县、并区、并村。通过机构紧缩,合并了8个县,即将漳源并入沁县、岳阳并入安泽、襄南与漳西合并为襄漳县、介休与灵石合并为介灵县。同时,将原有的120多个区合并为68个区,1900多个村合并为900多个村。简政过程中密切结合整顿政风,建立健全了有关制度,改进并提高了工作效能。1942年11月,太岳、晋豫两区合并,中共太岳区委和晋豫区党委合并为中共太岳区委,地委组织机构亦做了相应的调整。随着第一期简政工作的深入开展,全区党、政、民系统的脱产工作人员裁减了二分之一。

从1943年3月开始,太岳区的简政工作进入了第二个时期。这期简政的原则和中心是:紧缩行署,充实专、县,加强区,深入村。全区重新调整了行政区划,将7个专署(包括原晋豫区3个专署)合并划分为4个专署,由岳北3个小专署合并为一专署,辖临(汾)屯(留)公路以北11县,二专署辖临屯公路以南、曲(沃)高(平)公路以北和沁河以东4县,三专署辖临屯公路以南、曲高公路以北和沁河以西6县,四专署由原"晋豫联办"组成,辖9县。这样,通过紧缩、合并上层行政机构,又精减了一大批行政工作人员,在保证专署应有编制的基础上,充实了县政,特别加强了区、村,从而使各级行政人员的结构比例趋于合理。

在部队系统，太岳军区从1942年1月起即着手进行精兵建设工作，至6月精简整编结束，全军区（包括晋豫联防区）共辖有2个旅（第386旅和决一旅）、10个团（其中3个甲种团、6个乙种团、1个丙种团）、16个营、79个连。与精兵前相比，即减少1个旅（第212旅）、2个团、10个营、25个连的建制，精减人员1110人。机关与战斗部队人员的比例，由1:6.88变为1:9，机关精干，连队充实（每连120人）。同时，调出一大批干部，加强了地方武装、民兵组织和武工队。晋豫联防区与太岳军区合并后，按照行政区划，即将7个军分区（包括原晋豫联防区3个军分区）合并调整为4个军分区，其中以决一旅兼第一军分区，第386旅兼第二军分区。这样，太岳区的精兵建设就又有了新的进展，达到了一个更高的层次。[①]

从北岳区到晋绥边，从太行区到太岳区，以山西为中心的敌后山区各抗日根据地的党、政、军、民全体一致、上下一心，圆满地完成了精兵简政的历史任务。各抗日根据地经过几次精兵简政，不仅节约了开支，减轻了人民负担，而且使军队做到机关精干、连队充实、训练加强、战斗力提高，一切党政军民机关做到轻便、简单、群众化、战斗化，适应艰难复杂的对敌斗争的任务，对抗日根据地渡过艰苦和困难起了十分重要的作用。

---

① 张国祥：《山西抗日战争史》（下卷），山西人民出版社1992年版，第189~203页。

十一、"整风运动"与山西抗日根据地的党的建设

1941年，共产党领导的敌后抗战面临着严峻的形势和繁重的任务，迫切地需要加强自身建设，在思想上、政治上、组织上更加团结和更加成熟，成为战胜困难、领导抗战的核心力量。然而，党内长期存在的"左"倾、右倾错误，特别是以照搬照抄共产国际指示的教条主义为主要特征的"左"倾错误，还没有从思想上彻底清算，党内对这种错误的思想根源还缺乏深刻认识，党的高级干部中对党的历史上出现的重大问题，在认识上还不完全一致，党内的"三股歪风"，即主观主义、宗派主义和党八股还较为突出。同时，抗战以来党组织的发展壮大，使大量新党员、新干部加入党的队伍，他们常常把一些非无产阶级思想带进党内，成了党内各种错误倾向滋长的温床。正是在这样的背景下，从1942年春天起，中国共产党在全党范围内展开了一次普遍的马克思主义教育运动。

这次整风运动的内容是：反对主观主义以整顿学风，反对宗派主义以整顿党风，反对党八股以整顿文风。整风运动采取的方针是"惩前毖后，治病救人"，即"团结—批评—团结"的方针，从团结的愿望出发，经过批评教育和必要的思想斗争，达到弄清思想、分清是非，在新的基础上达到新的团结。毛泽东指出：这次处理历史问题，不应着重于一些个别同志的责任方面，而应着重于当时环境的分析，当时错误的内容、社会根源、历史根源和思想根源，借以达到既要弄清思想，又要团结同志这样两个目的。整风运动分为党的高级干部和一般干部、普通党员整风两个层次进行，重点是党的中高级干部特别是党的高级干部的整风。高级干部整风的内容和重点是以讨论党的政治

路线为主，一般干部和普通党员整风是以整顿思想方法和思想作风为主。两者有一个共同点，就是总结党的历史经验，消除王明错误的影响，通过批判教条主义和经验主义两种形态的主观主义，教育全党学会运用马克思列宁主义的立场、观点和方法，研究和解决中国革命的实际问题。

山西各抗日根据地的党组织，大部分是在抗日战争爆发之后建立和发展起来的。1938年3月15日，中共中央做出了大量发展党员的决议之后，山西各抗日根据地的党组织吸收了大批优秀分子入党，壮大了党的力量。但是由于尖锐的民族矛盾和复杂的斗争形势，一些农民、小资产阶级出身的党员，还没有机会受到系统的马克思主义教育，没有经过严格的思想改造。因此，在山西敌后抗日根据地的党组织中，就受到各种非无产阶级思想的影响，程度不同地存在着思想不纯、组织不纯、作风不纯的问题。因此，在山西抗日根据地的党组织中全面开展整风运动，既有其客观必然性，也有其适应斗争形势的基本要求。

山西抗日根据地的整风运动大体经历了三个阶段。第一阶段是从1942年4月至1943年3月，主要任务是组织发动、学习宣传。从1942年2月起，山西各抗日根据地的党、政、军、民领导机关积极组织传达文件，并及时成立了整风学习委员会（或整风检查委员会），由各根据地的主要负责同志亲自挂帅，领导本地区的整风运动。中共晋绥分局整风总学委会由林枫任主任，晋绥军区学委会由周士第任主任。中共北岳区党委学委会由刘澜涛、胡仁奎为正副主任。第129师整风检查委员会由邓小平、刘伯承、李达等组成，邓小平为主任。太岳区总学委会主任由太岳军政党委员会书记薄一波担任。同时，敌后抗日根据地的各部门、各单位相继召开整风动员大会，发布决定、指示和通知，对整风运动的步骤、方法做出了安排。这一阶段，各敌后抗日根据地经过组织发动，认真学习文件，广大干部普遍提高了对开

十一 "整风运动"与山西抗日根据地的党的建设

展整风运动的伟大意义的认识，主动联系自己的思想和工作实际，开展和风细雨的批评与自我批评，为更深入地开展整风运动打下了思想和认识基础。

北岳区在1942年4月28日接到晋察冀分局《关于研究和讨论整顿三风问题的指示》之后，于6月2日由区党委组织各群众团体召开了整风动员大会。7月18日，北岳区学习委员会举行成立大会，会议通过了组织章程、学习条例和半年学习计划，要求各地、县务必在一周内成立学习委员会，最迟在8月1日前全面铺开整风工作。北岳区的整风学习以自学和集体学习相结合，各级普遍组织学习、宣讲了毛泽东关于整顿三风的报告和中央规定的22个文件。在学习中，区党委学委会强调深钻细研，在领会精神实质、掌握立场、观点和方法上下功夫。各单位划分了学习小组，规定了学习制度，创造出了许多活泼生动的学习漫谈会、疑难解答会、经验交流会等形式，收到了良好的效果。不少地、县还开展了学习评比活动，对学习效果好的单位、个人给予表彰，推广其学习经验，以典型影响一般、以个体带动全局。

晋西北于1942年4月下旬由晋西北军区政治部召开了宣教会议，讨论研究了部队开展整风运动的有关部门。5月30日，中共晋西区委发出《关于晋西北整顿三风的指示》，在全面阐述整顿三风重大意义的基础上，指出了晋西北三风不正的表现，要求"各级领导机关，特别是地委一级的大机关，必须抽调一部分干部组成调查团，去农村进行深入的调查与研究，发现与检查各种主观主义的具体表现"，以便"反省自己的思想和工作"。各地、县接到指示后，立即组织学习，并根据当地实际情况做了安排。临县县、区干部按文化程度分成甲、乙、丙3类学习小组，规定3个月之内一边工作一边精读22个文件，每天至少要学习2个小时，联系实际检查工作。1943年3月12日，晋绥分局总学委召开了高级干部整风学习会议，检查了前段的学习情况，林枫、武新宇、甘泗淇等代表党、政、军做了检查报告，进一步把各系统的整风活动引向深入。

太行区于 1942 年 4 月 15 日由中共太行分局发出《关于如何贯彻整顿三风的指示》,部署全区整风运动。4 月 25 日,第 129 师政治部召开会议,宣布成立师整风大检查委员会,宣读了整风工作计划,规定了阅读文件、检查工作和进行总结的时限。12 月 5 日,太行区对半年来整风学习进行了一次检查,针对整风学习中存在的各种问题,中共太行分局及时召开了地、县两级党、政、军领导及群众团体负责人会议,进一步强调了开展整风运动的重要性和必要性,要求领导干部要带头学习、带头宣传、带头解剖自己的思想,以自己的实际行动推动整风运动的深入开展。

太岳区在 1942 年 4 月 27 日由区党委书记安子文在《太岳日报》上发表署名文章《改造我们的作风》,列举了太岳区党内存在的三风不正的各种表现及其根源,批评了一些同志对开展整风运动的模糊认识,要求对整风文件认真学习、深刻领会,并与检查自己的工作结合起来,真正把整风文件作为改造思想、改进工作的武器。4 月 30 日,中共太岳区委在《太岳日报》上发表《整顿三风征询各界意见启事》,欢迎各党派及各界人士对共产党存在的缺点毫不保留地提出建议与批评。5 月 4 日,中共太岳军政委员会书记薄一波在纪念"红五月"集会上,做了开展整顿三风的报告,号召全区党、政、军、民立即掀起学习整风文件、开展整风运动的热潮。7 月,中共太岳区委制订了整风计划,要求各单位从 8 月开始进入精读文件阶段。全区各级党、政、军、民干部,按照职务和文化程度的不同层次分别编为高级、中级、初级 3 个学习组,精读 22 个整风文件,着重领会精神实质,初步认识整风的目的、内容和意义,并初步地联系实际检查思想和作风。

第二阶段是从 1943 年 3 月至 1943 年 12 月,整风向纵深发展,转入检查审干运动。1943 年 4 月 3 日,中共中央发布了《关于继续开展整风运动的决定》，要求在整风学习的同时，进一步把运动引向深入，迅速开展对照检查、审查干部的工作，据此，山西各抗日根据地重新修订了整风计划，做了精心安排。对照检查、审查干部就是在所有的党员干部中开展群众性对照检查运动，要求每个人对党忠诚坦白，主动反省自己的全部历史，自觉清除思想方法、工作作风、领导和被领导关系等方面存在的缺点和错误，并与主观主义、宗派主义和党八股三风联系起来加深认识，做到有话对党言、揭丑不怕痛，自上而下形成群众性的思想革命运动。

中共太行分局在1943年年初召开了"温村会议"，确定整风进入自我反省阶段。3月，中共太行分局发布《关于一九四三年的整风计划》，决定军队和地方所有干部都必须参加整风学习。区党委党校开办县级干部整风班，各县委党校举办了村党支部书记整风班。部队除少部分干部参加区党委党校学习外，多数参加了太行军区司令部、政治部主办的整风学习班。在整风学习班上，各级主要领导干部首先自觉地按照党员干部标准，认真检查了自己参加革命工作以来在思想、工作方面存在的三风问题和现实工作中出现的偏差。当时反映出来的最主要问题是对党的领导缺乏正确的认识，如有的党员干部把党、政、军、民、学等领导机关平列看待，不懂得也不知道共产党是无产阶级一切组织的最高形式；有的党员干部把真理和党、党和党组织的负责人割裂开来、对立起来，强调绝对民主，反对组织纪律和集中统一；有的下级组织对上级组织的批示不够重视，甚至不贯彻、不执行；有的上级领导机关对下属单位"包办代替"，不让"独立负责"；有的人将国共两党"等量齐观"，甚至认为国民党是"正统"，"力量大"，因而对共产党半信半疑，对中国的前途和个人的命运十分悲观；有的人觉得自己参加革命"功劳最大"而"吃亏最多"，"官做得最小"，党有负于自己。中共太行区党委（太行分局改称）经过认真分析，认为只要注意引导，这些思想问题是完全可以转变的。在学习班上，区党委领导有意识地提出问题，让大家敞开争议，在争议中明辨是非，从思想上和理论上加以提高，形成干部群众自己教育自己的运动。这一阶段是思想斗争最为激烈的阶段，也是整风的重点阶段，花费的时间也比较长，工作任务也比较重。

太岳区因日军连续"扫荡"和阎锡山第61军的屡屡进犯，不得不以极大的力量投入军事斗争，由此，直到1943年年底至1944年年初才转入对照检查、审查干部阶段，在党校举办了整风班，吸收县级主要领导干部参加。1944年5月，中共太岳区委又成立了整风学校，除留少数干部坚持工作以外，集中全区党、政、军、民各级干部868人进行整风。在学习中，重点检查自己入党以来人生观、世界观是怎样改造的，如何从思想上解决入党问题的，如何和非无产阶级思想特别是小资产阶级思想的侵蚀做斗争的，自己主要的缺点、错误是什么，社会根源和思想根源是什么，对党的事业有什么危害，如何纠正这些错误和缺点。会上，经过启发诱导，几位思想提高较快、敢于承认自己缺点和错误且检查认识深刻的干部做了典型发言，由此引发了大家的热烈讨论。有些领导干部主动对照三风查表现，当着下级的面毫不隐瞒地指出自己在思想方法、工作作风、上下级关系等方面存在的缺点和错误。还有不少同志主动向党交心，讲了从未向党讲过的个人历史问题和政治问题，放下了思想包袱。对于这些问题，一方面抱着"惩前毖后，治病救人"的态度，开展批评与自我批评；另一方面由组织上按照政策做出恰当处理，结果都达到了提高认识、振奋精神、轻装上阵、团结进步的目的。

晋绥边区在1943年3月由分局总学委主持召开了高干座谈会，总结检查了前段整风学习情况，提出了整风运动向纵深发展的具体意见。从5月开始，全边区分4片进行整风，边区党、政、军、体机关干部在分局党校举办学习班。中共晋西北区委、中共塞北区工委、中共晋西南工委分别集中县级以上干部在兴县、偏关和沁源县（中共晋西

十一 "整风运动"与山西抗日根据地的党的建设

南工委随部队转移太岳区沁源县）成立整风队，开展第二阶段的检查审干。主要采取个人检查、小组评议的方法。不开批判会，不搞"逼、供、信"，特别重要的问题专门立案，由队部负责调查处理。在整风过程中，广大领导干部通过无产阶级思想改造，逐步克服了腐朽的资产阶级思想和封建思想，认真清理了思想上存在的主观性和片面性，政治上的左右摇摆和组织上的个人主义、宗派主义等非无产阶级思想残余，坚定了无产阶级立场，增强了党性观念，牢固树立了全心全意为人民服务的宗旨意识。

林枫在1943年12月中共中央晋绥分局召开的一次由分局、行署、抗联、党校及各直属机关干部参加的大会上，发表了《政策、前途、观念》的重要讲话。这篇讲话代表和反映了晋绥边区广大党员与干部通过整风学习思想认识的飞跃发展和深刻变化。"世界前途，中国前途，个人前途，总括来说，依我看，客观也如此，世界前途是光明的，中国前途是人民大众的光明的，个人前途光明或黑暗，由你自己决定。如果你自己愿意光明，跟着世界潮流走，不逆流而行，就是光明的，如果你一定逆流而行，就是黑暗的。"

"就拿山西人民来讲，经过六七年抗战的锻炼，假定（仅是假定）所有山西的八路军共产党完全搬家，剩下山西的老百姓，阎锡山仍然用老办法统治山西人民，行不行？（台下高呼'不行！'）共产党在华北、华中给了人民以民主的教育，改善了民生，假如我们完全搬家，交给蒋介石，他能照样统治下去，那就怪了。所以，看国共两党的问题，战后中国与这个问题有关系。许多同志提到国共两党问题，看国共两党怎样看法？这不能主观主义地看，看两党力量首先要看与人民的关系如何？什么人代表人民的力量，解除人民的压迫，为民众着想，使人民发财。什么人使人民民不聊生。与人民关系如何这是一个基本问题，是任何时候的一个标准。其次，在抗日战争中，在中日关系上，来做一个标准，什么党坚决抗战，什么人勾勾搭搭，这是考验中国政党当前的政治标尺。国民党对中国战争的方针有三,叫作抗战、参战、观战,国民党认为抗战是最下策,在抗战之初,国民党是参战的,武汉失守以后,采取了观战政策。这在中日关系上做了一个标尺。"

"什么叫革命的人生观,依我看,基本上就是群众观念,劳动观念问题。因此,共产党在各抗日根据地,时时刻刻帮助人民实行民主,改善民生,这样一些问题,如一件件讲起来多得很,大家可开始想一想。失足者和非失足者也好,要真正做一个共产党员,做一个革命者,还不讲革命人生观?就讲一个人生观吧,在社会上你如何做人,做个什么样的人,我看,至少要做个正派人。正派人怎么分呢?在社会上也有正派人,正派人就是所干的事,正大光明,事无不可对人言,卑鄙事不干,有正义感,不出卖别人、出卖民族,这种人即使不是共产党员,我也钦佩他,他是中华民族的优秀儿女。如果是共产党员,就要从思想上无产阶级化,不管你是从哪个阶级出来的,肃清一切非无产阶级思想,为群众而生,为群众而死,革命胜利时为党工作,革命困难时更要努力为革命工作,这一条,我想是做人,做一个共产党员的基本。没有这一条,不是社会上的好人,更不能成为一个好共产党员。""自己经过客观的研究,找到了社会发展的趋势,把握住了革命的世界观、社会观,懂得做人的基本道理,懂得革命的人生观。如果把握住了这一些,为人类、为社会、为党,百折不屈,艰苦奋斗,我们可以保证,光明的世界、光明的中国、光明的个人前途,可以更早地到来。"[1]

北岳区在1943年3月下旬也开始了检查审干工作,广大党员干部,特别是区党委几位领导干部带头检查了几年来在党、政、军、民、学各项工作中存在的党政不分、以党代政、政府部门各自为政、军队干部作风骄横傲慢、民众团体脱离下层群众、文化教育只追求数量而

---

[1] 中共吕梁地委党史资料征集办公室:《晋绥根据地资料选编》(第3集),1983年,第249~261页。

十一 "整风运动"与山西抗日根据地的党的建设

不注重质量等问题,引导和启发大家揭短斗私亮丑,开展对照检查,主动反省自己的历史。通过个人检查和大家评议,每个人都极大地提高了识别真假马克思主义和辨别是非的能力,进一步增强了党内外和军民之间的密切团结,较好地克服了主观主义、宗派主义和党八股的思想残余,形成了在马克思主义基础上集中统一的新风气、新局面。

第三阶段是从1944年1月至1945年5月,主要进行整风总结及甄别平反工作。毛泽东在批转陕西绥德反奸大会材料时严正指出:"一个不杀、大部不抓是此次反特务斗争必须坚持的政策。"1944年11月,毛泽东就检查太行、太岳区反特务斗争问题时又做出指示,重申必须认真研究与执行中共中央8月15日关于审查干部的指示,密切指导各级干部,实行首长负责,正确把握运动大方向,分清是非轻重,争取失足者,达到考察、培养干部和教育群众的目的,废止历史上传下来的多抓、多杀及"逼、供、信"的错误路线。他还特别提醒各根据地的负责同志,在反特务问题上不应过分强调前方的特殊性,不应过分强调前方环境与延安环境的区别,在前方的战争环境中,更应执行少抓少杀及少抓不杀的方针,这样有利于争取反特务斗争的胜利。中共中央及毛泽东的指示及时制止了各根据地审干中一度发生的偏差。晋绥边区、北岳区在及时纠正整风运动发生的偏差后,分别于1944年7月和10月胜利结束,而太行区和太岳区整风开始较晚,进行过程中又因扑灭蝗虫和"反扫荡"几次中断,所以整风结束时间比晋绥边区、北岳区推迟了半年多。太行区在干部审查的"坦白运动"中,虽然也受到了"抢救失足者"运动的影响,但整风运动发展比较顺利,其中一个重要的原因就是中共中央决定邓小平留守,主持北方局和第129师的工作,他从始至终参加和领导了太行区的整风运动,正确地把握了整风运动的方向,执行了党的方针、政策。①

---

① 张晓艳:《山西抗日根据地整风运动述评》,《党史文苑》2010年第7期。

山西各根据地整风运动的顺利推进和胜利结束，加强了敌后党的建设，促进了全党在思想上、政治上、组织上的统一和团结，为巩固和扩大敌后根据地、夺取抗日战争的最后胜利做了重要的思想和组织上的准备。

十二、山西敌后根据地"廉洁政府"建设

1926年8月4日,中国共产党第四届中央第二次扩大执行委员会召开会议,针对少数党员中出现的"贪官污吏化"倾向,发出了《坚决清洗贪污腐化分子》的通告,这是迄今为止发现的中国共产党第一个反对贪污腐化的文件。此后,反腐倡廉成为党建工作的重要内容。抗日战争时期,山西抗日根据地十分重视反对贪污腐化工作,制定了一系列惩治贪污的法规条例,积极开展"廉洁政府"建设。

山西各抗日根据地创建后,贪污、腐化、浪费现象层出不穷。据统计,太行区的贪污案件,1943年达606起,1944年为232起,1945年为238起。① 某些县区干部除在供给制框架下满足自身利益外,还利用职权进行贪污。在晋绥边区,仅从1940年6月至12月,经晋西北行署核准判处死刑的重大贪污犯就有岚县区长王之祯等8人。更有一部分村干部挥霍公款,利用职权通过贪占、截留、勒索、盗窃等方式自肥。如忻县尹村村长在对敌起运粮食30石中贪污10石,在对边区起运公粮99.8石中贪污27.8石,还将自己吸大烟料面的费用算到村财政账上,并利用给村民处理离婚案件一事向村民索贿200元。而解原村村长张某假借上级名义向村民索取教育经费1190元,并将用于购买柴、高粱、白面的村款等揽入自己腰包。② 事实证明,根据地不少基层干部不同程度地存在贪污或浪费行为,有些人利用职权谋取私利,有些人利用政策漏洞攫取好处,根据地的廉政建设还需要多管齐下。

---

① 张希坡、韩延龙:《中国革命法制史》,中国社会科学出版社1987年版,第337页。
② 岳谦厚、宋儒:《晋察冀抗日根据地基层干部待遇与廉政建设问题》,《抗日战争研究》2014年第4期。

制定法规，严惩贪腐分子。为了打击贪污腐败分子和杜绝腐化现象，从中共中央到各个根据地政府都颁布了一系列法规制度，一方面规范了党员干部的行为，另一方面也使反腐工作有法可依、有章可循。如：陕甘宁边区的《惩治贪污暂行条例（草案）》，山西各敌后根据地的《晋西北惩治贪污条例》《晋察冀边区惩治贪污条例》《晋冀鲁豫边区惩治贪污暂行办法》《晋察冀边区稽征人员舞弊惩处暂行条例》等。①1938年6月，晋察冀边区颁行《惩治贪污暂行条例》，对公务人员克扣军饷、营私舞弊、窃取公共财物、敲诈勒索、截留公款、私募公债等贪污腐败行为做出最高可处死刑的规定。《晋冀鲁豫边区惩治贪污暂行办法》对于贪污腐败官员的惩处措施做出了详细规定：贪污达五百元以上者处死刑，贪污公粮、公物、公产之价值以时价折算；贪污三百元以上未满五百元者，处五年以上十年以下之徒刑；贪污二百元以上未满三百元者，处三年以上五年以下之徒刑；百元以上未满二百元者，处一年以上三年以下之徒刑；五十元以上未满百元者，处六个月以上一年以下之徒刑；不满五十元者，酌处六个月以下之徒刑或劳役。1948年的《晋冀鲁豫边区惩治贪污条例》根据贪污案主要以粮食为犯罪对象的情况修改为以"小米"作为量刑的依据，如"贪污数目相当于七千斤小米市价以上的，处死刑、无期徒刑或十年以上十五年以下的有期徒刑"。②

1938年5月，中共晋察冀区委制定了《关于在政权中工作的党员必须遵守的条例》，其中第三条规定："刻苦耐劳，积极负责，绝对廉洁、正直。"③中共晋察冀边区委员会公布了《晋察冀边区施政纲领》

---

① 董志铭：《抗日战争时期中国共产党反腐倡廉建设的历史经验》，《中国浦东干部学院学报》2012年第5期。
② 史永丽：《论〈晋冀鲁豫边区惩治贪污暂行办法〉——以太岳区案例为例》，《山西大学学报》（哲学社会科学版）2012年第2期。
③ 《晋察冀抗日根据地：第1册》（上），中共党史资料出版社1989年版，第164页。

（1940年8月），规定："整理财物，建立严格经济制度，肃清贪污浪费。"1941年9月晋冀鲁豫边区政府公布施政纲领，提出建立廉洁政府，肃清贪污浪费。1942年10月，《中国共产党中央晋绥分局对于巩固与建设晋西北的施政纲领》第三条规定："裁减骈枝机关，加强下层领导，增强行政效率，厉行廉洁政治，肃清贪污浪费，并保障干部与其家属最低限度之物质生活。"① 多项反腐倡廉的法规条例为实现建立廉洁政府、肃清贪污浪费提供了强有力的支撑，法规内容包含民主立法的思想和科学立法观念，在特定时期内使惩治贪污腐败分子有法可依。

对于贪污腐败官员的惩处措施，《晋冀鲁豫边区惩治贪污暂行办法》规定：各级政府人员发生贪污事件依法惩处时，其直接上级须受连带处分；知情不报者，按情节轻重以渎职罪论处。② 为了推动反贪污斗争、巩固农村抗战力量，晋冀鲁豫边区于1943年3月12日发出了《关于村政权人员贪污之处理的指示》，对群众检举和揭发村政权人员的贪污行为表示了认可，即村政权人员无论村长或管账人员，"如有发生贪污行为时，群众及群众团体有告发权及算账权，无处罚权及拘押权。如遇贪污案情重大，且贪污者将有畏罪潜逃不及报告政府究办时，可以强制贪污者到政府，并要求处理，亦不得擅自拘押及处罚"。"对贪污者，主要为撤销其职务，改造村政权，给群众以民主教育，退回赃物，以改善人民生活"。③

反腐倡廉，领导以身作则。毛泽东说："艰苦奋斗，以身作则，工作之外，还要生产，奖励廉洁，禁绝贪污，这是中国解放区的特色之一。"④ 著名民主人士李公朴在考察晋察冀抗日根据地后，感慨地说：

---

① 《晋绥边区财政经济史资料选编·总论编》，山西人民出版社1986年版，第371页。
② 聂玉宽：《抗战时期中国共产党的反腐化斗争》，《保定师专学报》2001年第3期。
③ 韩延龙、常兆儒：《中国新民主主义革命时期根据地法制文献选编》（第3卷），中国社会科学出版社1981年版。
④ 《毛泽东选集》（第3卷），人民出版社1991年版，第1048页。

"'廉洁政府'这一称誉对边区政府来说,并不是一般的客套上的誉词,而是一个没有丝毫折扣的事实!"① 抗日根据地在党风建设和廉政建设方面成效显著,营造了一种崇尚节俭、戒奢倡廉的社会氛围,身居高位的党政军领导干部更是以身作则,践行反腐倡廉理念。

彭德怀在抗战时期立有一条军令:下部队巡察,不许为他另炒小菜。为救济太行山一带的灾民,他也和士兵一起以野菜充饥,还将个人稿费捐了出来。② 太行山区有句俗话:有钱不住东南房,冬不暖来夏不凉。因此,东南房多被人们当作储藏间。可是,朱德在率领八路军总部转战武乡的寨上、王家峪、砖壁的两年半时间里,住的几乎全是东南房。1937年,贺龙率领八路军第120师东渡黄河,开赴山西抗日前线。当时,贺龙的外甥谢平在第120师。一次,贺龙率部队外出作战,谢平乘机偷来贺龙的印章,跑到供给处私领公款。贺龙知道后传令:"拉出枪毙,立即执行。"不少人为谢平求情,但贺龙却严厉地说:"亲戚犯法,与百姓同罪。谁再要为他求情,与他同罪。"

晋察冀边区政府从政府主席到普通工作人员皆以勤俭简朴为准则,"边区政府主席每月生活费只有18元,各县行政工作人员生活费普遍都在10元左右,一切个人的应酬、膳食、衣服且均为自备,而许多廉洁的县长还节约其生活费之一部捐助于抗战或群众团体。在晋冀豫当一个县长,在山西五区是40元,三区是20元,冀西尤为艰苦,在最初建立县政府的时候,他们没有化(花)过一分钱,后来算有了五元一角的月薪,最近因经济困难,连这五元钱都要取消了"③。按照现行的供给制,"行署最高负责人的每月津贴不过五元,专员四元,县长有三元,一般工作人员一两元,每人每日按规定供给二十两小米及

---

① 李公朴:《华北敌后——晋察冀》,生活·读书·新知三联书店1979年版,第112页。
② 聂玉宽:《抗战时期中国共产党的反腐化斗争》,《保定师专学报》2001年第3期。
③ 李东朗:《抗日根据地勤政廉政论述》,《河南理工大学学报》(社科版)2012年第3期。

六分菜钱,但是现在至多只能有黑豆吃,菜是谈不到的"①。

多管齐下,建立监督机制。抗日根据地在反腐倡廉实践中十分重视群众监督的作用。《陕甘宁边区施政纲领》就规定:"人民则有用无论何种方式,控告公务人员非法行为之权利。"②1938年10月,彭真也谈到了这一点:"这里我们必须表扬群众在肃清贪污中的伟大作用。例如某县税务局局长,为某当局者亲属,被荐于边区政府者。在任十天之内全部税收只不过三百元,而该局长竟从中贪污了二百元。于是群众大愤,立即召集大会检举,使税务局长当场写悔过书,保证以后再不贪污,并全部退回了赃款。边区政府依靠着民众的检举,才相当保证了各县政府的廉洁,并间接保证了政府在群众中的威信。"③根据地实施的各项为民谋利的政策,反贪污反浪费、建立廉洁政府的行动获得了民众的广泛支持,提高了民众的革命积极性和抗战热情,从而主动投入根据地的建设中来。

抗日战争时期,各大报刊登载了许多揭发和处置各级政府机关工作人员违法乱纪、贪污腐化的消息,成为重要的舆论监督渠道。晋察冀边区主办的《抗敌报》,在1938年下半年中,先后发表了报道揭露腐化现象的消息、社论共计22条。④《抗战日报》1941年1月15日报道:临县县长李西苑擅自没收财产,不报行署,浪费公款受到撤职查看处分。《新华日报》(华北版)1942年8月7日、9月7日、5月6日分别载:在太行区,武安南冶头村公所在13个月内开支公费达8536.5元,而有账可查的仅是开会、慰劳招待、修庙、演剧等项;和顺县查出堡下等8个村的财政委员会利用职权贪污公粮8000余石;

---

① 张国祥:《山西抗日战争史》,山西人民出版社1992年版,第181页。
② 李东朗:《抗日根据地勤政廉政述论》,《河南理工大学学报》(社科版)2012年第3期。
③ 《晋察冀抗日根据地:第1册》(上),中共党史资料出版社1989年版,第213页。
④ 董志铭:《抗日战争时期中国共产党反腐倡廉建设的历史经验》,《中国浦东干部学院学报》2012年第5期。

太南第四公署公安督察处干部苏复民利用职权假造汇票、包庇走私、盗取外汇，仅走私货价值20余万元，案件牵涉工商管理局、银行等机关。

《太岳日报》是中共太岳区委机关报，1940年创刊，1944年更名为《新华日报》（太岳版），在抗战时期登载了许多惩治贪污的典型案例。如1942年6月21日、7月12日、8月19日、10月14日报道了一起贪污案件，当事人为太岳区沁源县柏木村村长李万和、前村公所书记刘仁德，贪污钱物计大洋9000余元，县政府依据边府惩治贪污条例，判处二人死刑。再如1943年9月19日冀氏县杜村村长赵培云，公粮保管员刘全德、刘二狗盗窃公粮六千八百六十余斤，经审讯，于9月12日依法处死刑。① 这种舆论监督不仅促使有严重腐化现象的机关和个人受到严厉惩处，而且对广大干部和群众也是深刻的法制教育。

干部队伍的素质直接关系着抗日根据地各级政府及组织的廉洁和效率。所以既要加强对政府工作人员的廉政教育，增强党性修养，也要注重在干部选拔考核中加强审查，特别是考察个人素质和思想品质。1938年3月，晋察冀边区公布了《晋察冀边区区村镇公所组织法暨区长、村长、闾邻长选举法》，规定设立区监察委员会并明确了其职权："一、监察区财政；二、向区民纠举行政人员违法失职等事。"《晋察冀边区关于执行政权干部任免考核奖惩办法的指示》对干部的任免权限、管理范围及考核内容均做了具体的规定。对干部的考核，不仅包括干部的政治坚定性、进取精神、工作能力及成绩，还把个人品质及廉洁奉公列为考核的内容，并将考核的结果作为了解和选拔干部的重要依据。②

山西各抗日根据地的反腐倡廉工作，是抗战时期中国共产党反腐

---

① 史永丽：《论〈晋冀鲁豫边区惩治贪污暂行办法〉——以太岳区案例为例》，《山西大学学报》（哲学社会科学版）2012年第2期。
② 聂玉宽：《抗战时期中国共产党的反腐化斗争》，《保定师专学报》2001年第3期。

倡廉工作的重要组成部分，在山西各阶层群众中为共产党和抗日民主政权树立了廉洁、公正、勤俭、高效的正面形象，建立了一支廉洁奉公、业务素质较强的优秀干部队伍，赢得了群众的信赖和拥护。抗日根据地所进行的反腐倡廉建设，为新中国党的自身建设做了有益的探索，也为我们现阶段反腐倡廉提供了宝贵的实践经验。

十三、加强抗日根据地党的"一元化"领导

1941年至1943年，山西敌后抗日根据地进入了抗日战争以来最困难的时期。当时，日军展开了集军事、政治、经济、文化、交通、特务为一体的所谓"总力战"，妄图摧毁敌后根据地，消灭抗日军民。为加强对抗战工作的领导，1942年9月，中共中央做出了《关于统一抗日根据地党的领导及调整各组织关系的决定》（简称《决定》），正式提出了实行党的"一元化领导"原则。实行和加强根据地的党的领导一元化，是中共中央针对敌人所谓的"总力战"而采取的重大组织措施，它以"一切服从战争"为最高原则，不但要求党、政、军、民力量要高度统一，而且要求各组织纪律要高度集中，以革命的"总力战"粉碎反革命的"总力战"，其意义是十分重大的。

《决定》首先分析了当前党的状况，认为现在"各抗日根据地党的领导，一般的是统一的，党、政、军、民（民众团体）各组织间的关系，基本上是团结的，因而支持了几年来艰苦斗争的局面，配合了全国的抗战"；但"由于主观主义、宗派主义的遗毒，由于对某些政治观点与组织关系还缺乏明确的了解与恰当的解决"，"在某些地区，还存在着一些不协调的现象"，"妨害抗日根据地的坚持与建设，妨害我党进一步的布尔什维克化"。《决定》认为，在这种状况下，要建设根据地，实行民主制度，就要"每个根据地的领导一元化"。同时，《决定》还就如何实行党的一元化领导、理清各级领导的关系和责任，以及有关工作方法等，做出了明确规定。

《决定》第一条指出，根据地领导的统一和一元化，应当表现在每个根据地有一个党的委员会为最高领导机关，统一各地区的党、政、

十三 加强抗日根据地党的"一元化"领导

军、民工作的领导,取消过去各地联席会性质的党政军委员会。《决定》第八条指出,党的领导的一元化,一方面表现在同级党、政、军、民各组织的关系上,明确各级党委与同级政权组织、军队和民众团体组织之间领导与被领导的关系;另一方面表现在党内上下级关系上,明确下级服从上级、全党服从中央。这个《决定》下发后,党委的地位发生了重大的变化,原来党委仅仅领导地方工作,现在则有了领导该地区党、政、军、民所有工作的责权。

在这种一元化领导体制下,党如何实现对政权的领导呢?《决定》第五条指出,政权系统是权力机关,它们的命令带有强制性。党委与政权系统的关系,必须明确规定。党委包办政权系统工作、党政不分的现象与政权系统中党员干部不遵守党委决定、违反党纪的行为,都必须纠正。为了实行"三三制",党对政权系统的领导,应该是原则的、政策的、大政方针的领导,而不是事事干涉、代替包办。《决定》在提出一元化领导的同时,又提出了防止以党代政的措施,即党委贯彻决定不能采取直接命令其他非党组织的办法,而是通过党委派出的在非党领导机关中工作的党团和党员的活动,把党委的决定转化为各非党组织的决议、决定,再由各非党组织具体贯彻执行。《决定》第五条还明确规定,党团不是强制党外人士服从,而是说服与政治工作。在党团万一没有说服参议会与政府的大多数,因而党团意见未被参议会及政府通过时,必须少数服从多数,不得违背民主集中制原则[①]。

要加强党的领导,必须改善党的领导。在"三三制"政权中,共产党员只占三分之一,并允许三分之二的党外人士竞争,那么仅靠三分之一的党员,怎样实现和保证党的领导?毛泽东代表中国共产党人的回答是:"必须保证共产党员在政权中占领导地位,因此,必须使占三分之一的共产党员在质量上具有优越的条件。只要有了这个条件,就可以保证党的领导权,不必有更多的人数。"并且鲜明地提出:"所

---

① 中央档案馆编:《中共中央文件选集》(第12册),中共中央党校出版社1986年版,第124~132页。

谓领导权，不是一天到晚当作口号去高喊，也不是盛气凌人地要人家服从我们，而是以党的正确政策和自己的模范工作，说服和教育党外人士，使他们愿意接受我们的建议。"① 为了保证党对政权的领导，为了统一党员在政府中的行动，一方面在县以上的民意机关和行政机关中设立党团，另一方面政府机关内还设有党的支部。党团在同级党委的指导与管理下执行下列四项任务：把党的政策、决定，通过自己的努力，变成政府的主张；善于团结非党干部；利用一切机会扩大党的影响；指导政府机关中工作的党员。政府机关的党支部没有党团的权力与责任，它的特殊任务是：在本机关范围内，无权干涉各种行政工作，而是有系统地开展统一战线工作，不断向非党员宣传马列主义和党的主张；在机关党支部内，要教育党员以自己的先锋模范作用，团结与推动非党员积极负责地开展工作②。

以山西为中心的敌后山区各抗日根据地，迅速而坚决地贯彻执行中共中央的这一决定，并取得了显著成效。

在北岳区，中共北岳区委于1942年11月2日专门发出《关于党的领导一元化的决定》，指出只有全党在"思想上、工作作风上，积极克服主观主义、宗派主义的遗毒，求得党内政治观念的完全统一，才不致使党的领导的统一成为形式主义的空谈"，因而"要求全党对于领导一元化的政治意义要有深刻的认识"。根据中共晋察冀分局的指示，中共北岳区委进行了改组，除原有委员外，又增补了朱良才等数人。刘澜涛继续担任区党委书记，朱良才任副书记。改组后的北岳区党委，即成为北岳区范围内党、政、军、民统一的领导机关。晋察冀边区政府党团，亦改由北岳区党委领导（在讨论决定有关全边区问题时，应取得晋察冀分局之批准）。军区政治部，在原则上归北岳区党委直接负责领导。区党委和县级以上的军事部取消。区级以上群众

---

① 毛泽东：《毛泽东选集》（第2卷），人民出版社1991年版，第742页。
② 邓小平：《邓小平文选》（第1卷），人民出版社1994年版，第8~21页。

十三 加强抗日根据地党的"一元化"领导

团体改组为各界抗日救国联合会的统一领导机关。为统一宣传领导,在区党委下吸收党、政、军、民和报社、文联负责人参加,组成统一的北岳区宣传工作委员会。军区政治部主办的《熔炉》,与区党委出版的《战线》,合并成为《战线》,作为北岳区党内统一的指导刊物。《晋察冀日报》仍为中共晋察冀分局的机关报,但为了加强地方性的指导工作,同时也成为北岳区党委领导下的地方机关报。

在晋绥边区,依照中共中央的决定,1942年9月正式成立了中共中央晋绥分局。分局以关向应、贺龙、林枫、周士第、甘泗淇、王达成、龚逢春、赵林、吴亮平9人为委员,关向应任书记,林枫任副书记(因关向应养病,由林枫代理书记,以后任书记)。原晋西北军政委员会及晋西区党委撤销。晋西北行政公署改称晋绥边区行政公署。晋西北军区改称晋绥军区,林枫兼任军区政委。10月下旬,绥远大青山地区和雁北地区合并,成立塞北军分区。同时,将中共绥远区党委撤销,成立党的塞北工作委员会,作为中共晋绥分局在绥远和雁北地区的办事机构。晋绥分局成立后,代表中共中央统一领导晋西北及绥远地区的党、政、军、民工作,并负责领导晋西南工委的工作。

在晋冀鲁豫边区,根据中共中央的指示,1942年9月初成立了中共北方局太行分局。分局由邓小平、李大章、刘伯承、蔡树藩、李雪峰5人组成,邓小平任书记兼组织部部长(后由李雪峰任组织部部长),李大章任副书记兼宣传部部长。中共太行分局成立后,统一领导晋冀豫(太行)、太岳、晋豫(中条)和冀南4个区党委的工作,各地原军政委员会撤销。10月上旬,太岳和晋豫两区奉命合并,中共太岳区委和晋豫区党委合并成为中共太岳区委,由薄一波任书记,聂真任副书记,薛迅任组织部部长,顾大川任宣传部部长。同时,太岳军区和晋豫联防区合并成为太岳军区,司令员陈赓,政治委员薄一波,参谋长毕占云,政治部主任王新亭。

随着中共北岳区委的改组,中共晋绥分局和太行分局的成立,以及中共太岳和晋豫两个区党委的合并,各抗日根据地的区党委、地委、县委、区委书记,均兼任了同级军队(军区、军分区、县大队或独立营、区干队)政治委员或指导员。军队、政府和民众团体的主要负责人,亦参加了该地区同级党委的领导工作。而且,为适应严重的斗争形势,野战军全部地方化,大大加强了军区地方武装与人民武装的建设。各地区的主力旅先后并入该地区的军分区兼指挥机关,主力团担任了军分区基干团的任务,并分遣小部队协同游击队动作,抽调大批干部充实了县、区人民武装的领导。至此,各抗日根据地的党的一元化领导已经健全和完善,党、政、军、民各组织间的关系更加协调和密切起来。①

党的一元化领导的实现与加强,统一了各抗日根据地党政军民的行动步调,使山西敌后抗日根据地的政治工作、群众工作、经济工作与军事斗争进一步紧密结合起来。山西抗日根据地的党、政、军、民攥成铁一般的拳头,进一步贯彻执行中共中央制定的有关决策,粉碎了敌人垂死挣扎的"扫荡",制止了敌人的"蚕食"进攻,恢复与巩固了各敌后抗日根据地,开创了对日伪斗争的全新局面。

---

① 张国祥:《山西抗日战争史》(下卷),山西人民出版社1992年版,第212~215页。

十四、日军在沦陷区实施"以华制华"政策

日军侵占武汉后,除继续以军事进攻来巩固和扩大其占领区外,特别加强了"以华制华"的政治进攻和"以战养战"的经济进攻。1939年9月,毛泽东在《关于国际形势对新华日报记者的谈话》中明确指出这一点:"日本对中国正面大规模军事进攻的可能性,或者不很大了;但是,它将更厉害地进行其'以华制华'的政治进攻和'以战养战'的经济侵略,而在其占领地则将继续疯狂的军事'扫荡'。"①10月1日,他又在《研究沦陷区》一文中深入阐述了这一观点:"所谓政治进攻,就是分裂中国的抗日统一战线,制造国共摩擦,引诱中国投降。所谓经济进攻,就是经营中国沦陷区,发展沦陷区的工商业,并用以破坏我国的抗战经济。""为达其经济进攻之目的,必须要举行对我游击战争的'扫荡'战争,需要建立统一的伪政权,需要消灭我沦陷区人民的民族精神。"②

日军依据"以华制华"的政治方针,停止了对国民党正面战场的战略进攻,而回师华北敌后来对付共产党、八路军及其领导的抗日根据地和游击战争。日军战略方针的这种改变,一方面是为了实施其政治阴谋,破坏我国抗战的团结,达到引诱蒋介石、国民党降日反共的目的;另一方面则是企图通过所谓"治安肃正",摧毁共产党、八路军及其领导的抗日势力,将其狭窄的"点""线"范围的占领扩大为"面"的占领,进而在华北全面实施其殖民地计划,从中掠夺我国丰富的人力、物力、财力资源,以便准备进行长期战争。

---

① 毛泽东:《毛泽东选集》(第2卷),人民出版社1991年版,第583页。
② 延安时事问题研究会编:《日本帝国主义在中国沦陷区》,上海人民出版社1962年版,第1页。

早在1937年8月12日，日本全面侵华刚开始一个多月，日本陆军省即制定《华北政务指导要纲》，提出"领导各项政务"，要"从长远考虑，尽量保存引导地方固有的社会组织与习俗"；"作战后方的政治机关，要由居民自发组成，其机构运营也要靠居民积极参与"①。关东军司令部也于8月14日制定《对时局处理要纲》，强调要"解决华北问题"，必须在占领区"树立拥有自主独立性的地方政权"②。实际上，就是要在表面上还是由中国人来组织政权，作为其实施侵略掠夺政策的工具，企图以此来消除占领区中国民众的敌对情绪。为此，日军每占领一地，一般即由随军的日军特务机关会同"宣抚班"通过"宣抚"工作，搜罗一些民族败类，组织"维持会"，委任会长，用以维持地方"治安"，为日军筹粮筹款。"宣抚班"直属日本华北派遣军领导，和其所在部队一样，有严密的组织领导体系。"宣抚班"的人员中，日人华人各半。日人大都是知识分子，华人则多是懂日语的东北人。"宣抚班"内的正式职员（包括班长），对内统称为"班员"，对外则称"大日本军宣抚官"，所佩戴的白底红字袖章上，都标有这种字样。日人职员都有领导和监督华人职员的责任。这些日本人"宣抚官"，因侵华有功，后来有不少人被提升为伪县公署顾问。③

到1938年年初，在华北大部分地区，日本侵略者的傀儡"治安维持会"一类的伪组织逐渐组成，日伪指示所辖各地方伪组织，就原有机构进行改组。1938年1月，日本政府发表"不以国民政府为对手"的近卫声明，伪政权相应提出"剿共灭党"口号，因此其各级伪政权都恢复用"公署"名称，成立伪省公署。伪省公署下依级建立伪道、县公署，县下设区乡公所，逐渐形成系统的地方行政组织。伪县公署

---

① 〔日〕白井胜美、稻叶正夫编：《现代史资料（9）日中战争（2）》，みすず书房1973年版，第26页。
② 同上书，第29页。
③ 张成德：《日军侵华的特殊工具——"宣抚班"》，《山东文史资料选辑》（第25辑），山东人民出版社1988年版，第154页。

十四 日军在沦陷区实施"以华制华"政策

行政长官称"知事",以示与蒋介石国民政府的县长相区别。县公署设秘书、民政、财政、教育、建设各科。按规定,县知事兼理司法,县公署设有普备队与警察所,作为伪基层政权的常设武装力量。1938年6月,伪山西省公署在太原成立,直接隶属于伪华北政务委员会,伪省长由苏体仁担任。到1941年,日军在山西共建立了雁门、冀宁、上党、河东4个伪山西道公署,其中,雁门下辖榆次、阳曲、平定、忻县、代县、崞县、太原、盂县、寿阳、五台、宁武、繁峙、徐沟、清源、昔阳、神池、定襄、静乐、五寨、偏关、岚县、岢岚22县;冀宁下辖临汾、汾阳、平遥、文水、太谷、介休、祁县、交城、孝义、离石、霍县、灵石、赵城、洪洞、安泽、浮山、中阳、汾西、蒲县19县;上党下辖长治、高平、晋城、长子、辽县、沁县、襄垣、和顺、潞城、壶关、阳城、武乡、屯留、沁水14县;河东下辖安邑、永济、闻喜、临晋、新降、曲沃、汾城、翼城、猗氏、夏县、稷山、襄陵、荣河、河津、虞乡、万泉、绛县、平陆、芮城19县。① 山西全省的105个县中,日伪建立县级伪政权的县达到74个。

为了制造伪组织的"自主"假象,日本侵略者搜罗出一些汉奸败类出面筹组伪政权。沦陷初期,日军物色的多是当地的土豪劣绅和失意的政客。有些地方,日军则让避居该县、与本地人有社会关系的客籍官绅出面组织维持会。如山西省晋源县的武克恭、离石县的关庆翔、垣曲县的叶灵原、运城县的张金耀,都属此类②。伪县公署的知事多由"治安维持会"的会长转任而来。

从1939年秋开始,日军因各县由沦陷初期维持会长转任的县知事,绝大多数是年龄较大的本地人,已经不能适应日军侵略的需要,而暗示伪省公署借故调换。调换以后的伪县知事,仍然先由日军在占领地的陆军特务机关或部队直接物色,或通过汉奸保举,再由伪省公

---

① 《山西省公署经办要政报告册》、《日伪统治时期山西省公署经办要政报告册等件》,中国社会科学院近代史研究所图书馆藏,档案号:乙K17。
② 牛新田:《山西日伪政权的建立和破灭》,《山西文史资料》(第41辑),1985年,第145页。

署任命。日军物色这些人选，是有一定标准的。他们注重挑选的是以下四种人：曾在日本大专学校毕业，回国后做过官或有一定社会地位的亲日分子；北洋军阀统治时期的国会议员或省县议会议员、文武官吏；前清举人、进士出身的老官僚；本县商务会长、豪绅、地主、资本家。日军最注重搜罗第一种人，因为他们与日军有千丝万缕的关系，气味相投，易于勾结。但在旧中国留学日本的人毕竟非常有限，在日本筹组县级基层政权组织时，所能利用的大部分还是失意政客、无行文人。日军了解这伙人利欲熏心，毫无民族气节和国家观念，但在地方上还有些潜力可加以利用。

伪组织的人选由日军决定，其权力实施必然受日军控制。沦陷区伪县政权，是由日军驻中国各沦陷区的陆军特务机关，秉承日本军部命令负责建立并予以操纵的。日军特务机关往往通过向各县政权派遣日籍"联络员"即习称之"顾问"，来具体实施这种控制。有的县虽没有派遣专人，但是由日军"宣抚班"人员兼职充当这种角色。后来，伪新民会在各占领区各县组织新民会，规定县知事兼任县新民会总会会长，次长由伪新民会省总会派日籍人员担任，因而有的县份，其联络员职务是由县新民会总会次长兼任的。1941年年初，伪新民会次长改称首席参事。这些人的正式身份还是在日军特务机关，升迁调补也听命于特务机关。日军为欺骗世人，对外称在沦陷区树立"独立"的政权，其实，根本不是这么一回事。伪县署及伪政府的各级组织及各部门的重大决策、措施，几乎无一例外都是日军特务机关先下指令，间或傀儡组织主动提出，也是由日本人起草或授意汉奸执笔。沦陷各县的县知事表面上由伪省公署任命，实际上完全依日军的好恶来决定。特别是要害部门、关键岗位，总是日本人说了算。日军特务机关甚至用"通牒"形式强行"推荐"某人任某职，伪政府只能遵照行事，毫无置喙余地。例如，1938年6月，伪山西省省长苏体仁莅任伊始，即下令撤换阳曲县知事么伯璋。苏体仁认为么伯璋是修表匠出身，不

十四 日军在沦陷区实施"以华制华"政策

学无术,于是委派民政厅秘书费尊彝前去免其职。不料,此举触怒日军驻山西省特务机关长谷那华雄,他带了翻译赶到阳曲县公署,吓得费氏藏到厕所里,不敢露面,么氏仍旧任职,苏体仁也无可奈何。①

不仅如此,伪政权组织还受当地日军师团或独立旅团的控制。因此,伪省公署对各县伪知事有所调动,或是下达一个比较重要的文件,虽事先经省顾问与日军特务机关联络通过,有时到了县里也会发生意外。山西省平遥县沦陷后,有个叫宋缵之的教员投敌,任伪县公署秘书。1939年秋,该县原知事宋梦槐死后,宋缵之自以为与伪省长苏体仁有师生关系,便通过他谋任知事一职。苏体仁允派其暂行护理知事,却遭到当地日军反对,结果没几天,宋氏即被逮捕处死。有时伪省公署或道公署派往各县视察或处理案件的人员,或因话不投机,或因其他原因,被当地日军部队或伪县署联络员阻止其活动,有的甚至挨打或被驱逐出境。1941年太平洋战争爆发后,伪山西省教育厅曾于次年初派督学赴汾阳县与当地日军联络接收美国人办的铭义中学校产,遭到日军独立旅团高级参谋宫内幸五郎拒绝。伪冀宁道公署有一次派办事员郝九卿去交城县视察,因没有先去见日军联络员,结果受到其当面侮辱并被勒令离县。②

除伪县公署外,在沦陷区县级政权中还有负责侵略宣传与奴化教育的新民会以及进行经济掠夺的合作社。它们虽以政治团体或经济组织的名义出现,但实际上与伪政权相辅相成,与各级伪政权建制相对应并有其垂直的组织系统。这两个组织不受县署管辖,但按规定,县新民会总会会长与县合作社联合会理事长,都由县知事兼任,时称"政、会、社三位一体",构成伪县级政权的权力机构。但这一点并不会改变其傀儡性。日本人反而利用这种形式,分散权力,以便驾驭群奸。

---

① 孙凤翔:《山西沦陷区的日伪统治机器及其相互关系》,《山西文史资料》(第56辑),1988年,第6页。
② 牛新田:《山西日伪政权的建立和破灭》,《山西文史资料》(第41辑),1985年,第152页。

日本炮制汉奸政权，是为了达到"以华制华"的目的。首先，是为清除、消灭辖区内及周围的抗日根据地、国民党部队及杂牌地方武装的势力，基层日伪政权首要的任务就是维持其统治区的"治安"，其次是为配合日本"以战养战"政策及伪政权自身所需，征粮催款成为伪县政权的又一个重要任务。为此，日伪县政权主要采取了以下办法。

编练伪军，四处"扫荡"。 在日军扶植下，日伪各县多建立并扩大其基本武装——警备队（1943年起称保安队）。其主要任务就是维持该县"治安"，为此经常四处"扫荡"。其活动方式，或配合日军行动，或单独行动，一切皆以日军为依托，并受其控制。他们以"扫荡""清乡"等形式，镇压中国人民的抗日活动，窃取抗日情报，欺压百姓，鱼肉乡里。在山西省实施的第二次治安强化运动中，"各县讨伐成果总计490余次，俘获人数470余名，击杀人数570余名，击伤人数32名"。各县设立了灭共班及特务警察，搜捕中共地下党员。当时，山西建立自卫团的县份达到67个，共有团丁176400名。[①]

欺骗宣传，奴化教育。 伪县知事令所属各伪机关、团体、学校，在主要街道显眼的墙壁上张贴标语，如"中日亲善，建设大东亚共荣圈""中日提携，建设大东亚新秩序""剿灭共匪、安定民生""增加生产、降低物价"等欺骗中国人的内容。他们还利用《山西新民报》《新山西报》《蒙疆雁北日报》等汉奸报纸，广泛散布失败主义，捏造我们失败的谣言，企图使敌占区人民对抗战失望；大施挑拨离间，组织"红枪会""红学会""皇协会"等，供给大批武装伪装八路军、决死队，到处抢劫勒索打土豪，召集群众大会，骂晋绥军、中央军，企图制造矛盾，破坏抗日统一战线，达到其分化瓦解抗日力量的目的；离间我政府与人民的关系，宣传"党军抗战祸国殃民""难民载道，无衣无食；要人太太，挥金如土"等类的话；挑拨民族宗教团结，成立山

---

① 中央档案馆、中国第二历史档案馆、吉林省社会科学院合编：《华北治安强化运动》，中华书局1997年版，第166~169页。

十四 日军在沦陷区实施"以华制华"政策

西"回教分会",用将来在甘、宁设"回教国"等欺骗宣传,分化回教同胞。为施行奴化教育,到处设汉奸训练班,18岁以上40岁以下的壮丁、县长、小学教员,都须受训。同时高唱新民主义,利用我"苟日新,日日新,又日新。康告曰做新民"的旧有格言到处设立新民会、新民学校,把中国课本完全改编,实际上不是教育人民"做新民",而是教育人民"做顺民",并在晋北设立晋北学院,内分教育、财政、警察三科,在各处大量开设免费受训的日语学校。

实行保甲连坐法。 保甲制在中国自古就有,近代以来又被统治者沿用,国民党政权也实行这一制度,日伪同样也利用了这一形式。他们认为"中国人民素重伦常,又系家族制度,组织保甲最重要者为保身保家,果能利用其血统关系及伦常心理,自能使其巩固团结"①。由此,伪政权在其统治乡村地区,命令各基层政权组织实施保甲制。具体办法是:居民以10户为1甲,设甲长1人;10甲编为1保,设保长1人,由村长兼任;以若干保为1联保,设联保主任1人,由乡镇长兼任。伪县警察所还专门组织保甲训练班,训练保长组织保甲自卫团。同时实行连坐法,规定:如果某甲某户来人不报,其他9户和甲长要负连带责任,同受惩罚;如某户某甲上报过了,而保长没有及时处理和上报,该保长就要受连坐处罚。

"保甲制度"在山西的敌占区域有特殊的实行方式。伪山西省公署因袭和模仿了阎锡山在山西统治时代的编村组织,即以户为单位,5户为一邻,设邻长1人,5邻为一闾,设闾长1人。不满100户的自然村或几个自然村为一副村,设村副1人。凡满100户的自然村,或联合数自然村在100户以上者为一编村(阎锡山时代是满500户为一编村)。敌人的保长、副保长即由编村长、村副分别担任,甲长由闾长担任,其职务与上述保甲长的职务相同。保甲上面不另设联保处和联

---

① 朱德新:《二十世纪三四十年代河南冀东保甲制度研究》,中国社会科学出版社1994年版,第106页。

保主任,即直接由"区长"掌理联保主任的职务。①

日伪自称其所实施的保甲制,参酌了"现代环境需要","适切现代情形,与现代需要相结合",要用"现代的特殊办法"去完成"现代的清乡工作"②。所谓"现代的特殊办法",就是指在"治安强化运动"中,利用保甲制大规模清查户口,发放"良民证"、身份证、旅行证等。日军规定:凡12岁以上的居民,均须办取"良民证",证上贴有本人照片,经伪警察所加盖钢印。外出遇见日军,必须出示此证,并行九十度鞠躬礼,口称"太君"。否则,将以抗日嫌疑犯予以逮捕,轻则被打伤,重则充当劳工甚至丧生。汾阳老百姓把这些证件称为"狗牌牌",是限制人民住行的鬼东西。

筑碉堡、建据点、修封锁线。 日伪在其统治区内的各重要厂矿、村镇及交通要道,均安设据点炮楼,由日伪军驻防,并不断四处实施"扫荡""清乡"活动。这些据点炮楼,地点由日军司令官决定,工程则由伪县政权负责奴役中国百姓修建。这些封锁设施,除用于防止中共抗日武装与民众的结合、维持区内"治安"防务外,还用于封锁抗日根据地的经济。如日军令伪县署在封锁线周边重要地点设置"经济检问检索所",组织"经济检问检索游动队",在此巡逻,检查行旅商人,目的是禁止物资流向抗日根据地。以经济封锁为中心,伪山西省在寿阳、盂县、太谷、赵城和静乐5个县的重点道口,设立了30余个检问所,盘查过往物资,在太原、阳曲、崞县等14个县以检索班游动于各地城乡,其余各县,均随时派警察或经济班分赴各村实行检问检索工作,以防物资流入中共根据地区域。③封锁线的修建,也给日伪军警特务敲诈勒索创造了条件。当时日伪之所谓"资敌物资"(流入

---

① 中央档案馆、中国第二历史档案馆等合编:《日本帝国主义侵华档案资料选编》,中华书局1997年版,第795页。
② 朱德新:《二十世纪三四十年代河南冀东保甲制度研究》,中国社会科学出版社1994年版,第106页。
③ 江沛:《日伪"治安强化运动"研究》,南开大学出版社2006年版,第71页。

抗日根据地的物资），均在禁运名义下，通过查封没收等手段，转入私人腰包。民众出入封锁线，只能向守卫的日伪军警行贿，否则，便会受到盘查、搜身、拘留或被加上罪名而遭不测。

征粮催款。 日军强征粮棉等必需品，从其占领初期即已开始。1942年后更是大规模地、有计划有组织地进行，到1943年达到高潮。伪县政权则积极配合这种侵略掠夺行动。据伪省公署不完全统计，山西省当时全省沦陷区有耕地2623万余亩，年产粮食1390多万石。按日军制订的粮食搜集方案，要掠走24万吨（约331万石），占总产量的四分之一。伪山西省公署即按日军要求，向所属各县强行摊派。具体征摊办法是：以县为单位，由政（县署、警察所、保安队）、会（新民会）、社（合作社）组成临时性的三位一体的综合力量，分工协作实施。如县署负组织领导责任，保安队、警察所负搜集、警备责任，新民会负宣传发动责任，合作社负发放交换物资、准备装运及保管征粮之责。① 另外，还有卫生捐、兴建费、教育费、警察捐、保甲指导费、招待费、敲诈费，以及挖壕筑堡所需之砖瓦、灰、铁器、电杆、据点炮楼驻军生活用品等。日伪军还不时自行下乡向农户逼索财物。②

到1943年，为与汪伪国民政府的"独立"相配合，使伪政权更具欺骗性，华北各伪省公署依照伪华北政务委员会的规定，各县知事又改称县长；1944年1月，伪省公署改称省政府，各县、市公署也相应改称县、市政府③。汪精卫伪中央政府的成立，是日本帝国主义推行"以华制华"政策的重要步骤。首先，制造这个形式上"统一"的"中央政府"，是为了加强对国民党政府的政治诱降，加强对敌后的"扫荡"，实现其"以华制华"的计划，解决战略相持阶段日益加深的困难。其次，为了适应政治诱降的需要，使这个傀儡具有更多的欺骗，

---

① 牛新田：《山西日伪政权的建立和破灭》，《山西文史资料》（第41辑），1985年，第165页。
② 王士花：《日伪时期华北农村的县级政权》，中国社会科学院近代史研究所青年学术论坛2001年卷。
③ 牛新田：《山西日伪政权的建立和破灭》，《山西文史资料》（第41辑），1985年，第164页。

有所谓"党代会"的召开，有所谓"还都"丑剧的表演，而且汪伪"国民政府"还决定以孙中山三民主义为"国民政府"之政纲，并留任"主席"一职给蒋介石，以分裂抗战阵营，破坏抗日民族统一战线。

　　日本帝国主义满以为武力"讨伐"加所谓的"自主政权"和"思想战"，就可以"根除余祸""杜绝赤化"，就可以实现其"以华制华""以战养战"的恶毒阴谋，就可以完成其由"点"到"线"、由"线"到"面"占领的狂妄计划。然而，无论日本侵略者怎样掩饰和欺骗，其强盗行径和奴化活动不仅没有吓倒和骗过抗日军民，反而更加激起了山西人民的极大仇视与反抗。在中国共产党全面抗战路线、方针、政策的感召下，山西各阶层人民群众抗日救国的积极性被极大地调动起来，浩浩荡荡的社会力量密切配合主力部队和地方武装，彻底粉碎了日本侵略军一次又一次的"反扫荡"，加速了其"以华制华""以战养战"阴谋计划的破产，以及其由"点"到"线"、由"线"到"面""囚笼政策"的失败。

十五、第二战区从联共抗日到"晋西事变"

全国抗战爆发后,阎锡山总领晋绥军务,先后组织了几次大的战役,终因敌强我弱失败了。在此期间,他扶植牺盟会、组建决死队、成立战动总会、颁布抗战政令、推行游击县长制、开办民族革命大学(简称"民大")等,采取了以联共抗日为主的政策。然而,太原失守后,山西抗战形势发生了很大变化。军事上,以国民党为主的正规战结束,以八路军为主的游击战争蓬勃发展起来;政治上,阎锡山的旧政权势力范围和影响逐渐缩小,共产党领导的抗日民众运动及其影响力日益壮大。特别是抗战进入战略相持阶段后,随着日本侵略政策的改变,阎锡山认为,日本人对他的威胁已经不大了,共产党已经成为他在山西恢复和发展力量的最大障碍,于是他的联共政策发生转变,开始在政治上实行限共策略。

阎锡山眼看共产党的影响迅速扩大,新军和牺盟会逐渐发展成为独立的政治力量。新军已有50多个团,主力部队达4个纵队,人员和武器数目都超过了旧军。"到1938年年初,山西全省的105个县中,有70个县的县长由牺盟会和决死队的干部充任,其中绝大多数为共产党员。"①阎锡山渐渐感到,自己欲假手共产党人"复兴"山西的办法行不通,新军的发展大有把自己架空的势头,自己已经很难驾驭了。虽然旧军"存在着种种弱点",但毕竟是自己苦心经营十几年培植起来的,要维持自己在山西的存在,还得靠旧军。怎么办呢?他反复掂量,认为只有扶旧抑新,才能走出困境,所以决心消除中共对新军和

---

① 薄一波:《七十年奋斗与思考》,中共党史出版社1996年版,第254页。

牺盟会的影响。

1938年6月上旬,阎锡山在吉县古贤村秘密召开高干会议(即第一次古贤会议)。会议一开始,阎锡山话语中就带着几分恨铁不成钢的气愤:"这次会议是给你们开追悼会的。但是如果你们懂得了道理,也可以说是庆生会。"阎锡山在会上叫嚷:"抗战以来,我们抗光了,八路军扩大了,再加上牺盟会、决死队和共产党合作,今后还有我们的立足之地吗?"他强调说:"欲抗敌成功,必须先求军队本身的存在。欲存在,须以弱变强;欲成功,须以弱胜强。"[1]为了扩充实力,阎锡山将原来计划给决死队的两个军的番号,给了自己的部队,与此同时,还决定各军、师成立军政干部学校,为其培养军官,并从民族革命大学选调可靠的政工人员,充任各军师政治部主任和军政干部学校政治教官。

1938年9月,阎锡山又在古贤村召开抗敌行政工作检讨会(即第二次古贤会议),为进一步限共制造舆论。会上他抛出了《抗敌行政机能十大纲领》《抗战人员必戒二十条》《抗战必要条件六项》等文件。《抗敌行政机能十大纲领》冠冕堂皇地提出"实行说服行政""实行强民政治""整理地方武力""严格执行纪律"等十条原则,其核心是"走上复兴途径",以便加强阎锡山的专制领导,重树阎锡山的个人威望。《抗战人员必戒二十条》是他召开这次会议的中心内容,表面上是对所有抗战人员提出的基本要求,实际上是针对革命势力,为加强对牺盟会、决死队的控制而提出的。阎锡山把共产党发动群众壮大抗日救亡力量,诬为"有武力而不抗敌,图谋扩张势力";把武装人民和动员人民支援抗战,诬为"滥委人员,成立游击队,强迫人民供应";把团结、改造旧军政人员,诬为"借抗敌工作而施报复之行为""挑动阶级斗争";把惩处汉奸诬为"越权处罚""私没家财"等等。两次古贤

---

[1] 罗晓红:《阎锡山"抗日英雄""反共先锋""保持中立"的角色转换》,《党史文苑》2010年第21期。

十五 第二战区从联共抗日到"晋西事变"

会议,其目的十分明显,完全是有针对性地限制和阻止共产党领导下的革命力量的发展,为从军事到政治破坏抗日救亡运动做准备。①

1939年1月,国民党五届五中全会在重庆召开,逐渐将其政策的重点向着反共蜕变。在会上,蒋介石以"整理党务"和研究"如何与共产党作积极之斗争"为主要议题发表讲话,要"唤醒党魂",确定国民党的政策重点由对外转向对内,制定了一系列"防共、限共、溶共、反共"的政策。这些论调和做法,刺激和鼓动了阎锡山的想法。

1939年3月底召开的"秋林会议",是阎锡山限共的又一次重要会议。出席会议的有师和旅以上军官、专员和保安司令以上行政干部,以及一部分县长、公道团团长和牺盟特派员等正式代表与列席者共167人。会议的中心内容就是一条:取消新军政治委员制度,文官不能兼任军职。阎锡山宣布:这是蒋委员长的命令,我实在不能不执行。此外,会议还讨论了取消战地动员委员会、限制牺盟会活动、缩小专员权限、取消进步法令等内容。会议表面上一直是温和的,实际上斗争非常激烈。阎锡山装出一副可怜相,说他的处境很困难,全国都没有文官兼军职的,现在蒋介石在压他,要薄一波取消政治委员制度,帮他渡过这一难关。薄一波、续范亭等在会上坚决抵制了这些议案,在经历了坚决斗争后,终于挫败了阎锡山的阴谋。

"秋林会议"上阎锡山未达到限共目的,会后,阎锡山变本加厉,明目张胆地采取了种种限共措施。首先,阎锡山通过第三次调整山西游击区县行政区划,企图全部夺取山西后方的行政权力。其次,通过政令、军令和其他行政手段,限制和监视共产党领导的抗日武装和根据地。阎锡山颁布了《山西省分区视察办法》,每专区派视察员一组分驻区、县,监视专员、县长行政、公安和民运活动。各专区又派"实察专员"军政民各一人,专门"接受军政人员违法、失职或不当处分的呈诉",特殊情况

---

① 王金海:《阎锡山的限共政策》,《晋阳学刊》1984年第12期。

直接面陈阎锡山。再次，剥夺财政权力。规定凡"不经呈准或不补报之开支，责成赔补。非法令所许，未经呈报，擅行摊派款物者，严予惩处"，妄图"困死""饿死"八路军。最后，剥夺军事权力。公开撕毁统战协议，强令解散战动总会。撤销了薄一波、张文昂、戎伍胜、雷任民决死队一至四纵队的政委职权，将他们所兼各专区的保安司令部增设保安副司令，接管保安司令部指挥实权。撤销续范亭二专区保安司令部，将其指挥的七个游击支队中的两个支队编入晋绥军，并勒令分驻各地。

对阎锡山倒行逆施的限共政策，中国共产党从抗日大局出发，除了个别必要的让步外，采取了种种措施，给以针锋相对的斗争和打击。结果是，阎锡山机关算尽，落得两手空空。[1]

1939年12月1日，阎锡山以对日军发动"冬季攻势"为名，命令决死二纵队于12月5日向同蒲路实行突击，同时命旧军为"预备队"，置于新军之后。就在二纵队准备向日军发动攻势之际，旧军从背后向二纵队开了枪。12月7日，决死二纵队政治部主任韩钧义愤难忍，以个人名义致电阎锡山："总座伯川先生：六十一军欺我太甚，甘做汉奸。学生与二纵队万余健儿，为总座争一伟大胜利，兹定于12月12日誓师。此后半月内，恐无暇报告。将在外君命有所不受，此生对恩师报告之最后一言，胜利的结果将见。受教学生韩钧敬扣虞印。"阎锡山收到电报后马上召开高干会议，在会上宣读了韩钧的电报。他说："韩电对我说12月12日誓师，表示不相隶属了，韩钧反了！"以此为借口，阎锡山通电全国，进行讨伐。此时阎锡山以6个军的兵力，向新军发起攻击。第二纵队苦战突围，部分转入晋西北。阎随即袭击八路军后方医院，惨杀隰县等6个县的政府、牺盟会干部及八路军第115师伤病员千余人。同时，阎令部队进攻晋西北抗日决死队和八路军第115师第385旅。在晋东南，阎军孙楚部进攻决死队第三纵队，

---

[1] 王金海：《阎锡山的限共政策》，《晋阳学刊》1984年第12期。

十五 第二战区从联共抗日到"晋西事变"

杀害共产党领导的军队600余人。1939年12月4日,孙楚捣毁南阳城牺盟会的新生报社,编辑王良被活埋,这就是震惊全国的"十二月事变",即"晋西事变"。

"晋西事变"后,共产党对阎锡山进行了坚决的斗争,新军除了三纵队有4个团、二纵队有极小部分分离出来外,其余33个团全部脱离阎锡山,进攻晋西北八路军和新军的行动遭到彻底的失败。在晋东南,国民党中央军也乘机插足进来,阎锡山的地盘损失了近四分之三。

"晋西事变"后,为顾全抗战大局,共产党主动做出了让步。1940年2月11日,毛泽东亲笔起草了致阎锡山电文,指示用薄一波的名义发出,此电不提任何条件,只提两军团结。阎锡山接到薄一波的电文后,正好找了一个台阶下。他立即复电中共中央,表示愿意谈判。1940年2月25日,萧劲光、王若飞持毛泽东的亲笔信到秋林见阎锡山。谈判中萧劲光强调新旧军团结,拥阎抗日,赞成新军仍属晋绥军,不受国民党中央政府改编。随后,双方代表经过谈判,终于在4月初正式达成协议,"晋西事变"就此和平解决了。

十六、阎锡山恢复国民党山西省党部、组织"同志会"

早在 1927 年,阎锡山借助"清党"的名义,在打击共产党的同时,也使把持山西省党部的国民党中央失去了对地方实力派的控制。中原大战时,国民党省党部陷于瘫痪,及至冯阎联军战败、阎锡山下野后,省党部又恢复活动,但在九一八事变后、阎锡山复出时,又被迫关门达七八年之久。

太原失守后,山西军政机关辗转南下,撤至晋西南地区。此时,阎锡山对山西新军和牺盟会等新势力的态度发生变化,寄希望于取得中央政府的支持。这样,他开始变换策略,对国民党由拒绝转向靠拢。他亲自出席国民党中央的军政会议,显示出前所未有的联蒋姿态。国民党中央乘机向阎锡山提出恢复山西省党部的要求,阎锡山权衡再三,同意了。

1939 年 1 月,国民党山西省党部在陕西省三原县召开代表大会,正式恢复国民党山西省党部执行委员会。经阎锡山允许,山西省党部着手党员登记,重新建立各级组织。中央选派时任山西省政府主席的赵戴文(阎锡山集团成员)兼任省党部主任委员,黄树芬(由中央指派)任书记长。邱仰浚、李冠洋、梁化之、薄毓相(这 4 人均由阎锡山推荐)、武誓彭、刘冠儒、赵光庭、刘奠基、王盼、李犹龙(这 6 人均由中央选派)等人为执行委员。从省党部委员的组成结构看,阎锡山与中央的力量大致平衡、势均力敌。

国民党山西省党部恢复后,就着手进行党员登记,建立各级组织。在整个二战区,省党部通过集体登记的方式,使各军政机关、学校等部门的大批人员成为国民党员,并在全省 9 个区内设立了党务指导专员办

十六 阎锡山恢复国民党山西省党部、组织"同志会"

事处,专门负责督导各县的党务活动。这些工作就绪后,国民党中央又在二战区设立特别党部,赵戴文兼任书记,于1939年9月4日宣誓就职。

在特别党部特派员和书记长的就职典礼上,中央特派的监誓员张继致辞:"此次阎特派员、赵书记长在秋林举行的宣誓就职典礼,兄弟有无限感慨。阎同志赵同志昔日追随总理革命,在北方做秘密工作,卒能推翻清朝,建立中华民国。自七七卢沟桥事变以来,山西在阎同志领导之下,支撑抗战。初期一般人以为山西绝不能支持到今天,然而想不到今天的山西,仍然在我们手中,这不能不说是本党的光荣成绩。希望二战区全体同志,在阎特派员赵书记长领导之下努力,愿共勉之。"

阎锡山当即表示:"中央此次派本人担任本战区特别党部特派员,本人要尽到自己最大努力去做。二战区的地位,在华北以及整个抗战上来说,非常重要。我们知道,山西是全国的堡垒、华北的要塞、西北的屏障,要支持抗战,自然要争取山西。愿共同在总裁领导下奋斗到底。"①

自此,国民党在山西的党务活动进入了最为活跃的时期。阎锡山恢复国民党省党部是因为抗战形势的需要,对蒋阎之间的矛盾关系起到了稀释的作用。山西省政府对省党部的态度,遂由公开反对走向暗中抵制,山西党政关系也随之趋向缓和。但是,阎锡山并没有消除对国民党政府的戒心,而是采用"掺沙子"(集团成员兼任省党部职务)的办法,遏制国民党在山西的渗透与扩张,山西省党部因之逐渐被"地方化"与"边缘化"了。②

"晋西事变"后,阎锡山遭到极大的挫折,对中共的防御与日俱增,加之划地而治使他的辖区进一步缩小,只剩下吉县、隰县、石楼、永和、大宁、乡宁、蒲县7个完整县,以及临汾、洪洞、襄陵、汾阳、汾

---

① 雒春普:《阎锡山传》,山西人民出版社2004年版,第313页。
② 马义平:《民国时期山西党政关系演变管窥——以山西省党部委员构成为例》,《历史教学》2009年第12期。

西、介休、孝义、灵石、中阳、离石等十几个半沦陷区县，所以为了重整队伍、巩固实力，1940年4月，阎锡山和第二战区司令长官部从秋林渡河迁驻吉县克难坡。

克难坡西临黄河，距离吉县县城30公里，是黄河边上的一个山村。原名南村坡，阎锡山认为这个名称谐音为"难存"，于是亲自改名为克难城，俗称克难坡。阎锡山认为："把此地改名为克难坡的意思，就是要教大家能在克难中努力进步，在进步中克服困难，求得我们的存在，完成我们抗战复兴的革命大业。"这里的主要地形为丘陵，虽交通不便，但可以防空，而且渡黄河西去极为方便。阎锡山到克难坡后，首先开展了"克难运动"，要求第二战区司令长官部一律实行克难生活，号召内外干部、全体军民以实干精神克难求存，厉行节约，生产自救。"克难运动"使阎锡山在克难坡站稳了脚跟，而且以一隅之地吸引了各方人士。在一两年时间里，克难坡由一个只有两三户人家的小山村一跃而成为拥有两万常住人口的城镇，这在当时的国民党各大战区是罕见的。这一措施为阎锡山政权度过抗战以来最艰苦的岁月，赢得了最基本的生存条件。

解决了基本的生存问题之后，阎锡山就着手从政治上加强控制，强化组织领导。"民族革命同志会"（简称"同志会"）成立于1938年2月临汾温泉会议上，是阎锡山为了扶旧抑新而成立的政治组织，企图统一领导第二战区的主张公道团、牺盟会及一切民众团体，集军政民大权于阎锡山一人之手。同志会下设高级干部13人，由旧军高级将领担任。

"晋西事变"以后，阎锡山为了适应形势的变化，又进一步发展同志会组织。1940年2月开始，阎锡山对同志会进行了改组。首先，加强同志会基层组织，把以前晋西、晋西北、晋东南的政治突击团、精建会等部门的人员，分别加以甄别、配备、调整，使之一律改为同志会区、县分会，在各个区、县分会中，派遣专职特派员。这样，就使同

十六　阎锡山恢复国民党山西省党部、组织"同志会"

志会各个分会在山西军政、教育、经济各部门建立起来。其次，在同志会内部进一步发展"同志会先锋队员"和"同志会基本干部"，在训练各种干部时注意物色忠于阎锡山的人才，然后在阎锡山面前集体宣誓，成为同志会先锋队员。同志会基本干部则由阎锡山在中、高级干部中指定，或由高干介绍加入，少数从同志会先锋队员中选拔。同志会基本干部的要求更为严格，不仅要在阎锡山面前宣誓，而且还规定遵守"五要"及甲种、乙种纪律等。

到1941年5月，阎锡山在其统治区域内共建立同志会区分会10个，县分会54个，并在军队、区县、机关、学校发展同志会会员80000多人，同志会先锋队5000多人，同志会基干队员400多人，[①]从而把山西军政教育各部门完全归于同志会领导之下。各级区、县、村在此基础上，又设立了军事、政治、经济、教育统一行政委员会，实现了所谓的"组织一元化"。阎锡山将第二战区和山西省政府的关防印信置而不用，而以"同志会执行部"和"会长"的名义发号施令，同志会实际上成为阎锡山直接控制的、领导山西各部门的一个政党性组织。

1941年夏季开始，阎锡山在克难坡举办暑期进步训练班，由同志会对其军政人员进行"洪炉训练"。"洪炉训练"旨在从思想上精神上控制各级基层干部，对象包括军队连以上，行政区以上干部，机关、学校、经济、部队政工人员及同志会组织系统的干部，先后参加训练的达到两万多人。参加"洪炉训练"的人，每天早晨六点都要在广场集合，接受阎锡山以会长身份进行的训话。集会时，要高唱阎锡山亲自编写的"洪训"歌。其歌词是：

　　　　高山大河，化日熏风，俯仰天地，何始何终；
　　　　谋国不预，人物皆空，克难洪炉，人才是宗；

---

① 中共中央党校本书编写组：《阎锡山评传》，中共中央党校出版社1991年版，第364页。

> 万能干部，陶冶其中，人格气节，革命先锋；
> 精神整体，合作分工，组织领导，决议是从；
> 自动彻底，职务唯忠，抗战胜利，复兴成功。

"人格""气节""抗战""复兴"，这些极为冠冕堂皇的词语，隐藏着不可告人的良苦用心。阎锡山认为蒋介石的一套办法过于陈旧，不能适应潮流，不能为民众所接受。而他看到共产党的办法多，有活力，能够吸引民众，于是他就宣扬要"以共产党之道，还治共产党之身"。他屡屡借用斯大林提出的"干部决定一切"的口号，把培训干部放在重要位置。但是，由于他的立场和利益与民众尖锐对立，共产党那一套从广大人民利益出发的办法，他是无法学到的。

趁"洪炉训练"之机，阎锡山大树特树自己的绝对权威，用制造个人崇拜、个人迷信的方法，强化对干部的思想控制。不论在何时何地，只要提到"会长"二字，在场的人都必须肃立致敬。在集会的场合，见到阎锡山出现，都必须高呼"会长健康""会长万岁""敬爱会长""服从会长"的口号。阎锡山的一套工作形式也充满了浓厚的封建帝王色彩。讲话须称"训话"，看过的信要批"上阅"，准备亲复的信件批"上复"，做出的批复称为"手谕"。阎锡山讲话时，全体立正静听，没有"稍息"的口令，任何人不许稍息，否则，就被揪上"洪炉台"罚跪，以示惩戒。阎锡山为了搞这个训练，确实也费神费力。除去每天清晨训话之外，还要在每期毕训前亲自接见每一个受训干部。阎锡山端坐在堂上，由培训会负责人唱名，被接见者入内，至其面前行礼，阎锡山威严而亲切地注视片刻，表示赞许和鼓励，而后被接见者绕至阎锡山背后退出。就这么一场短暂的"接见"，也曾使不少受训者受到鼓舞，觉得得到了"会长"的好感和器重，从此更忠实地为之卖命。

另一方面，在"洪炉训练"中，阎锡山派出大量特务和耳目，深入到各个小组，对干部进行监视和监督。他特意命令亲信组织"服务士

十六 阎锡山恢复国民党山西省党部、组织"同志会"

队",以担任清洁卫生、勤杂事务为名,安插到各层组织中,搜集学员各种言论行动,向他密报。有所谓"严重问题"的,就定为"炉渣灰",送去服劳役甚至秘密处死;属于所谓"一般问题"的,他要当面与其谈话,以显示事无巨细,人前背后,一切情况都在他的掌握之中。被接见谈话的人,往往吓得胆战心惊、魂飞魄散,再不敢存有任何忤逆之心。阎锡山用这种办法树立起了个人的绝对权威。

为了加强对社会各界的控制,阎锡山还向封建帮会乞请援兵。用他的话来说,就是要将旧有帮会"组织化""现代化",发挥其在社会上的重大潜力。在克难坡先后建立起了阎记青帮"安青进步委员会"和阎记洪帮"进步总社"。安青进步委员会的帮号为"明德堂",阎锡山自封为嘉白帮大字班老前辈,道号"阎大成"。大部分文武官员都加入此帮,各自发展徒子徒孙。进步总社的帮号为"进步堂",奉阎锡山为山主,化名"齐继川"。

阎锡山费了许多心机,搞了这么多名堂,实现了他"以同志会主张,为自己目标努力,以洪门力量,团结民众,领导民众"的目标,在晋西一隅之地,巩固了阎家天下。为保住山西这块赖以生存的根据地,在"三颗鸡蛋上跳舞",堪称是阎锡山谋略和诡诈之最。但经历过"十二月事变"之后,他面前的路却是越走越窄。与八路军和新军的隔阂已是难以消除,而且从阎锡山自己在山西称王称霸的需要出发,与共产党的联合也势将破裂。在重庆方面,不断有人放风说,山西因为阎先生搞什么"执两用中",把共产党也当成"两"中之一来运用,结果是被共产党渗入军队,把他的看家本钱弄得几乎瓦解,大有兴师问罪之势,使阎锡山伤心、恼火而又惊惧。不论面子上如何亲热,但从根本上,阎锡山与蒋介石的利害冲突已不可调和。"三颗鸡蛋"已经踩破了两颗,剩下的路,阎锡山该如何走呢?[①]

[①] 苗挺:《三晋枭雄——阎锡山传》,中国华侨出版社2005年版,第226~234页。

十七、日军诱降与阎日谈判

抗日战争进入战略相持阶段后，阎锡山的晋绥军处境日趋困难，为了自身存在，阎锡山开始从对日妥协中寻找出路。与此同时，日本方面鉴于山西在其华北战略中的重要地位，也加紧了对阎锡山的诱降活动。

"十二月事变"后，日本认为阎锡山已处在走投无路的境地，是诱其投降的大好机会。1940年春，日本先派曾做过阎锡山的区长后又当了汉奸的山西孝义人白太冲，偕同一个日本特务，经两年前投日的阎锡山第68师副师长蔡雄飞介绍，和阎部警卫军军长傅存怀接触。后来，日本人又公然派特务大矢到傅存怀处，经傅存怀派人送往阎锡山的长官部所在地——克难坡，直接和阎锡山见面。正处于内外交困境地的阎锡山早就有了"天要下雨，准备雨伞"的打算，以及"狡兔"也要有三窟，而"第一个窟窿是日本人"的思想，因此，对日方主动派人前来联络颇为欣喜，即复信田中隆吉和苏体仁，表示"愿与日军合作，共同'剿共'，安定山西治安"。① 因为怕惹出风声，阎锡山让驻隰县的第7集团军司令赵承绶具体负责与日军的联络接洽工作，同时派他的亲信刘迪吉偕同大矢去太原，通过伪省长苏体仁和早在沦陷区专门与日勾结的梁上椿（名义上是北京纤维学会理事），共同为阎日勾结穿针引线。

日方为了向阎锡山表示亲善，1940年6月曾将灵石境内的双池镇据点交给阎军驻防。7月间，驻太原日军参谋长筱塚又提出一个"合

---

① 续志仁：《阎锡山向日军乞降见闻》，《山西文史资料》（第11辑），1965年，第38页。

十七 日军诱降与阎日谈判

作草案",主要内容是:阎锡山的第7集团军驻崞县、原平一带,第8集团军孙楚驻临汾、运城一带;第13集团军王靖国驻阳泉、娘子关一带;阎锡山的长官部驻太原,如果阎锡山本人愿到北平就任华北政务委员会委员长职务,更为欢迎,太原长官部则由杨爱源主持。但阎锡山认为这个"合作草案"纯属一纸空文,并没有什么实质性的东西,于是向日方提出必须先帮助他充实力量,然后再具体协商"驻防问题"。日方对阎锡山的要求,不肯明确答复。而这时,日本大本营已在筹划发动太平洋战争,企图早日解决中国问题,以便腾出更多的力量进行太平洋战争,因此,日军兵务局长田中隆吉来到太原后,即授意驻太原日军首脑:"只要阎锡山肯投降,要什么就答应给什么,暂时不必斤斤计较条件。"① 于是,日阎双方开始进行较高层次的接触和交涉活动。

1940年11月间,阎锡山派赵承绶去孝义白壁关村和日寇"山西派遣军"参谋长楠山秀吉少将进行会谈。赵承绶根据阎锡山临行前所指示的"亚洲同盟,共同防共,外交一致,内政自理"四项原则,在会谈中要求日方帮助武装晋军30个团,所有武器、服装、粮饷及兵员均由日方供给。楠山秀吉口头上完全答应。会谈结束后,日军将孝义县属的兑九峪、胡家窑、高阳镇等据点让给了阎锡山,由其骑兵军派部队驻防。从此,阎日间的接触更加频繁。

1941年3月,阎锡山再派赵承绶赴孝义白壁关和日军举行第二次会谈,日方出面商谈的是驻汾阳独立混成第16旅团的中佐参谋宫内。双方达成口头协议,大意如下:1.日阎双方必须消除敌对行为,互相提携,共同防共。前线部队彼此友好往来,互派人员联络,不得发生冲突。2.离石—军渡(黄河东岸)公路以北地区,对共军之进剿,由日军负责;离军公路以南,汾阳、孝义以西地区,由阎军负责。必要时,

---

① 赵瑞:《阎锡山勾结日军的罪恶活动》,《山西文史资料》(第4辑),1962年,第8页。

双方可以实行"会剿"。在会谈中,赵承绶还根据阎锡山的要求,希望日方把孝义城让出。宫内表示原则同意。1941年6月间,日军果然把孝义城让给了阎锡山。阎锡山骑兵第1军军部及骑兵第2师师部,进驻孝义县城。不久,阎锡山害怕共产党宣传他向日本人的妥协投降活动,出于防备,又令赵承绶将第7集团军总司令部由隰县移驻孝义。

1941年8月11日,阎锡山指派赵承绶到汾阳城与日军代表田边盛武和楠山秀吉等正式谈判。双方签订了《晋绥军与日本军基本协定》及《停战协定》,这两项协定通称为《汾阳协定》。日军为了收买阎锡山,把他提出的"亚洲同盟,共同防共,外交一致,内政自理"几句话作为"原则",放在"停战协定书"前言,并决定"阎日双方彻底停止一切敌对行动,亲善友好,共同提携,实现东亚共荣"。其具体条款如下:

一、日方实行条款如下:1.日方给阎方步枪五万支,轻机枪五千挺,重机枪五百挺,并配给一个动员额的子弹。2.日方给予阎方军费两千万元(国币),另给阎本人机密费七百万元。3.日方供给阎方军队给养及一部装备。4.日方先拨给阎方能新成立五十个团的壮丁及全部武器、装备,而后根据形势发展,再继续拨给五十个团的壮丁和武器、装备,以充实阎方力量。5.日方将雁门关以南全部山西地区的政权让给阎方,由阎方陆续派人接管。初步接管晋中各县及晋南临汾等县,再逐渐接管其他各县。6.日方将山西境内同蒲(宁武以北除外)、正太(娘子关以西)两铁路管理权让给阎方(这一条先有争执,后来日方答应"共管")。

二、阎方实行条款如下:1.阎本人即刻通电,表明脱离重庆政府,发表"独立宣言"。2.阎本人第一步先进驻孝义,待日方将晋中各县政权交让后,进驻太原,接管雁门关以南政权,扩充力量,再进驻北京和"南京政府"进行"合作",或担任"南京政府"副主席兼"军事委员会"副委员长。3.而后根据形势发展和需要,阎可以组织"华北国"。

十七 日军诱降与阎日谈判

4.阎方营以上部队,必须聘请日本人担任顾问及指导官。5.阎方将通往陕西的黄河渡口小船窝(吉县境内)让给日军驻守。

除书面协定外,还有口头协议,阎方先在汾阳县城设立办事处,其办事处人员由日方发给特别通行证,可以通过孝义、汾阳间日军哨所,以便经常联系。

阎锡山与日方签订《汾阳协定》的主要意图是缓解日军向晋西南进攻,并借助日本扩充实力;日本则想通过这个协定,诱降阎锡山,使其成为日本在华"谋略工作"的典型、离间重庆政府的利器。正是由于双方各有所图、各怀鬼胎,所以在履行协定时,必然会讨价还价、明争暗斗,引发出不少纠纷与摩擦。10月间,阎锡山派赵承绶到太原同楠山秀吉谈判履行《汾阳协定》的细则。双方都要求对方早日履行《汾阳协定》。日方要求:阎军迅速让出小船窝渡口使得日军能早日进驻;阎锡山应早日脱离重庆政府,迅速通电独立;阎锡山要早日进驻孝义,再一步进驻太原。赵承绶则要求日方早日拨给兵员、武器、弹药,特别是早日拨款。经过几次谈判,双方都是一再阐明自己的要求,期能达到自己的目的。因此,仅达成了阎方在太原、汾阳、临汾、运城等地设立办事处,和日方交换军事情报(主要是八路军的情报)、交换物资的正式协议,实质性的问题一项也没有解决。①

太平洋战争爆发不久,日本帝国主义急于从华北抽兵去南洋作战,迫切要求阎锡山能投降,替他们统治华北,防止八路军乘机反击,收复失地。时任华北方面军司令官的冈村宁次非常重视与阎锡山的"合作",他亲自到太原接见了赵承绶。1942年3月间,日军派梁上椿到克难坡,向阎锡山送来"觉书",促其早日表明对《汾阳协定》的态度。为压迫阎锡山"就范",日军制订了"B号作战计划",也称"对晋绥作战计划"。3月中旬,日军在向阎锡山提出最后通牒的同时,派轰

---

① 赵承绶:《我参与阎锡山勾结日军的活动情况》,《山西文史资料》(第11辑),1965年,第25页。

炸机3架，轮番轰炸克难坡西南的黄河便桥，接着又对河津北部对岸之中央阵地进行炮击，以切断其与晋绥军的联系。3月25日，日军又发动第二次攻击，向黄河对岸之中央军进行炮击。还派了20多架飞机轰炸克难坡，并以较多的飞机轰炸阎锡山在黄河渡口小船窝附近修建的钢丝木板桥。面对日方的压迫，阎锡山再派赵承绶去太原和日军商谈。但赵承绶到太原后受到日军侮辱，花谷正说赵承绶不能代表阎锡山，劝其回去。赵在太原待了10余天，毫无结果。阎锡山于是决定对日进行武力还击，发动"晋西大保卫战"，通过硬顶，抬高自己在双方谈判中的身价。1942年4月8日，阎锡山在克难坡洪炉台前举行"民族革命根据地大保卫战集体宣誓大会"，并提出打死1个日本兵赏洋100元。由于阎锡山的鼓动以及日军的轻敌，阎军在孝义县宋家庄、汾阳县华灵庙等战斗中给日军以较大打击，仅宋家庄一战，阎军骑兵与日军激战两昼夜，就将千余日军击溃。

虽然如此，日方从整个战局出发，仍想把阎锡山拉回到谈判桌边，诱其投降。而阎锡山虽然几次拒绝与日军首脑会面，却也不愿意日军废除基本协定。经过苏体仁斡旋，阎锡山同意亲自和日军进行会谈，会见地址选在吉县的安平村。当时阎锡山觉得自己不能去太原或汾阳，而叫日本人到晋西来，树大招风，所以，他选择了山西吉县南几十里的这个小山村，距阎日双方防线各15公里。"安平"是阎锡山临时起的名。阎锡山十分迷信，认为这次和日军会面有危险，把这个村庄定名"安平"，又在"吉县"境内，是个"吉庆平安"之兆。

1942年5月6日，阎锡山与日本华北方面军第1军司令官岩松义雄、参谋长花谷正等在安平村举行秘密谈判。会议前，阎锡山要求日方会谈时不能拍照，但日方未加理会，不仅拍了照，还录了音，这令阎锡山十分不满。会议开始后，阎锡山首先发言，大谈亚洲同盟，以及中日合作"要本着共同防共、外交一致、内政自理的原则办事，尤其是内政处理更为要紧"等等，因为阎锡山每谈一段，都由苏体仁的女婿杨宗藩

十七 日军诱降与阎日谈判

翻译一段,占的时间很长,花谷正听得不耐烦,说:"我们是来开会,不是来听讲演。"岩松义雄未等阎锡山把话全说完,就接过去发言,大肆宣扬了一番日本在太平洋方面的胜利,促阎锡山立即"觉悟",早日通电履行《汾阳协定》条款,希望阎锡山认清当前形势,要阎锡山立刻脱离重庆政府,"勿再犹疑",并表示如其马上表示态度,可立刻交付现款300万元、步枪1000支。阎锡山早已料到日方会让他马上表明态度,因而回答说:"凡事都要有个准备,现在一切还没准备妥当,通电还需要时日,最要紧的是力量,如果日方能把《汾阳协定》中答应的东西先行交付,装备起力量来,能对付了共产党的攻击,就可以推进孝义县"等。花谷正听得极不耐烦,蓦地站了起来说:"珍珠港一战,美国被日本一下子打垮,蒋介石更不在话下,阎阁下和日本合作对你自己有利,也正是时候,观望没有什么好处,最好马上跟我们回太原去",花谷正口说手动,就要拉阎锡山起来,弄得阎锡山十分难堪。苏体仁见会议气氛如此紧张,很难继续下去,遂建议暂时休会。① 休会期间,阎锡山的警卫人员在村外望见山路上有许多日方人马向安平村而来。阎锡山得到报告,误认为日方因会议没有成功,要用武力威胁。其实这些动静是日方运往会场准备交付阎的1000支步枪和600万元联币造成的。再加上会议间花谷正的蛮横无理和岩松义雄的盛气凌人,因此,阎锡山觉得这纯粹是个"鸿门宴",再待下去,凶多吉少,于是不辞而别,带着几名卫兵离开安平村,沿小道而遁,安平会议遂告破裂。② 安平会议后,日阎双方谈判暂时停止,日方先是将在会议上阎锡山与岩松义雄握手的照片予以加工,印成传单用飞机向重庆、西安等地散发,以引起蒋介石对阎锡山的不满,接着,5月17日,日本华北方面军司令部向阎锡山发出了废弃《汾阳协定》的通知,并向晋绥军进行严厉的经济封锁和军事

---

① 赵承绶:《我参与阎锡山勾结日军的活动情况》,《山西文史资料》(第11辑),1965年,第33页。
② 阎效正:《一些知名人士对阎锡山的看法》,《山西文史资料》(第47辑),1986年,第14页。

进攻。尽管如此，阎锡山仍没打算与日彻底断绝关系，还设法与日军保持着一些联系。

　　阎锡山作为国民党政府第二战区的军政长官，在民族解放战争中，背弃与中共的统一战线，在暗中公开与日勾搭，所产生的恶果是极为严重的。首先，为他以后与日伪合流创造了条件；其次，使日军可用少数兵力控制山西，并放手掠夺山西资源，支撑日军的侵华战争；第三，使中共承担了来自日、伪、阎三方的压力，付出了重大代价。①

---

① 李茂盛等：《阎锡山全传》（下册），当代中国出版社1997年版，第978页。

十八、第二战区推行"兵农合一"政策

抗日战争爆发前，山西省共有105个县，由省直辖，之后，山西全省沦为战地。到1939年12月"晋西事变"时，山西省逐渐形成了占领区、第二战区和敌后抗日根据地（其中包括游击区，也就是敌我交错区）的格局。当时第二战区辖有的区域，只有晋西7个完整县以及16个残缺不全的县，从人口来说，当时也只有90多万人。当时，第二战区辖地晋西，地瘠民贫，物产有限，加之连年征战，农民不仅交不起军粮，而且生活也无保障，不少人纷纷背井离乡，寻求活路。1942年，太原附近及河北、河南、山东都是大荒年，粮价猛涨，到1943年春夏时，粮食问题更为紧张，夏收时阎锡山的征粮也没有达到预定目标。由于粮食供应不足，军队逃亡现象严重，兵员补充困难。即以阎锡山所谓正规军第61军、第19军和骑兵来看，每连官兵最多者不过六七十人，少则二三十人。[①] 国民党政府在应拨给的经费上又予以限制，使得第二战区所部二三十万人，军粮民食极为困难。阎锡山常对其部下说："蒋介石要借抗战的名消灭咱们，不发给咱们足够的经费，也不给补充人员和武器，处处歧视咱们，事事和咱们为难。"如战区每年需粮110万石，运输驮骡费1500万元，而国民党政府只拨给现粮20万石，运输费200万元，所差都需自己想办法解决。[②] 为此，他一再号召其部下要"为争粮而不惜一切牺牲为之"[③]，并提出"军事第一，

---

① 山西文史资料全编编辑委员会编：《山西文史资料全编》（第2卷），2010年，第93页。
② 太原文史资料委员会编：《太原文史资料》（第14辑），1990年，第109~110页。
③ 第二战区司令长官侍从秘书室编：《阎司令长官抗战复兴言论集》（第5辑），山西省档案馆B8，1945年，第251页。

食粮第一，必须向粮食为中心的抗战政治目标集中努力"的口号。①

在政权方面，由于抗战开始后，中共北方局和山西党组织领导的敌后抗日民主政府纷纷建立起来。1942年后，山西各抗日根据地"减租减息"政策趋于完善，随着形势的发展，抗日根据地的"减租减息"不仅在老区深入进行，而且在新开辟的地区和游击区也逐渐开展起来，得到各阶层的支持。因此，阎锡山日益感到中共是自己的主要威胁。他说："即就山西而论，抗战开始，共产党集党、政、军全力进入山西，不服节制，自由发展，形成今日根深蒂固特别壮大之势力，利用贫民，蚕食侵略。"②为此，阎锡山提出实施"兵农合一"政策，意在山西有限的地域内暂时缓和兵源与粮源危机，更重要的是阎锡山把"兵农合一"作为与中国共产党抗衡、维持其统治的法宝。

1943年8月5日，阎锡山在吉县克难坡召开了为期10天的行政会议，即"未删会议"。会议期间，阎锡山做出了实行"兵农合一"的决定。"未删会议"后，阎锡山将省政府民政、财政、教育、建设4个厅长，田粮处长，军管区司令部主任集中在一起，组织成立推行"兵农合一"的最高权力机构——兵农会议。同时，制定了有关"兵农合一"的各种规章法令，交付各县、区（小区）、村统委会分级负责加紧推行。薄毓相还率领一批干部到乡宁县进行试点工作。薄毓相在试点回来后，说是做到了"均富皆大欢喜""农民普遍拥护"。接着，1944年2月至4月，又在晋西各县普遍推行，其所统治的晋西乡宁、吉县、大宁、永和、隰县、蒲县、石楼7个完整县，普遍推行了"兵农合一"。

什么叫"兵农合一"呢？按阎锡山的说法："兵农合一就是由编组份地均粮救济教育办起，一直做到按需分配工作，按劳分配产物，以工作保障生活，以生活管理行为，到了废止刑法。"③"兵农合一"的内

---

① 第二战区司令长官侍从秘书室编：《阎司令长官抗战复兴言论集》（第7辑），山西省档案馆B10，1945年，第137页。
② 阎锡山先生纪念会编：《民国阎伯川先生锡山年谱长编初稿》（第6卷），商务印书馆1977年版，第2260页。
③ 阎锡山：《阎伯川先生兵农合一言论选》，山西省档案馆C0112，1939年，第41页。

十八　第二战区推行"兵农合一"政策

容主要分为"编组互助""划分份地"和"平均粮银"三大项。

所谓"编组互助",就是把18岁至47岁的役龄壮丁,除去免役、缓役、停役的以外,不管本人在村不在村,一律以村为单位,每3人编成1个兵农互助小组。其中1人当常备兵入营打仗受该组优待,其余两人当国民兵,在家种地或做工,每年共出优待粮小麦或小米5石,皮棉5公斤,优待同组的常备兵家属。不在村的役龄壮丁,限期由家属叫回来,抽签服役,逾期不归者,编入兵农互助小组,顶服国民兵役,由家属代出优待粮棉。半残废不能充当常备兵而有耕作能力者当主耕者,在学校求学的学生与按章不能缓役者,离村5年以内无音信的役龄壮丁,都要按现役每3人编成1个纯国民兵小组,领种份地,交纳优待粮棉,优待在营的外省籍士兵。已在军中的本省籍士兵,由原籍村公所指定村中役龄壮丁2人,编为1个兵农互助小组,给予优待粮5石,皮棉5公斤,以示优待。服常备兵役满3年(工兵、骑兵、炮兵4年)者,转服国民兵役,缺额由本兵农互助小组另抽1人顶补。编余人员,系本省籍的役龄壮丁,找保返原籍编组,不得到其他省份另谋工作。①

所谓"划分份地",就是以村为单位,把村中所有土地按年产量纯收益小麦或小米20石作为一份的标准,划分成若干份地,分配给国民兵领种。每一个国民兵领一份地,份地不够的,两个国民兵共领一份地,非国民兵和妇女不得领地,只能当助耕人。国民兵领到份地,由国民兵充当主耕人,其余都是助耕人。劳动产品按劳力大小分配。国民兵调当了常备兵,或死亡或迁出村,除了服役的,均需退还份地;国民兵离了村或改业者,实行夺田;贫穷的国民兵,不先交优待粮棉者,不准领种份地。保留地主土地所有权,每亩土地,由领地的国民兵每年交地主租粮小麦或小米1石。国民兵承领份地时,要宣誓保证

---

① 山西省地方志编纂委员会编:《山西通志·农业志》,中华书局1994年版,第88页。

如期如数完纳田赋及征购粮食。①

所谓"平均粮银",是指凡是以前有粮无地、有地无粮、地好粮轻、地坏粮重者,均需重新平均粮银;各县原有粮银,以不增不减为原则;无主或推于村中之土地,其粮银累入份地中。②

经过两年多时间,在阎锡山控制的完整和不完整地区,共划出份地156385份,编耕作小组151685,共抽出常备兵77190人,把176520名国民兵和编入耕作小组的65万多男女老少,与15万多份的份地联系起来,这些人被牢牢束缚在土地上。③可以说,"兵农合一"完全是在军事武装强制之下推行的,在山西阎锡山统治巩固的地区,"兵农合一"改变了这一地区大部分乡村的生活形态。

在阎锡山所鼓吹的"兵农合一"制度下实现了的"耕者有其田"只是一种表象。"兵农合一"划分份地后,土地所有权没有变动,土地没有分配也没平均,地是谁的还是谁所有,国民兵得到的只是阎锡山当局通过强制分配给人民的"田面权"(使用权),就使用权而言也不彻底。阎锡山当局规定"领地国民兵,有以下情形之一者,应还田:(1)转役为常备兵者(2)除役者(3)改业或迁出村者(4)死亡者(5)有其他特殊事故,应行还田者。领地国民兵,有下列情形之一者,应行夺田:(1)不亲为耕者(2)耕作不力,经评定不合格之耕作小组者(3)不按章交纳优待粮棉及一切负担者(4)犯烟、赌、盗、欺者(5)拘禁或判处徒刑在半年以上者"④。可见,在"兵农合一"制度下,国民兵得到的仅是耕作权,就耕作权也是有限的。实际等于所有土地户,土地完全被没收了。因为国民兵虽领到份地,但无地权,地权仍归原主。国民兵满年龄后,则将土地退

---

① 山西省史志研究院编:《山西通志·土地志》,中华书局1998年版,第202页。
② 山西省政协文史资料研究委员会编:《阎锡山统治山西史实》,山西人民出版社1984年版,第306页。
③ 山西省史志研究院编:《山西通志·土地志》,中华书局1998年版,第207页。
④ 同上。

十八　第二战区推行"兵农合一"政策

归别人。公家以耕作不力或常备兵逃跑等理由可随时将地收回。原地户（主要是地主富农）虽规定有地权可收租籽，但土地永远不能归自己，又因国民兵种地优待田赋都交不起，租籽更无法交，因之实际上"已两年租籽概未收过"[①]。国民兵自己原有土地者（主要是中农），领份地时不准领原有地，故"兵农合一"实际上是将人民土地全部没收而集中于阎锡山一人之手，所有的农民都成了他的农奴。

虽然"兵农合一"制度严重削弱了地主对土地的所有权，在很大程度上减弱了地主对农民的残酷剥削和压迫，但在"兵农合一"制度下，广大人民的负担非但没有减轻，反而更重了。这主要是因为实行"兵农合一"后，地主向政府交纳的田赋转嫁到农民身上，而农民仍要向国家交纳田赋。具体说来，阎锡山当局把全村土地按一定量划分给所有役龄国民兵壮丁耕种，并规定份地之田赋、县、村公粮均由领种份地之国民兵负责交纳。也就是谁领种份地，公家向谁要粮，与地主无干。可见在"兵农合一"制度下，负担的主体仍然是中农与贫农。因为在农村，中农与贫农占农村人口的90%左右，领地的国民兵大都是中农与贫雇农。

"兵农合一"其实是一种战时农村生产组织体制，其功能就是将农民生活与生产统合起来管理和动员，以强制的行政手段将农村社会和农业生产统制起来纳入"战时体制"的轨道。可见，"兵农合一"的实行，一方面是为了对乡村社会实施有效控制，将广大农民整合到国家权力体系中，以实现对乡村社会的重构；另一方面是为了抵制中共土改政策的影响，从乡村社会吸取大量的经济资源（公粮、田赋等）和人力资源（征兵、战勤等），与中共争夺山西统治权。正因为阎锡山推行"兵农合一"的目的是这样，所以其实行的结果，既没有出现如他所说的"'兵农合一'，实现了劳享合一，取消了剥削制度；执行了收

[①] 忻县县委土改工作组编：《忻县城关"兵农合一"暴政及土地问题》，山西省档案馆A142-1-18-4，1948年。

负合一,取消了负担上的不合理不公道"的美好景象,也没有达到他所谓的"没有穷人,没有坏人,没有愚人,没有闲人"的理想社会,反而致使广大乡村出现了土地荒芜、经济破产、人民逃亡的情形。广大农民不但没有从阎锡山的"土地革命"里得到丝毫解放,反而被紧紧地束缚在一块固定的份地上,其身体、财产、生活等都受到阎锡山当局严格的军事管理和政治控制,成了军队和土地的隶属物。所以说,阎锡山在农村实行的"兵农合一"制度不仅不适应农村社会的发展,也不利于解放农村生产力。

十九、白求恩大夫在五台

抗日战争时期，一批又一批的国际友人来到我国支援抗日战争。这其中就有杰出的国际主义战士白求恩大夫。

白求恩（1890—1939），全名是诺尔曼·白求恩（Norman Bethune），生于加拿大安大略省格雷文赫斯特镇。白求恩毕业于多伦多大学医学院，他的胸外科手术技术在美国、加拿大和英国等国享有盛名，他被选为加拿大联邦和地方政府卫生部门的顾问、英国皇家外科医学会会员、美国胸外科学会会员、理事。白求恩是加拿大共产党员、优秀的国际共产主义战士，他于1938年冲破重重阻碍来到中国，支援中国的抗日战争。白求恩的活动区域主要集中于山西和河北两省。他总是不顾危险，亲临前线，就地施行医疗手术，从而大大减少了伤病员的死亡，挽救了许多战士的生命。同时，他还帮助方兆元等八路军医护人员提高医疗水平，为部队培养了一批合格的医护工作者。他对工作极其负责任，对同志、对人民极其热忱，从而赢得了根据地的干部、战士和老乡的尊敬与爱戴。在战斗中，白求恩也对八路军和根据地有了更加深刻的认识。

白求恩大夫是在1938年5月20日进入山西境内的。此前，他在延安曾经短暂停留并得到了毛泽东的接见。他到达山西的第一站是崞县，受到了县委县政府及有关部门的热烈欢迎。第二天，县政府准备了运送医疗器械的马匹，派人护送白求恩奔赴五台县，22日顺利进入五台县境内。6月17日上午，白求恩一行抵达了当时晋察冀军区司令部机关所在地金岗村。聂荣臻司令员和军区的其他领导及部队官兵、当地群众都到村口迎接来自大洋彼岸的同志，并举行了简朴、隆重的欢迎仪式。随后,聂荣臻介绍了晋察冀根据地对敌斗争的简要情况,并说明了当前在医药卫生方面存在的诸多困难。白求恩听完聂荣臻的介绍,急切地询问后方医院在哪里?有多少伤病员?此后的数日里,白求恩辗转多地了解情况,每到一地都是来不及休息就要先去看望伤员。最后,白求恩在后方医院所在地松岩口住了下来,当即就提出要与伤病员同吃同住。

白求恩是国际知名的胸外科大夫,他的医德和医术都令人景仰。白求恩每到一地,都关切地询问伤员伤口疼不疼,吃饭、睡觉好不好。他经常在半夜里披衣起身,提着马灯到各病房检查伤员的情况。有的时候,还需要给伤员喂饭喂药、端屎端尿,但他毫不在意。仅在一个多月的时间里,他就亲手救治了140多名伤病员。这些战士经过一定时间的休养和康复之后,很快就重返抗日前线了。白求恩不仅亲自做了大量的手术,他更想到了八路军后方医院的制度化建设问题。他通过调查了解,发现后方医院严重缺乏医疗设备和药品,医疗技术和医疗环境都不能让人满意,因此导致许多战士的伤口持续发炎、感染,这对战士的治疗极其不利。白求恩早年在加拿大和英国一些地方行医、观摩、学习,对于现代化医院的建设了如指掌,他决心动员后方人员一起,把八路军后方医院的休养所建设成一所模范医院。当时,后方医院的条件非常有限,白求恩大夫在翻译董越千的协助下,发动乡亲们改善后方休养所的生活环境,并就医院的规章制度、治疗方法等方面的改进、完善做了大量的工作[①]:

> 第一件事是打扫卫生,改善环境。白求恩大夫亲自带领大家,发动乡亲,把零星堆放在街道两旁的农肥,就地就近集中起来,堆放排列整齐,表层用泥土封糊。疏通水沟,排除污水;把乡间小路修直填

[①] 忻州市老区建设促进会编:《忻州革命老区》,中共党史出版社2003年版,第51~53页。

十九 白求恩大夫在五台

平后，再插上自制的木牌子，以革命伟人姓名命名为中山路、毛泽东路等，使松岩口这个小山村顿时变得干干净净，面貌一新。

第二件事是订立查房、值班等一系列规章制度，明确医护人员职责。

第三件事是从三方面着手，加强医院的技术建设。一是白求恩大夫亲自制订教学计划，编写了《创伤疗法》《消毒十三步》等教材，亲自授课，亲自实习，并组织训练班，培养卫生干部。二是改进医疗方法。那时贯通伤都是用红汞、升汞、石碳酸、匹克林酸、雷夫奴尔等药物溶液浸泡过的纱布条穿进伤口引流，伤口愈合很慢。白求恩大夫来了以后，采用手术扩伤疗法，使伤员治愈率大大提高。三是制作医疗器械。为了适应山区、野战医疗手术之需要，白求恩大夫便自己动手设计，组织附近村子里9名木匠、铁匠、锡匠，集中在医院里制作。在两三个月时间里，做成大量的手术床、药架、药箱、夹板、靠背、拐子以及伤病员用的其他器具，解决了当时的医疗急需。

白求恩大夫来自于医疗技术先进、生活条件相对优越的加拿大，但是到了八路军后方这么艰苦的地区，依然能够泰然自若，克服诸多困难，因地制宜来改进当地的医疗条件。当时的条件极差，看护班连一块表都没有，尽管这样，仍然严格履行各项值班制度。没有钟表就用烧香的办法掌握时间。晚上没有手电，就打着马灯巡视病房。他还仿造当地农民驮粪用的鞍子，设计出一种简便、轻巧的医疗箱。这种医疗箱能装器械，卸下来又可以当简易的手术台。不仅如此，白求恩还利用英国"中国运动委员会"援助的2.45万英镑购买了大量的医疗设备，提升了八路军休养所的医疗设备水平，把一个简陋的山村休养所建成了一所初具规模的模范医院。1939年9月15日，在模范医院落成典礼上，亲自到会的聂荣臻、宋劭文等对其给予了很高的评价。

白求恩大夫在五台一共生活和工作了100多天。他不仅医治八路军伤病员，也为当地的老百姓看病。他高超的医术和崇高的医德折服了每一个人，被当地老百姓亲切地称为神医。后来由于工作需要，白求恩于1939年秋离开了五台县。几个月后，他因为手术导致伤口感染，于1939年11月12日不幸殉职。毛泽东在听闻这一消息之后，沉痛地写下了挽词来悼念白求恩："学习白求恩同志的国际精神，学习他的牺牲精神，责任心与工作热忱。"后来他还写了《纪念白求恩》一文，对白求恩大夫给予了极高的评价。[①] 他认为白求恩大夫毫无利己动机，把中国人民的解放事业当作他自己的事业，体现出了国际主义、共产主义的精神；赞扬白求恩对医疗技术精益求精，毫不利己、专门利人，对工作极其负责，对同志、对人民极其忠诚。最后他号召全体共产党员都要学习他的这种精神：

  对于他的死，我是很悲痛的。现在大家纪念他，可见他的精神感人之深。我们大家要学习他毫无自私自利之心的精神。从这点出发，就可以变为大有利于人民的人。一个人能力有大小，但只要有这点精神，就是一个高尚的人，一个纯粹的人，一个有道德的人，一个脱离了低级趣味的人，一个有益于人民的人。

---

① 1939年12月21日，毛泽东为八路军政治部、卫生部于1940年出版的《诺尔曼·白求恩纪念册》撰写《学习白求恩》一文。新中国成立后编入《毛泽东选集》第2卷时，题目改为《纪念白求恩》。

参考文献：

一、著作

（1）阎锡山：《阎伯川先生兵农合一言论选》，山西省档案馆藏，1939年。

（2）第二战区司令长官侍从秘书室编：《阎司令长官抗战复兴言论集》（第5、7辑），山西省档案馆藏，1945年。

（3）忻县县委土改工作组编：《忻县城关"兵农合一"暴政及土地问题》，山西省档案馆藏，1948年。

（4）山西省政协委员会文史资料研究委员编：《山西文史资料》（第4、11、41、47、56辑），1962年、1965年、1985年、1986年、1988年。

（5）延安时事问题研究会编：《日本帝国主义在中国沦陷区》，上海人民出版社1962年版。

（6）〔日〕白井胜美、稻叶正夫编：《现代史资料（9）日中战争（2）》，みすず书房1973年版。

（7）阎锡山先生纪念会编：《民国阎伯川先生锡山年谱长编初稿》（第6卷），商务印书馆1977年版。

（8）李公朴：《华北敌后——晋察冀》，生活·读书·新知三联书店1979年版。

（9）中共中央党校党史研究室编：《中共党史教学参考资料》，人民出版社1979年版。

（10）刘伯承：《刘伯承回忆录》（中），上海文艺出版社1981年版。

（11）中共中央文献编辑委员会：《日伪统治时期山东省各道施政报告等件》，人民出版社1981年版。

（12）中共吕梁地委党史资料征集办公室：《晋绥根据地资料选编》（第3集），1983年。

（13）聂荣臻：《聂荣臻回忆录》（中），解放军出版社1984年版。

（14）山西省政协文史资料研究委员会编：《阎锡山统治山西史实》，山西人民出版社1984年版。

（15）山西省武乡县志编纂委员会：《武乡县志》，山西人民出版社1986年版。

（16）中央档案馆编：《中共中央文件选集》（第12册），中共中央党校出版社1986年版。

（17）张成德：《日军侵华的特殊工具——"宣抚班"》，《山东文史资料选辑》（第25辑），山东人民出版社1988年版。

（18）〔日〕古屋奎二：《蒋介石秘录》，广西人民出版社1989年版。

（19）太原文史资料委员会编：《太原文史资料》（第14辑），1990年。

（20）毛泽东：《毛泽东选集》（第2卷），人民出版社1991年版。

（21）张国祥：《山西抗日战争史》（上），山西人民出版社1991年版。

（22）中共中央党校本书编写组：《阎锡山评传》，中共中央党校出版社1991年版。

（23）张国祥：《山西抗日战争史》（下卷），山西人民出版社1992年版。

（24）邓小平：《邓小平文选》（第1卷），人民出版社1994年版。

（25）山西省地方志编纂委员会编：《山西通志·农业志》，中华书局1994年版。

（26）肖一平、谢忠厚：《河北抗战史》，北京出版社1994年版。

（27）朱德新：《二十世纪三四十年代河南冀东保甲制度研究》，中国社会科学出版社1994年版。

（28）薄一波：《七十年奋斗与思考》（上卷），中共党史出版社1996年版。

（29）山西省史志研究院编：《山西牺牲救国同盟会历史资料选编》，山西人民出版社1996年版。

（30）李茂盛等：《阎锡山全传》（下册），当代中国出版社1997年版。

（31）中央档案馆、中国第二历史档案馆、吉林省社会科学院合编：《华北治安强化运动》，中华书局1997年版。

（32）中央档案馆、中国第二历史档案馆等合编：《日本帝国主义侵华档案资料选编》，中华书局1997年版。

（33）山西史志研究院编：《山西通志·土地志》，中华书局1998年版。

（34）刘泽民等：《山西通史·抗日战争卷》（第8卷），山西人民出版社2001年版。

（35）苗挺：《三晋枭雄——阎锡山传》，中国华侨出版社2005年版。

（36）江沛：《日伪"治安强化运动"研究》，南开大学出版社2006年版。

（37）山西文史资料全编编辑委员会编：《山西文史资料全编》（第2卷），2010年。

二、论文

（1）张佐华：《山西省的农民运动》，《大英夜报》1939年11月20日。

（2）王金海：《阎锡山的限共政策》，《晋阳学刊》1984年第12期。

（3）尼米聪：《华北抗日根据地的民主政权建设》，《河北师范大学学报》2000年第4期。

（4）王士花：《日伪时期华北农村的县级政权》，中国社会科学院近代史研究所青年学术论坛2001年卷。

（5）李克胜：《浅析中国共产党抗日根据地的政权建设》，《党史文苑》2006年第5期。

（6）张冠军：《牺盟会与晋东南抗日根据地的政权建设探析》，《石家庄学报》2006年第7期。

（7）马义平：《民国时期山西党政关系演变管窥——以山西省党部委员构成为例》，《历史教学》2009年第12期。

（8）罗晓红：《阎锡山"抗日英雄""反共先锋""保持中立"的角色转换》，《党史文苑》2010年第21期。

（9）张晓艳：《山西抗日根据地整风运动述评》，《党史文苑》2010年第7期。

第二篇

不屈不挠抗击外来侵略
用生命与鲜血谱写战争史诗

战争是交战双方政治、经济、军事等综合实力的较量。全国抗战爆发前，中国是农业与手工业相结合的自给自足的自然经济，工业基础十分薄弱，虽然地大物博、有广大的战略纵深、有充足的兵源补充，但缺乏完整的足以有力支持战争的工业体系。与此相反，经过明治维新的日本是一个具有军事封建性质的资本主义国家，在经济、特别是军事上占据较大优势，拥有完整的工业体系支持战争，但缺乏资源和兵源以支持长期战争。抗战全国爆发前中日这种形势和力量的对比在山西表现得尤为突出。这就决定了山西抗战必将是一个异常艰苦的过程，必须付出超乎寻常的牺牲和代价才能取得最后胜利。

在波澜壮阔的全民族抗战中，山西地处华北前线，战略地位非常重要。在中国共产党的积极推动下，山西的抗日民族统一战线工作卓有成效，从而形成了中国共产党和国民党领导的抗日军队，分别担负着敌后战场和正面战场的作战任务，共同抗击日本侵略者的战略格局。作为抗日战场的有机组成部分，敌后战场与正面战场相互依存、互相配合，为抗日战争的最后胜利做出了不可磨灭的贡献。

中国共产党领导的八路军挺进山西，对日作战，拉开了敌后抗日游击战争的序幕。随着抗日战争的深入，中国共产党领导的敌后战场钳制和歼灭了大量日伪军，成为中国人民抗日战争的主战场。以国民党军队为主体的山西正面战场，在抗日战争的战略防御阶段，组织发动了一系列正面作战，给日军以沉重打击。国共合作，共同抗战，粉碎了日本帝国主义"速战速决"的企图，使其陷入长期战争的泥潭而不能自拔。

在整个山西抗战过程中，无论是八路军将士还是国民党爱国官兵，都在抗日民族统一战线的旗帜下奋起抗击日本侵略者，英勇作战，不畏牺牲，抛头颅洒热血，谱写了一曲曲民族主义的英雄史诗。

一、山西敌后抗战与《论持久战》思想

《论持久战》是中国人民夺取抗战胜利的指路明灯，这是中国共产党在抗战军事理论方面的重大贡献。山西作为敌后抗战的主战场，广泛而深入的军事斗争实践为论持久战思想的形成提供了重要经验和借鉴。

鉴于山西极其重要的战略地位，日军于1937年9月入侵山西。对此，国民党政府组织开展了太原会战，国共两党协同抗战，迟滞了日军进攻的步伐，但由于缺乏统一指挥，不能组织有效防御，11月8日，太原失守。此后，华北战局发生了根本性的变化：以国民党为主体的正规战争退居次要地位，以共产党为主体的敌后游击战争开始处于主要地位。太原失守当天，毛泽东致电周恩来和八路军总部朱德、彭德怀等，指出："八路军将成为全山西游击战争之主体。应该在统一战线之原则下，放手发动群众，扩大自己，征集给养，收编散兵，应照每师扩大三个团之方针，不靠国民党发饷，而自己筹集供给之。"①

山西敌后抗战局势

随着国民党军队的全线溃退，许多地方的旧政权陷于瘫痪或消失，备受日本侵略者蹂躏的沦陷区人民迫切要求有人领导他们奋起抵抗、保卫家园。在毛泽东同志的指示下，八路军消除了依赖国民党军队的思想，独立自主地放手发动群众，壮大自己的力量，在敌后广大乡村普遍建立起抗日游击根据地。

---

① 毛泽东致周恩来、朱德、彭德怀、任弼时并告林彪、聂荣臻、贺龙、萧克、关向应、刘伯承、徐向前、张浩电，1937年11月8日。

第 115 师分成三部分，一部分由聂荣臻率领留在晋东北，继续以五台山为中心开辟晋察冀抗日根据地，该师主力则从晋东北开赴晋西南地区，创建以吕梁山为依托的晋西南抗日根据地，另以第 344 旅活动在太行地区；第 120 师以管涔山脉为中心开创晋西北抗日根据地；第 129 师沿正太铁路南下，依托太行、太岳山脉，在晋东南开辟晋冀豫抗日根据地。这四个区域的地理条件十分优越。第一个区域——晋东北，地处恒山、五台山、燕山山脉的连接地带，可以直接威胁日军占领的平绥、同蒲、正太、平汉四条铁路和北平、天津等大城市。第二个区域——晋西北，位于同蒲铁路大同至太原段以西，长城以南，汾（阳）离（石）公路以北，黄河以东，是中共中央所在地陕甘宁边区的东面屏障和它同华北各抗日根据地相联系的枢纽。第三个区域——晋东南，东起平汉铁路，西至同蒲铁路，北起正太铁路，南至黄河，直接威胁着日军继续向华北进攻所依赖的主要交通线，对坚持华北抗战有着重要的战略支撑作用，也是之后向冀鲁豫平原发展的前进基地。第四个区域——晋西南，也是陕甘宁边区的东部屏障。这四个区域相互呼应，对日军已占领的华北主要交通线和中心城市形成包围或侧面威胁之势。这四个区域不是偏处一隅，而是几乎遍及日本侵略军控制下的山西全省。

1937 年 11 月下旬，日军首先出动两万兵力配合骑兵、大炮和坦克、飞机分 8 路向刚刚创建的晋察冀根据地发动大规模的围攻。这是检验八路军能不能在敌后站住脚跟的第一次较量。它的成败，对八路军在敌后其他地区创建抗日根据地有着深远的影响。战斗打响后，毛泽东密切关注着战局的发展，在关键时刻及时指明：对进攻晋察冀边区的敌军，避免正面抵抗，袭击敌之后尾部队；在敌之远近后方活动，使敌进一步仍在我包围中；在确保胜利条件下，集结适当力量给敌以部分的歼灭和有力打击。同时，他要求第 120 师和第 129 师分别在同蒲路、正太路积极活动，给予晋察冀抗日根据地有力的配合；要

一
山西敌后抗战与《论持久战》思想

八路军总部将日军的行动通知阎锡山和蒋介石，争取友军的援助；还通过进步报纸和舆论扩大宣传，使全国军民相信，八路军在敌人后方建立的根据地完全能够迟滞日军的前进。由于毛泽东提出的这一整套方案和办法得到贯彻执行，晋察冀的反围攻斗争取得了胜利。围攻晋察冀根据地失利后，日本侵略军又先后发动了对晋西北地区和晋东南地区抗日根据地的进攻。在晋西北地区，毛泽东根据日军"五路围攻"八路军的力量都不强的特点，要八路军同晋军协力，实行各个击破。在晋东南地区则要求八路军以次要兵力钳制日军数路，集中主要兵力对付日军一路。由于采取了这些正确的方针，八路军第120师和第129师先后取得了反围攻的胜利。

太原失守后的短短几个月内，在毛泽东军事斗争思想的正确指导下，八路军各部在敌后反围攻斗争中，不仅消灭了大量日军，而且在战斗中积极开展山地游击战争，建立起抗日根据地，逐步实现了在山西战略展开的预定目标，为开创整个华北敌后抗战新局面奠定了可靠的基础。

《论持久战》的发表

抗日战争爆发后，针对中国的抗战前途，在国内始终存在速胜论和亡国论两种言论。抗战的前途究竟在哪里一时成为人们普遍关注的大问题。不澄清人们思想中存在的种种错误认识，便不能同仇敌忾、共御外侮，对坚持长期抗战是十分不利的。毛泽东深感有必要对抗战十个月的经验"做个总结性的解释"，特别是"有着重地研究持久战的必要"。[①] 即使在抗战初期，当中国军队连连失利时，他也始终认为最后胜负要在持久战中去解决。1938年5月，毛泽东集中全党的智慧撰写了《论持久战》和《抗日游击战争的战略问题》两部重要的军

---
① 毛泽东：《毛泽东选集》（第2卷），人民出版社1991年版，第440页。

事理论著作。山西作为全国抗战爆发后的敌后主战场，为毛泽东《论持久战》的发表提供了重要的经验和借鉴。

在《论持久战》中，毛泽东把中国人民的抗日战争喻为"犬牙交错"的战争：内线与外线，有后方与无后方，大块与小块，局部与整体，包围与反包围。长期而又广大的抗日战争，是军事、政治、经济、文化各方面犬牙交错的战争，这是战争史上的奇观，中华民族的壮举，惊天动地的伟业。

日本是一个强大的帝国主义国家，但它的侵略战争是退步的、野蛮的；中国的国力虽然比较弱，但它的反侵略战争是进步的、正义的。日本战争力量虽强，但它是一个小国，军力、财力都较缺乏，经不起长期的战争；而中国是一个大国，地广人多，能够支持长期的战争。日本的侵略行为损害并威胁其他国家的利益，因此得不到国际的同情与援助；而中国的反侵略战争能获得世界上广泛的支持与同情。战争的持久性和最后胜利属于中国而不属于日本。毛泽东的这些观点有力地批判了当时国内存在的速胜论与亡国论，为人民指明了抗日战争的正确道路。

《论持久战》将这场战争划分为三个阶段：第一个阶段，是敌之战略进攻、我之战略防御的时期。第二个阶段，是敌之战略保守、我之准备反攻的时期。第三个阶段，是我之战略反攻、敌之战略退却的时期。其中，第二阶段是整个战争的过渡阶段，将是中国很痛苦的时期，我们要准备付出较长的时间，要熬得过这段艰难的路程。然而，它又是敌强我弱形势转变的枢纽。此阶段的战争是残酷的，地方将遭遇严重的破坏，但是游击战争能够胜利。《论持久战》对战役的核心战略方针是，在整个抗日战争中，主要和重要的形式是运动战和游击战，而不以阵地战为主要形式。游击战不是可有可无的，它将在人类战争史上演出空前伟大的一幕。

为了实现持久战的战略总方针，毛泽东还提出一套具体的战略方针。这就是在第一和第二阶段中主动地、灵活地、有计划地执行防御战中的进攻战，持久战中的速决战，内线作战中的外线作战；第三阶段中，应该是战略的反攻战。《论持久战》还强调"战争的伟力之最深厚的根源，存在于民众之中"①。只要动员了全国老百姓，就会创造陷敌于灭顶之灾的汪洋大海，创造弥补武器等缺陷的补救条件，创造克服一切战争困难的前提。

中国抗战是持久战，只有实行持久战，才能打败日本侵略者，夺取抗战胜利。《论持久战》的论断也几乎完全被后来的战争所证实。毛泽东《论持久战》发表后不久，周恩来把其基本思想对白崇禧做了介绍，白崇禧认为这是克敌制胜的最高战略方针，把《论持久战》的精神归纳为积小胜为大胜，以时间换空间，由军事委员会通令全国，作为抗日战争的指导思想。1939年《论持久战》英文版发表后，其影响迅速扩大到国外，后来世界许多国家都出版了毛泽东的军事著作，与《孙子兵法》一样，《论持久战》也被美国西点军校奉为必读书目。

---

① 毛泽东：《毛泽东选集》（第2卷），人民出版社1991年版，第501页。

二、第二战区南口争夺战

1937年7月7日,日军以制造卢沟桥事变为契机,发动了全面侵华战争。山西地处华北西部,太行、吕梁、中条三山环绕,重峦叠嶂,素有"华北屋脊"之称,屏障华北,俯瞰中原。控制了山西,便掌握了华北战场的主动权。华北战略要地的军事地理位置决定了山西必然成为日军的首要攻取目标。日军要占领华北,非占领山西不可。相反,"如山西高原全境保持我军手中,则随时可以居高临下,由太行山脉伸出平汉北段和平绥东段,威胁敌在华北之平津军事重地,使敌向平汉南进及向绥远进攻感到困难"①。

卢沟桥事变后,日军迅速完成了对平津地区的进攻部署。7月底,北平、天津相继失陷。为了实现灭亡中国的企图,日寇紧接着部署沿津浦、平汉、平绥三线扩大侵略——沿津浦路进攻,为的是策应对上海、华东等地的侵犯;沿平汉路南下,为的是夺取中原,进逼华中、长江;沿平绥路西进,为的是占领山西,进而控制整个华北。狂妄的日军声称:"一个月占领山西,三个月灭亡中国。"

8月20日,在平津失陷的背景下,国民政府以军事委员会名义颁布了《国军作战指导计划》和《战争指导方案》,调整军事部署,将全国划分为五个战区。任命阎锡山为第二战区司令长官,负责晋绥军事。认为日军"将以有力之一部先进占平绥各要点(张家口、南口等处),而后或深入山西,以威胁我第一战区之侧背,或转进于正定、保定方面,以直接协力于其在平津部队之攻击"。而第二战区位于华北

---

① 任弼时:《山西抗战的回忆》,《中共党史资料》(第10辑),第54页。

二 第二战区南口争夺战

主战场之侧背,"为华北唯一之屏障,务须永久固守,以为国军而后进出之轴心"。[①]8月22日,国民政府军事委员会宣布将红军改编为八路军(1937年8月25日,中共中央军委宣布将中国工农红军第一、第二、第四方面军和陕北红军等部改编为国民革命军第八路军),下辖三个师,1938年1月,将其列入第二战区战斗序列。

在此之前,根据国民政府军事委员会的统一部署,阎锡山将晋绥军编为第6、第7两个集团军。第6集团军以杨爱源为总司令、孙楚为副总司令,下辖孙楚第33军、杨澄源第34军等;第7集团军以傅作义为总司令、刘汝明为副总司令、汤恩伯为前敌总指挥,下辖第35军傅作义部、第61军李服膺部、第68军刘汝明部、第13军汤恩伯部、第17军高桂滋部及第94师朱怀冰部等。并在东起娘子关、沿太行山各要隘地区,经广灵、天镇到丰镇、平地泉、百灵庙一线防御阵地上,部署防御兵力,将主要兵力集结于天镇、大同等重要地区。

与此同时,日军在攻陷平津后,决定"第5师团及铃木旅团,从平绥沿线开始作战,席卷察哈尔省,进入山西北部及绥远地区"。[②]

平绥铁路始建于1909年,起自丰台,止于包头,途经冀、晋、察、绥四省区,是连接华北与蒙疆的交通大动脉。平绥线东段之南口,位于北平城西北45公里处燕山余脉与太行山的交汇处,是居庸关南侧的长城要隘,是北平通向大西北的门户。这一带地形复杂,崇山峻岭,关隘重叠。从南口经居庸关西行至宣化、张家口,为一东西狭长之盆地,南北多山,中央凹下,平绥铁路横贯其中,并有公路相辅行,形成了连通西北、华北及东北的交通干线。南口的南北两侧,又是筑在高山脊背的内外长城,山上仅有羊肠小道穿行,是"一夫当关,万夫莫敌"的天险之地,有"绥察之前门,平津之后门,华北之咽喉,冀

---

① 中国第二历史档案馆编:《抗日战争正面战场》(上),江苏古籍出版社1987年版,第3~4页。
② 日本防卫厅防卫研究所战史室:《中国事变陆军作战史》(第2卷第1分册),中华书局1981年版,第216页。

西之心腹"之称。守住了南口，即可阻止日寇占领察哈尔省，进而分兵晋、绥之图谋，从而保卫察、晋、绥三省。

战略地位使然，平津失陷之后，南口成为敌我双方争夺的焦点。为了抢夺南口这个战略要地，日军调集了板垣第5师团、铃木独立第11旅团等部，总人数约7万人，并配备了大量的火炮、坦克、飞机参战。

由于在平津失陷后，全国正向战时体制转变，作战方针正在制定，军队尚在调整部署，而华北日军进攻已迫在眉睫。因此，国民政府军事委员会委员长蒋介石不得不直接指挥华北地区的军事部署。为巩固平绥线，蒋介石于7月30日即电令位于绥东地区的汤恩伯所部第13军从速集中，准备向张家口挺进。31日，蒋介石电第29军第143师师长兼察哈尔省主席刘汝明，令炸毁青龙桥及八达岭一带铁路，勿为敌人利用，并连夜赶筑国防工事。当日，又电太原绥靖公署主任阎锡山、晋绥军第35军军长兼绥远省主席傅作义，派第84师高桂滋所部迅速向张家口集中，协助刘汝明固守察省。8月1日，蒋介石电令汤恩伯兼第7集团军前敌总指挥；8月2日，再令第21师与第84师合编为第17军，由高桂滋兼军长，归汤恩伯指挥。当日，汤恩伯、刘汝明和高桂滋做出防御配备计划如下：（一）自洗马村起，沿老北台、神威台迄常路口以东关底止，由第143师担任防御，将主力控制在宣化、张家口；（二）自龙关起，沿赤城至宁疆堡止，由第84师担任防御，主力控制于雕鄂堡、赤城，独石口由刘汝明部派兵警戒；（三）自靖安堡起，沿永宁、延庆至南口止，由第13军担任防御。至7日之前，第13军全部到达南口地区，并按照预定计划进入阵地。

8月8日拂晓，日军独立混成第11旅团主力，在飞机、大炮、坦克的协同配合下，对得胜口施武力搜索为标志，南口争夺战正式打响。日军凭借其优势兵器飞机、坦克、大炮等，每日向我守军阵地倾泻数千发炮弹、炸弹。守军方面依山草草修筑的工事刚修好就被炸毁，再修好，再被炸毁。广大将士以保家卫国的誓死决心，以步枪、手榴弹、大刀，与敌军拼杀，一次又一次地打退了敌人的进攻。战斗之惨烈、残酷，真是惊天地而泣鬼神。

南口战役展开以后，国民政府军事当局在得悉日军主力即将发动向平汉路和津浦路两线的进攻时，命令第一战区部队迅速完成此两线的防御准备，并任命卫立煌为第 14 集团军总司令，指挥第 10、第 83、第 85 三个师，北上增援南口地区的防御作战。同时命令晋绥方面："迅发所部，收复察北，以固绥围，一面援助汤军，以全公私，勿使其孤军受危，南口失陷，国家民族，实利赖之。"①

8 月 13 日，日军再度攻击南口，敌我双方展开了激烈的肉搏，战斗达到白热化程度，阵地失而复得几次反复。危急关头，太原绥靖公署主任阎锡山命刘汝明部及晋绥骑兵第 1 军主力和第 218 旅董其武部，向察北反攻，并于 14 日收复察北重镇——商都。这时，关东军察哈尔兵团由热河向张家口进逼，企图联合南线沿平绥路进军之日军，两路夹击张家口。傅作义一面命刘汝明在张北一带阻击北线之敌，并坚守张家口，一面令董其武部由商都、张北一线前进增援。

8 月 15 日，日军出动大部队，在大批坦克、飞机的掩护下，又一次向南口、居庸关守军发起进攻。南口右侧高地遭受日机狂轰滥炸，守军伤亡惨重，不久被敌占领。这样，南口就处于敌人炮火的直接攻击之下。16 日，阎锡山派骑兵迅速向察南挺进，攻克南堑壕、化德，次日，攻占尚义，从而缓解了日军对南口的攻势，并对张北右侧之敌形成威胁。8 月 18 日，晋绥军第 7 集团军总司令傅作义奉阎锡山之命率第 72 师、第 200 旅、第 211 旅和独立第 7 旅由柴沟堡驰援南口。

8 月 19 日，是南口战役中敌我双方战斗最激烈的一天。双方在黄楼院、禾子涧、沙锅铺、850 高地一带反复争夺。一日之间，守军伤亡

---

① 中国国民党中央委员会党史委员会：《中华民国重要史料初编——对日抗战时期》（第 2 编），作战经过（二），1981 年版，第 104 页。

1200余人。这天,在居庸关方面,日军也倾全力攻击。由于连日激战,部队伤亡过重,前敌总指挥汤恩伯被迫下令缩短战线,晋绥军陈长捷第72师一个旅与第4师(欠第10旅)负责北石岭、东台、横岭城、镇边城一带的守备。

8月20日,傅作义到达怀来,当即召开会议,决定组织兵力向攻击南口地区的日军实施反击。这时有消息传来,察北方面日军突破神威台阵地,张家口危急。张家口东靠河北省承德市,东南毗连北平市,南邻河北省保定市,西、西南与山西省接壤,北、西北与内蒙古自治区交界,是察哈尔省府所在地,平绥铁路沿线的军事重镇。面对日军的攻势,张家口国民党守军刘汝明部由于战线延续过长,致使崇礼、膳南山及张家口的外围阵地水观台相继丢失,张家口成为一座孤城。为解张家口之围,傅作义率已到达下花园地区的第200、第211旅回援张家口,只留第72师和独立第7旅归汤恩伯指挥在南口地区作战。

21日拂晓,日军向横岭城方面发动攻击,其主力一部向黄土洼及其以东高地猛攻。守军奋勇抵抗,第4师第19团第1营全体官兵伤亡殆尽。留在南口前线的晋绥军第72师第416团增援,固守灰岭子、长峪城一线阵地。22日,日军一部突入长峪城北沿守军阵地。第72师第416团增援反击,将所失阵地夺回。而后,日军向灰岭子第72师阵地正面攻击,并以一部向镇边城迂回,一部突入横岭城南方高地。23日,向镇边城迂回的日军与第72师第416团展开激战。

在南口受阻、久攻不下的形势下,日军改变战略,施以包抄战术。8月21日,日军调集重兵进攻平绥路重镇张家口,守军刘汝明部被迫向宣化转移。27日,张家口陷落。

张家口失守,南口处于腹背受敌困境,势难固守。汤恩伯不得不收缩防线,调整部署,与高桂滋的第17军在南口、居庸关、延庆、怀来一线,凭着长城天险,奋力抵抗。23日晚间,汤恩伯下令再次调整部署，紧缩战线固守据点，第72师及第4师奉命负责第2固守点横岭城的守备。25日，日军猛攻横岭城和居庸关。26日下午，在援兵受阻、长城线上各点守军处在日军前后夹击的态势下，汤恩伯下令全军突围，日军发起追击，南口失守。

驰援南口的晋绥军第72师等部，在南口前线与日军拼命厮杀，经历过23次血与火的拼杀。生死关头，第72师陷入敌围。师长陈长捷指挥若定，出其不意地率师向敌军密集的方向冲杀，终于突围成功，撤回代县，集结待命。

南口激烈的攻守战，历时近20天，我方以伤亡33000人以上的代价，歼敌15000人。这一场防御战，中国军人以勇猛、顽强、悲壮、机智的精神风貌，打破了日本"皇军不可战胜"的神话，创下了一次战役日军死伤万人以上的纪录，延缓了日军攻占山西的时间。正如当时的中共中央机关报《解放》周刊短评所言："不管南口阵地事实上的失却，然而这一页光荣的战史，将永久与长城各口抗战、淞沪两次战役鼎足而三，长久活在每一个中华儿女的心中。"①

南口的失守与中国军队在南口地区防御作战的失败，对山西安危存亡的影响至大且深。南口、张家口相继失守后，日军续攻宣化。30日宣化陷落，察哈尔省全境已被日军所侵占，山西的屏障尽失。接着，日军兵分两路向晋绥深入，战火烧到山西境内只是时间问题了。

---

① 吴家林：《汤恩伯与南口战役》，《炎黄春秋》2007年第9期。

三、大同会战

1937年8月末,察哈尔省平绥路各战略要点失陷后,日本关东军察哈尔派遣兵团以第20师团川岸文三郎部,第5、第10师团各一部,并酒井旅团、第4师团本间旅团、第12留守师团铃木旅团,从张家口沿平绥铁路两侧西进,指向晋北之天镇、阳高,直叩晋北门户——大同。

大同,位于晋北之大同盆地西北部,北以外长城做屏障,西南以管涔山为依托,东南有恒山支撑,与平型关遥相呼应,自古就是军事重镇、晋北门户。大同又是平绥、同蒲两线的交汇点,扼晋、察、绥交通要冲,战略地位十分重要。大同若在我之手,北出外长城,可制西进之敌左侧背。反之,若大同为敌所占,则可打通平绥线,连接察绥,威胁西北;经同蒲线南下,配合平汉路日军,会攻太原。

在南口、张家口战事吃紧之时,第二战区司令长官部出于如下判断:"敌攻我晋北如下述两途:(子)以一部兵力由蔚县向灵广行佯攻,以主力沿平绥路西进夺取大同,以图切断我晋绥之联络线。(丑)以一部兵力向天镇行牵制攻击,以主力向广灵进攻,企图截断我雁门后路。"因此决定"以利用山地歼灭敌人之目的,以主力配置于天镇、阳高、广灵、平型关各地区,以一部控制于大同、浑源、应县附近,以策应各方之战斗,相机移转攻势"。[1] 进而确定第7集团军以大同为重心、第6集团军以浑源为重心的防御部署,准备在大同依城野战,与敌一决胜负。[2]

---

[1] 中国第二历史档案馆编:《抗日战争正面战场》(上),江苏古籍出版社1987年版,第451页。
[2] 陈长河:《傅作义第七集团军之抗战》,《军事历史研究》1998年第1期。

三 大同会战

8月28日，大敌当前，为便于指挥作战，第二战区司令长官阎锡山将长官部由省城太原移驻代县雁门关东之太和岭口，并亲自坐镇督战，进行大同会战。

9月1日，蒋介石电令阎锡山："张垣（即张家口）与南口即失，各部队损失惨重，……请从速做固守晋绥之部署。"①

阎锡山判断日军必沿平绥线西攻大同，敌我双方可能在雁门山以北摆开战场。据此计划：在灵丘、广灵、东井集、天镇各地区附近，配备强有力之部队，以阻止其前进，以一部配备于大同附近，以大同控制于浑源、应县附近，以策应各方之战斗；如敌以主力进攻广灵，该处守军应固守待援，以总预备队主力应援该方面之战斗，此时东井集之部队应向广灵之敌之侧背威胁，以使该方面之战斗容易成功；如敌以主力进攻天镇时，我天镇守军拼死待援，以大同附近之总预备队相机向天镇方面推进，以浑源方面兵力渡桑干河，向天镇右翼实行侧翼反击，以图牵制敌人，俟其顿挫，由天镇两翼夹击之；骑兵军以主力置于商都、尚义、化德等处，相机威胁敌之侧背，以一部据守大庙、百灵庙等据点；第18集团军到达后，应进出灵丘、蔚县附近，威胁敌之侧背，以使进攻之敌不敢孤军深入，在敌我决战时期，该军应向敌侧背进行猛扑。②

具体部署如下：以李服膺第61军及其所辖之李俊功第101师、刘潭馥第200旅，共7个团，附1个山炮营，在西湾堡、天镇、阳高等地，占领既设工事，阻敌西进，掩护大同东之聚乐堡主阵地，并沿平绥线节节堵截，诱敌至大同外围。以王靖国第19军所辖3个旅，共9个团，附1个山炮团、1个野炮营、1个重炮连，占领大同以东之聚乐堡主阵地。以杨爱源第34军及刘茂恩第15军为南兵团，由杨爱源指挥，集结于浑源、东井集间；以傅作义第35军所辖3个旅，共9个团，及绥

---
① 中国第二历史档案馆编：《抗日战争正面战场》（上），江苏古籍出版社1987年版，第47页。
② 同上书，第451~452页。

远的两个骑兵旅,附1个山炮营、1个野炮营为北兵团,由傅作义指挥,集结于丰镇、得胜口等地待机。俟敌被诱至聚乐堡主阵地时,以南北两兵团形成钳击之势,歼敌于该地区。以陈长捷第72师和新编独立第4旅于镇河部,编为预备兵团,由战区司令长官阎锡山直接控制。同时,以骑兵赵承绶、门炳岳部布防于绥东之兴和东北地区,刘奉滨第73师布防于广灵以北的火烧岭——洗马沟一线,担任警戒,以孟宪吉独立第8旅布防于雁门关上,张拯宇独立第3旅布防于五台、龙泉之间。

早在7月下旬,日军飞机就开始对大同进行试探性轰炸。8月,日机出动更加频繁,大同周围的局势愈加紧张。

天镇是雁北东部的门户,也是大同的前哨阵地,占领大同,首先要占领天镇。根据战区的统一部署,"8月底,阎锡山急电第61军军长李服膺:火速开赴天镇,阻击日寇西犯,固守三日,为傅作义的第35军、王靖国的第19军、赵承绶的骑1军等部队在大同与日寇主力会战,赢得集结、布阵的时间"①。

奉命固守天镇的李服膺,在率部进入既设阵地后,一面赶筑防御工事,一面进行紧急部署——以独立第200旅之第400团占据盘山制高点;以第10师占据盘山以北罗家山、李家寨、铁路西侧至北山瓦窑口之阵地;以独立第200旅之第399团驻守天镇城防工事;以李俊功率第201旅及第401团驻守于天镇城内,负责指挥全线作战。李服膺坐镇阳高城内,统一指挥。

9月3日,日军先头部队与守军警戒部队交火,展开激战,互有伤亡。

5日,日军出动飞机30余架,坦克、装甲车50余辆,纠集步、骑兵3000余人向天镇东郊盘山、周家山阵地冲锋。奉命固守盘山的第

---

① 李其永:《晋军抗战第一仗——盘山阻击战》,《山西老年》2008年第7期。

三 大同会战

61军独立第200旅第400团,在团长李生润的指挥下,冒着猛烈的炮火,与敌血战,并先后打退敌人的四次进攻……是日晚,日军三个联队在坦克掩护下,分两路偷袭守军阵地,守军仓促应战,同敌人展开肉搏,多数壮烈殉国。"此役400团伤亡约500人,营长高保庸牺牲。"① 盘山、周家山均告失守。

7日,日军兵临天镇城下,李服膺撤往千户岭。8日,日骑兵、步兵在飞机、坦克、大炮的掩护下,向天镇县城发起进攻。当天下午,城垣一角被轰塌,守军第399团在团长张敬俊的率领下,在被炮火摧毁的工事里,用轻、重武器组成交叉火力据守。同时,派出突击队绕袭敌之后背。

攻天镇不下的日军,改取迂回战术,以一个联队的兵力,绕过天镇城,奔袭阳高。阳高位于天镇西南,守军为第61军第200旅第414团。在阳高,一个联队的日军在飞机、坦克的协同配合下,向守军第414团白汝庸所部轮番轰炸攻击。由于敌我力量悬殊,又无险可据,9日当天,阳高即告失守。

阳高失守,天镇后路被截,不守之势已成。李服膺下令弃守天镇,全军撤退,并将平绥路沿线桥梁一律炸毁。第399团奉命撤出天镇城。9月11日,天镇亦告失守。第一线阵地丢掉后,李服膺没有按照战区部署,向镇边堡转进,与傅作义部会合,而是率部沿大白登方向一直向南退去。

侵占天镇后,出于报复和征服的目的,日军对城中的百姓进行了血腥屠杀,"共杀害和平居民2300余人"②,令人发指。

天镇陷落,大同顿失屏障,日军乘势在大同附近集结兵力。来势凶猛的日军机械化部队,虽然在聚乐堡前方,遭到段树华第209旅的

---

① 白汝庸:《第61军天镇盘山抗战经过》,《山西文史资料》(第39辑),第134页。
② 纪青:《抗战初期的天镇、阳高诸战役述评》,《大同高等专科学校学报》(社科版)1995年第3期。

顽强抵抗，但最终还是突破了聚乐堡附近阵地，直驰大同城外。而此时配合大同防守的刘茂恩第15军仍未到大同布防，城内兵力薄弱，防守空虚。负责防守大同的第19军军长王靖国一面向战区司令长官阎锡山告急，要求派预备军支援；一面吁请集结在丰镇的傅作义第35军南移大同驰援。至此，大同会战的基础发生动摇。出于大同城无死守价值的考虑，阎锡山下令弃守。随即，驻军炸毁御河铁桥，放弃大同城，南撤广武、雁门关一线。

9月13日，日军兵占领晋北重镇——大同。

从9月5日日军攻击天镇东郊之盘山、周家山，到大同沦陷，前后不到十天时间，晋北第一道防线即告崩溃。大同会战以大同城的失陷为标志，宣告落败。晋北门户洞开，华北战局急转直下。

大同失守和天镇屠城使举国上下一片哗然，国人纷纷将矛头对准了负有领导责任的战区司令长官阎锡山，要求追究失土之责的电报、信件雪片般地飞向南京国民政府军事委员会。气恼不止的蒋介石电报斥责阎锡山："临阵慌乱，御敌不力。"一些媒体则更将攻击的目标直指弃守天镇的第61军军长李服膺。1937年9月30日《大公报》明确指责："李服膺弃阳高等地，匿不呈报。后敌军复进至大同附近，李密令该军撤退。以是敌军未费一弹而下大同。"

面对一败涂地的大同会战和举国一致的舆论谴责，战区司令长官阎锡山必须有个交代，负有直接责任的李服膺首当其冲。1937年10月1日，从太和岭口回到太原的阎锡山组成高等军事法庭，会审李服膺。审判厅设在太原绥靖公署大堂。10月2日深夜11时许，大堂内外，卫兵林立，充满杀机。阴森的大堂内，闪着惨淡幽暗的灯光。阎锡山端坐大堂中央，亲自审问："你无故放弃要地，罪应处死。此外，晋绥军的纪律，以你的队伍最坏，足见你驭下不严，以致扰害地方。国防工事，以你所担任者为最迟缓，足见你督工不力，以致贻误战机。就此两事也应判你死刑。"一审定罪，罪上加罪，李服膺很快被执行死刑,成为全国抗战爆发以来,第一个因丧师失地而被处以极刑的国民党高级将领,时年47岁。

李服膺之死虽然已经过去了多半个世纪,但关于李服膺的罪与罚仍是一桩未了的公案。有的说李服膺是罪有应得,毛泽东就在他的《论持久战》一文中指出:"李服膺、韩复榘等逃跑主义者的被杀,是杀得对的。在战争中提倡勇敢牺牲英勇向前的精神和动作,是在正确的作战计划下绝对必要的东西,是同持久战和最后胜利不能分离的。"也有的说李服膺是做了阎锡山的牺牲品。认为:"'大同会战'不战而逃,'雁山会战'亦不战而逃,以致雁门以北大片土地轻而易举落入敌手,在全国军民高昂的抗日呼声中阎锡山如不设法掩盖,自知无法向国人和南京政府交代,要推卸责任,就要找替罪羊。这样,悲惨的命运就落到李服膺身上了。"① "紧急关头,阎锡山为了逃避自己的罪责,掩盖雁北作战失利,做出一副坚决抗日的姿态,决心舍卒保车。于是,李服膺不可避免地做了替罪羊。"②

客观地看,作为特殊历史条件下的产物,李服膺之死有其历史的必然性。不能否认,抗战初期正面战场的败退局面是每一个人都不愿意看到的。然而,由于国情、国力等客观因素的制约,扭转局面只能从收服人心上入手。那么,惩罚责任者,重树当政者的形象,给国人以信心就显得尤为重要。李服膺因失天镇成为千夫所指的罪人,于是,惩罚责任者,向他开刀就成为顺乎民意之举。当然,丧师失地的责任不在李服膺一人,但全杀也是不可能的。这样,李服膺之死也就有了杀一儆百的意义。

---

① 张全盛:《千古奇冤——李服膺被枉杀的历史真相》,《沧桑》1998年第4期。
② 吴明:《军事执法第一枪——李服膺之死》,《文史精华》1997年第2期。

四、平型关战役

"集思上寨运良筹，敢举烽烟解国忧。潇潇夜雨洗兵马，殷殷热血固金瓯。东渡黄河第一战，威扫敌倭青史流。常抚皓首忆旧事，夜眺燕北几度秋！"[1] 发生于1937年9月25日的平型关战役，是八路军出师抗日的首战大捷，在中共党史、抗日战争史和解放军战史上占有重要的地位。它不仅见证了八路军"受命抗敌，立奏奇功"的英雄伟绩，而且在那个万马齐喑的年代给予整个中华民族一次极大的振奋。从此，"首战平型关，威名天下扬"就成了《八路军军歌》中两句嘹亮的歌词，到处被人们传诵。

林彪三勘平型关

按照第二战区长官部的部署，八路军总部命令第115师"向平型关、灵丘间出动，机动侧击向平型关进攻之敌"[2]。战事紧急，刚刚改编完毕的八路军先遣部队第115师马不停蹄地开往平型关地区。彼时，师长林彪和副师长聂荣臻心里都清楚这一仗的分量：这是八路军首次与不可一世的日军交锋，成败与否对双方关系极大。唯有打胜，才能遏制住"战必亡"及日军"不可战胜"的滥调，才能打出八路军的军威。为了熟悉作战地域、地形，打有准备、有把握之仗，林彪前前后后对平型关一带进行了三次实地勘察。

平型关位于灵丘县西40公里的平型岭隘口，先秦时称瓶形寨，金代称瓶形镇，明、清称平型岭关。顾名思义，这里的地势像瓶子形状，

---

[1] 贾宗谊：《聂荣臻谈抗日战争》，《瞭望周刊》1985年第35期。
[2] 中共中央文献研究室：《朱德传》，中央文献出版社2006年版，第491页。

四 平型关战役

口小肚子大。平型关以东，在连绵的群山之间有一条东北西南走向的狭窄谷道，其中最险要的乔沟中段有 10 余里长，仅能通过一辆卡车，深谷两侧峰峦叠起，陡峭险峻，只有老爷庙前有一个缺口通往山上。乔沟的位置实在太理想了！看完地形后，林彪马上决定在这里打一场伏击战。

9 月 24 日，前沿部队报告，敌人很有可能于翌日大举进攻。大战在即，林彪进一步确定了各部队的阵地，精心布置了一个八面埋伏的"口袋阵"：杨得志率领的第 685 团埋伏在左面"蛇头"位置的老爷庙一带，截击日军先头部队；李天佑率领的第 686 团埋伏在右面"蛇腰"位置的白崖台一带，重点实施中间突击；徐海东率领的第 687 团埋伏在位于"蛇尾"位置的小寨村附近，断敌退路，并阻击增援日军；第 688 团作为全师预备队，置于东长城、黑山村地域，随时准备战斗；师独立团和骑兵营则插到灵丘—涞源—广灵之间地区活动，执行打援任务，配合主力作战。

24 日午夜，天下起了大雨。战士们顶着风雨，沿着崎岖的山沟，踏着泥泞的道路，在黑暗中摸索前进。25 日拂晓前，各部纷纷进入预定地点，一场惊心动魄的战斗马上就要打响了！

平型关上的激烈战斗

25 日清晨，日军第 5 师团第 21 旅团第 10、第 22 联队共 4000 余人，沿着灵丘东河南镇至平型关的公路向西开来。排在最前面的是分乘 100 多辆汽车的步兵，满载着大批军用物资的 200 余辆大车紧随其后，再后面是骡马、炮兵和骑着高头大马的骑兵。由于雨后的公路非常泥泞，道路又狭窄，日军的车辆人马拥挤不堪，行动十分缓慢。

7 时左右，日军纵队陆陆续续进入乔沟。战机稍纵即逝，当敌人快接近老爷庙时，林彪大喊一声："发信号弹……""啪啪！"瞬时两颗红绿信号弹划过长空。刹那间，机枪、步枪、手榴弹、迫击炮雨点般地朝谷道上的日军射去，把拥挤在公路上的日军打得蒙头转向。他们没有任何思想准备，躲在汽车后面胡乱放枪，很快便伤亡惨重。

老爷庙是乔沟一带的制高点，战略位置十分重要。清醒后的敌人很快意识到这点，开始对老爷庙进行疯狂反扑，企图向北突围。战士们便排山倒海一般冲入敌群，与日军展开了惊心动魄的白刃战。刺刀折断了用枪托砸，枪打没了用石头、树枝代替，什么都没了就拳打牙咬，直至拼死为止。激战至中午时分，日军派来6架战机前来助阵，企图通过强大的火力掩护其士兵突围。但是，由于双方短兵相接，扭抱一团，相互肉搏，敌我难辨，增援的日机唯恐伤及自己人，在空中转了几圈后，就悻悻地飞走了。

经过6个多小时的血战，第686团终于牢牢控制住了老爷庙制高点。日军阵地前抛下了数百具尸体，不得不停止攻击，竞相涌向辛庄方向，妄图杀出一条血路，与东跑池方向的粟裕部队会合。因东跑池防线的正面防守未按预定计划出击，致使2000余名日军向北侧团城口方向逃窜。与此同时，第115师独立团也在灵丘以东驿马岭击溃了由蔚县增援平型关前线的日军一个联队，歼敌300余人；涞源的日军也因为受到第115师骑兵营的钳制，而不敢倾巢出援。至此，平型关伏击战胜利结束。

这次伏击战第115师共歼灭日军1000余人，击毁汽车100多辆、大车200多辆，缴获九二式野炮1门、轻重机枪20多挺、步枪1000余支、掷弹筒20多具、战马53匹、日币30万元和大量的食品及棉衣，[①]取得了辉煌的战果。但是，第115师为此也付出了牺牲400多人的代价。日军顽强的战斗力及长期的武士道精神使得他们死也不肯缴枪，整场伏击战没有捉到一个俘虏，这在红军的历史上是从来没有

---

① 叶健君等：《中国抗日战争年度焦点1937—1939：醒师怒吼》，湖南人民出版社2005年版，第92页。

过的。

平型关战役的意义和影响

平型关战役是八路军东渡黄河首次集中较大兵力对日军所进行的一次成功的伏击战,也是全国抗战以来中国军队取得的第一场胜利。捷报传出,举国欢腾,震惊中外!祝捷贺电像雪片似的飞向八路军总部。9月26日,毛泽东致电朱德、彭德怀:"庆祝我军的第一个胜利!"[1] 同日,蒋介石在给朱德、彭德怀的贺电中说道:"二十五日一战,歼寇如麻,足证官兵用命,深堪嘉慰。尚希益励所部,继续努力。"[2] 延安《新中华报》、南京《中央日报》等国内各大报刊、广播、电台,英国、法国、美国和东南亚国家的报纸、电台,也纷纷报道了八路军平型关战役胜利的消息。

平型关战役的胜利打破了日军"不可战胜"的神话,破灭了日军"速战速决"的计划,迫使骄横狂妄的日军第5师团不得不调整部署,将进至浑源和保定的一部分兵力转移到平型关方向,从而有力支援了平汉铁路和同蒲铁路友军的作战,使已陷入敌围的郭宗汾部得到支援,免于被歼之险厄。此外,这一大捷使当时士气受创的第二战区广大将士深受鼓舞。26日至28日,傅作义、陈长捷指挥守军接连向日军发动了"富有勇气的反攻",收复了被敌攻占的几个重要阵地,致使日军一时间难以突破平型关正面防线。半个月后展开的忻口会战,国民党军队与八路军团结对敌,与板垣师团和察哈尔兵团激战二十余日,给敌以不小的打击。对此,第二战区战地动员会主任续范亭称:"谨按平型关战役,八路军的大捷,其估价不仅在于双方死亡的惨重,而在于打破了'皇军'不可战胜的神话,提高了我们的士气。……忻口战役敌人未敢贸然深入,我军士气高涨,未尝不是平型关歼灭战的

---

[1] 袁德金:《军事家朱德》(下),中国青年出版社2013年版,第490页。
[2] 军事科学院军事历史研究部:《中国抗日战争史》(中卷),解放军出版社2005年版,第40页。

影响。"①

  同时，平型关一役也极大地提高了中国共产党和八路军的威信，为八路军在华北开创抗日根据地奠定了广泛的群众基础。平型关战役胜利后，八路军所到之处受到广大群众的热烈欢迎，大批青年积极报名参军入伍。10月初至11月底，灵丘这个仅有10万人的山区小县，就有2000余名青年参加了扩编成立的杨成武独立第1师。时任第686团组织处股长的欧阳文回忆说："平型关一战我们八路军第115师一下就打出名气了，战后我们到晋南招兵，我们团的招兵处和国民党的紧挨着，他们那边根本没人去，我们用了一个星期就招了3000多人。"②

---

① 聂荣臻：《聂荣臻回忆录》，解放军出版社2007年版，第284～285页。
② 解放军报编辑部编：《红色足迹万里行1921—2011》，长征出版社2011年版，第195页。

五、中国军队死守崞县、原平

内长城防线撤兵令下达之后,阎锡山偕第二战区长官司令部由平型关南的东山底村经五台山,返回太原,着手保卫太原的作战部署。在蒋介石"即派第14集团军所部增援山西"的支持下,战区积极准备在忻口及其两侧地区重新组织防御。鉴于集中从内长城线上撤退下来的部队到忻口地区和从石家庄运送入晋的第14集团军都需要时间,而入关的日军则将乘胜发动进攻的情势,战区长官部一面命王靖国第19军附炮兵一个团坚守崞县,姜玉贞第196旅附炮兵一个营坚守原平,马延守独立第7旅驻防轩岗阻敌南进;一面要求八路军在日军的侧后展开袭击,以迟滞日军进攻,掩护战区主力在忻口地区布防。

此时,日军也在大营镇附近迅速调整部署,为抢先到达太原,以一部兵力紧追而来,在砂河附近同掩护各部撤退的傅作义第35军激战之后,向崞县猛扑。

崞县位于今原平市治18公里处的崞阳镇(民国时期置县),地形地貌酷似山西版图,东、西两山,中间夹一平川,滹沱河水由北向南流经而过,被称为"三晋之锁钥",历来为兵家所必争。

1937年10月1日,日本关东军察哈尔派遣兵团下辖之本多政才混成第2旅团由北而南向崞县挺进,同时,以10余架飞机轰炸崞县城。2日,日军以步兵、骑兵、装甲车、飞机协同配合,猛攻崞县城,守军全力固守。4日,日军混成第2旅团续攻崞县城,筱原诚一郎所辖混成第15旅团1000余人由崞县城以西迂回,直趋原平。

为了使主力部队有充足的时间进行战前准备,二战区长官部下令:"死守崞县、原平、忻口镇、忻县各要点,迟滞敌人前进,以待后续部队到达。"①

10月5日，"终日战斗，极为激烈。崞县之敌，以飞机、重炮不断轰击，城内外房舍多被摧毁"②。北关守军第407团一营阵地被击毁，士兵伤亡达三分之二。

10月6日，2000余日军附大炮20余门，从北、东、西三面围攻崞县城，并集中炮火攻击驻守北关的第407团阵地。守军残余兵力以血肉之躯拼死抵抗，寸土不让。

10月7日，围攻崞县之敌增至五六千人，以20余架飞机、30余门重炮对崞县城西北隅持续了6个小时的轰炸，北城墙被炸毁10余丈，日军窜入城内。最后关头，守军由东、西两面夹击从被炸塌之北城墙缺口蜂拥而上的日军，与敌展开肉搏战，一个街巷一个街巷地争夺，反复厮杀。第410团团长石焕然，率部与日军进行巷战，投掷手榴弹数十枚，使日军死亡枕藉，激战中，他不幸中弹，以身殉国。入夜，战况愈加激烈，两军厮杀达于白热化。一线兵士损伤殆尽，指挥官悉数投入战斗。8日晨，在局势无可挽回的情况下，第19军军长王靖国率余部突出重围，第407、第409、第410三团官兵所剩无几，崞县城失陷。

原平位于忻口15公里处，系同蒲铁路之要冲，也是由大同南下太原的必经之地。如果日军迅速拿下原平，赶在我军集结完毕之前直下忻口，战局将不可收拾。在忻口阵地前捡到的一本日本兵的日记上这样写着："到了忻口，再有两天的徒步行军就可以到太原了。"③说明当时的日军是相当乐观的，完全没有料到在原平会遇到大规模的抵抗。事实上就当时的局势来看，若日军顺利拿下原平，忻口布防就是一句空话。

---

① 中国第二历史档案馆编：《抗日战争正面战场》（上），江苏古籍出版社1987年版，第483页。
② 同上书，第482页。
③ 傅雁南：《崇高伟大的模范——记抗日名将姜玉贞》，《黄埔》2004年第4期。

五 中国军队死守崞县、原平

然而，令日军万万没有想到的是，在到达忻口之前，被驻守在原平的姜玉贞和他的钢铁之师第196旅绊住了脚。

姜玉贞，字连璧，山东菏泽人，行伍出身。1916年，随商震投晋。在戎马生涯中，以作战勇敢、屡建功绩深得上司器重。历任司务、排、连、营长。1934年升任陆军第34军第66师第196旅少将旅长。第196旅是甲种旅，下辖3个团，共5000余人。全国抗战爆发后，奉命北上，在繁峙以北的小石口一带布防，继又奉命北进至大同。但刚到大同平型关即告失守，旋又接受"虽剩一兵一卒，也得在原平死守七天（10月1日起）"的命令，退守原平，以掩护主力部队向忻口一线集结。

在部队由代县向原平转移的途中，日军已在背后追赶了。在距原平还有20里的地方，姜旅即与日军第15混成旅团接战，且战且退。在原平城外，姜玉贞命令所部构筑工事，死守铁路和公路。

10月3日，日军关东军察哈尔派遣兵团混成第15旅团的两个步兵联队、一个野炮兵联队、一个辎重兵中队和一个工兵联队，由旅团长筱原诚一郎指挥，攻击原平西北角阵地，对其火力侦察，两军正式接火。

10月4日开始，地面日军在飞机的配合下，向守军据点发起猛攻。守军以"誓与原平共存亡"的决死精神，与日军展开殊死搏斗。日军凭借优势装备，在飞机、重炮、战车的配合下向原平反复猛攻。姜玉贞亲临第一线指挥，多次打退日军的进攻。激战数日，日军兵力增至数千人，对原平形成包围态势。姜旅伤亡惨重，城外的阵地逐渐缩小，最后不得不退入城内。10月7日，日军从城东北角突入城内，占领了城的东半部，与姜旅隔街相抗。此时，原平守军已经完成了原定的阻击任务。然而，由于整体部署尚不到位，阎锡山命令姜玉贞，"务必再坚守三天！"姜玉贞当即表示："誓死抗战，无令不离斯土！"

10月7日以后，第196旅的处境越来越艰难。10月8日，原平以北的崞县失守，大量日兵拥向原平，城西北部为敌所占，第196旅被团团包围。面对强敌,将士们毫不畏惧,在姜玉贞的率领下,与敌展开巷战,短兵相接,逐院争夺。

10月11日,日军以步空协同,对原平发起总攻。姜玉贞率余部浴血苦战,每一处房屋的侵占均使敌人付出极大的代价。激战到下午,山炮全毁,全旅官兵仅存二三百人,但仍在与敌死拼。"坚守至11日,消灭日军千余众,我4000余名官兵阵亡。是日下午,姜玉贞旅长和特务排长黄洪友等仍坚守着一座院落。直到下午4时左右,他们才从城墙下的地道内撤出。在突围中,姜玉贞旅长左腿中弹,后被追敌杀害。时年43岁。"①

崞县、原平的死守,尤其是原平保卫战,延缓了日军的攻势,为忻口守军的集结赢得了时间。国民政府、中国共产党人及各界人士对姜玉贞将军及所部的英勇牺牲精神给予了高度的评价和赞誉。国民政府特授予第196旅以荣誉旅称号,并明令褒扬旅长姜玉贞,追赠他为陆军中将。毛泽东在延安追悼抗敌阵亡将士大会上,称姜玉贞等"给了全中国人以崇高伟大的模范"。

崞县、原平失守后,忻口已处于日军的直接攻击之下。

---

① 霍效昌:《姜玉贞将军事略》,《文史月刊》2005年第7期。

六、忻口战役

1937年10月11日，战区部队主力已全部进入指定位置占领阵地。由于崞县、原平失守，日军即将全线攻击忻口守军阵地。

忻口位于太原以北100公里处的忻定盆地北部，是五台山、云中山两山峡谷的一个隘口。村西北部为一山梁，云中河流经忻口北约1公里的界河铺汇入滹沱河，滹沱河在此由南经灵山脚下折向东北。以界河铺为基点，左侧是连绵起伏的云中山，右侧为冈峦重叠的五台山，恰如这盆地的葫芦口。左、右两侧山地向东、西延伸，形成对北方的天然屏障，易守难攻。在地理上是出入晋中的交通孔道；在军事上是屏障太原的最后一道防线，战略咽喉要地非此莫属。忻口的守与失直接关系到太原的安危。

利用死守崞县、原平赢得时间，第二战区长官部暨阎锡山、中共代表周恩来、第14集团军总司令卫立煌等共同协商："以攻势防御之目的，以主力占领蔡家岗、灵山、界河铺、南怀化、大白水、卫家庄1482高地迄阳方口既设阵地线，两翼依托五台及宁武各山脉，缩短战线，集中兵力，对侵入之敌乘其立足未稳，迅速击灭之。以一部占领五台山、罗圈沟、峨口至峪口之线，另一主力之一部占领中解村、阳明堡、虎头山、黑峪村之线，竭力阻止敌之前进"① 为方针，部署忻口战役。

10月12日前后，敌我双方都先后完成了作战部署。

我方各路大军，包括13个步兵师、5个步兵旅，约13万人②，相继到达忻口既设阵地，并于11日晚完成了战前准备。具体部署是：以

---

① 马仲廉：《忻口战役国共协同作战纪实》，《炎黄春秋》1995年第6期。
② 杨建中：《阎锡山与山西抗战》，当代中国出版社2003年版，第75页。

第 15 军、第 17 军、第 33 军组成右翼兵团，由刘茂恩指挥；以第 9 军、第 19 军、第 35 军、第 61 军等部组成中央兵团，由郝梦龄指挥；由第 14 军及第 66、第 71、第 85 等师组成左翼兵团，由李默庵指挥；以卫立煌为前敌总指挥，统一指挥三个兵团作战。

敌方的部署则是：以混成第 2 旅团和大泉支队约 6000 余人，担任二线守备，守卫内长城以南的运输线和各军事要点。以第 5 师团、混成第 15 旅团、堤支队，约 20000 余人，攻击忻口正面，攻击阵地设在解村、平地泉、王家庄、永兴村四点之间地区。

10 月 13 日拂晓，日军在板垣征四郎的指挥下，采取中央突破的战法，以混成第 15 旅团、堤支队为右翼队，第 5 师团主力为左翼队，在飞机三十余架、战车五六十辆及炮兵火力的支援下，向忻口地区守军左翼兵团和中央兵团阵地猛烈攻击。攻击的重点置于左翼兵团和中央兵团之结合部的阎庄、南怀化阵地。日军步兵伴随坦克、装甲车迅速越过云中河，冲入守军第一线阵地。守军与日军展开激烈战斗。"双方炮火激烈，敌机不断轰炸，敌我步兵在南槐（怀）化阵地肉搏多次，卒被我击退。"① 一时间，炮火连天，硝烟弥漫，一场鏖战迅速展开。忻口战役正式打响。

当日，日军突破中央兵团南怀化阵地，并继续扩大突破口。卫立煌急调第 21 师李仙洲部归第 9 军军长郝梦龄指挥，竭力恢复已失阵地；并令第 61 军独立第 4 旅增援。

14 日，卫立煌命令守军对日军反击。当日拂晓，忻口守军中央兵团第 21 师向南怀化、新练庄之敌展开反击，但在日军强大火力压制下，伤亡惨重。日军随即实施反扑，敌我双方展开激烈战斗。李仙洲师长负伤，反击部队受挫，第 21 师被迫退出战斗，中央阵地线上的制高点 1300 高地被日军攻占。卫立煌急令左翼兵团派一个团封闭 1300

---

① 中国第二历史档案馆编：《抗日战争正面战场》（上），江苏古籍出版社 1987 年版，第 488 页。

六 忻口战役

高地突破口，协助中央兵团稳定了局势。

15日拂晓，日军继续攻击南怀化东南忻口村西北高地。卫立煌、傅作义严令守军坚守阵地。在日军强大火力轰击和步兵的激烈冲击下，守军虽与敌人顽强拼搏，第二线阵地依然被日军冲破。这时第61军军长陈长捷率部驰援到达，并立即加入战斗，夺回部分已失阵地，而后与敌人对峙在已被日军占领的南怀化东北高地。

为了巩固阵地及收复南怀化，卫立煌、傅作义决心对日军进行全线反击。为此，阎锡山以预备军一部和左翼军指挥的晋绥军一部驰援忻口。要求右翼军打击增援的日军和可能退却的日军。15日晚，阎锡山电报卫立煌、傅作义，批准进行反击作战，同时悬赏50万元夺回1300高地和南怀化。

1300高地位于南怀化偏东，是整个高地的制高点。1300高地和南怀化被日军占领，就等于在守军中央兵团打进了一个楔子，正侧两面均受瞰制，对战局影响至大。"中日两军在这里形成一个漏斗状。日军在漏斗的内沿，守军在漏斗的外沿相对峙。当时决定反击这一地区的部队共计4个多旅；另以第35军越过云中河，袭击日军近后方；左右翼兵团同时出击配合作战。"①

16日凌晨，忻口阵地正面主力展开反击。双方在南怀化再次进行争夺战，战况空前激烈，达到白热化阶段，敌我双方都杀红了眼。第9军军长郝梦龄、第54师师长刘家祺、独立第5旅旅长郑廷珍等高级将领身先士卒，躬督所部，士气大振。第9军军长郝梦龄、第54师师长刘家祺率少数随从人员，冒着枪林弹雨，亲自到西北高地督战。在去往独立第5旅前沿阵地的途中，进入日军的火力封锁线。郝梦龄不幸身中数弹，倒在血泊中。情急之下，不顾一切上前抢救的刘家祺，也中弹倒地。与此同时，独立第5旅在冲击1300高地时，损失惨重，旅

---

① 马仲廉：《忻口战役国共协同作战纪实》，《炎黄春秋》1995年第6期。

长郑廷珍阵亡。

郝梦龄、刘家祺、郑廷珍三位将军的以身殉国,英勇而悲壮,为忻口战役的历史篇章增添了一抹血染的风采。

随着军、师、旅长的先后阵亡,中央兵团反击南怀化和1300高地日军的战斗以失败告终,不仅没有达到收复已失阵地的目的,而且付出数千人伤亡的惨重代价。16日,参加反击作战的残余部队被迫退回到原来出发的阵地固守,同日军形成对峙。配合作战的左右翼兵团也没有达到预期的效果。至此,对日军的反击作战画上了句号。此后,攻守双方形成拉锯战,反复争夺,胶着起来。

10月20日之后,由于再抽不出更多兵力增援忻口战场,后方又遭到八路军的频频袭击,日军被迫进行北撤准备。而此时的中国军队仍具有继续作战的实力,忻口战场上的形势正向着有利于守军的方向发展。[①] 然而,由于日本华北方面第20师团由石家庄沿正太路西进,第109师团由元氏经赞皇、九龙关朝昔阳西进,向榆次和太原迂回,对中国忻口方面作战部队形成南北夹击之势,晋东战场形势顿趋紧张。中国军队虽然积极抵抗,但还是未能阻挡住日军的进攻。娘子关失守后,形势急转直下,忻口前线部队不得不于11月2日撤出阵地,向太原转移。忻口战役在经过21天的激战之后宣告结束。

---

① 陈文秀等:《忻口战役》,山西人民出版社1992年版,第45页。

七、夜袭阳明堡

"云遮清辉雨未霁,剑瞒刀藏掩长戟,黑暗之中将军令急,多少杀意被夜隐去,草中行轻装轻息,漫天雨愈演愈急……"这是电影《奇袭》的主题曲,它描述了1937年10月19日午夜,八路军第769团在敌众我寡的兵力下,在对比悬殊的装备下,在激烈的对抗和火拼下,一举摧毁日军24架飞机的真实故事。如今,硝烟已然散去,而八路军将士们奋勇杀敌、英勇赴死的精神却成为永远的丰碑。

侦　察

忻口会战中,为配合国民党军作战,1937年10月10日,刚刚完成整编的第129师第385旅第769团奉师长刘伯承之命,前往代县、崞县以东地区,执行侧击南犯日军后方的任务。此时,山西已是一派萧瑟清秋,但官兵们嗅到的却是空气中弥漫的浓烈的战争气息。

10月16日,第769团进抵滹沱河南岸的苏龙口村一带。苏龙口南距忻口百余里,位于忻口至大同公路的东侧,是侧击日军的理想地点。刚到不久,团长陈锡联就发现附近不断有日军飞机接二连三地"轰轰"飞过,它们时而盘旋瞭望,时而呼啸而过,有时近得甚至连上面的"膏药旗"都看得一清二楚——他猛一激灵:难道附近有敌人的飞机场?经当地老乡证实,果然在隔河10里外的阳明堡有敌人的一个简易机场。打,还是不打?陈锡联心里没底。打?部队刚刚进入敌后,没有同日军作战的经验,更何况要去打飞机,一旦出现闪失就可能付出沉重的代价。不打?战机机不可失,时不再来,过了这一村,就没有这一店了。想到这儿,陈锡联就不断提醒自己:慎重,一定要慎重!

第二天，陈锡联决定带着几个营长亲自到现场侦察一番。一行人头扎毛巾，身着灰棉布衫，挎着提篮，化装成当地捡粪的农民，沿着滹沱河岸往前走。登高眺望，他们立即被眼前的景色所吸引：东面是峰峦叠嶂的五台山，北面是巍峨矗立的雁门关，极目而望，管涔山在岚气氤氲中缥缥缈缈……如此的大好河山，如今却惨遭日寇铁蹄的践踏。感慨之余，二营长突然叫道："飞机！"大家急忙顺着他手指的方向看去：一架架飞机整整齐齐地排列在镇东南约四五里的空地上，银灰色的机翼在太阳的映射下熠熠发光。

在返回的路上，他们碰见了一个神情紧张的老乡。经过询问，才知道他叫赖保三，本来被日军抓去当苦力，由于实在受不了折磨，刚从机场偷跑出来。当得知眼前的长官是要去打日军机场的八路军时，赖保三便向陈锡联他们一五一十地介绍了机场内外的情况：机场位于阳明堡镇南侧5里的地方，共有飞机24架，分3列停放，每列8架。白天轮番去太原、忻口轰炸，晚上就全部返回这里。负责守卫的是日军香月师团的一个连队，大部分住在阳明堡镇，机场里只有一小股警卫部队和地勤人员，约200人，集结在机场北端。日军虽然对进入机场的各个路口警戒很严、盘查很细，但对机场周围疏于戒备。看来，敌人正忙于夺取太原，根本就没想到八路军会绕到背后来揍他们。

这真是一个千载难逢的好机会！陈锡联终于下定决心：打！不仅要打掉敌人的飞机场，还要打出个样子！

奇　袭

决心已下，但是用什么东西干掉飞机，从来没有类似经验的八路军将士犯了难。有的说用柴草烧，有的说用刺刀戳、用枪托砸，有的说用机关枪打，最后大家统一意见，决定主要用手榴弹炸。作战方案制订以后，陈锡联分配了各部的战斗任务：以夜战见长的第3营为突击队，袭击机场、摧毁敌机；第1营破坏崞县至阳明堡之间的公路和

七 夜袭阳明堡

桥梁，袭扰、牵制、阻击崞县可能增援之敌；第2营（缺第7连）为预备队，与团指挥所待在苏龙口镇北侧地区；以团迫击炮和机枪连在滹沱河东岸占领阵地，支援第3营战斗。附近的老乡们听说八路军要去打日军的机场，在短短几个小时之内就扎起了几十副担架。

10月19日深夜，陈锡联下达作战命令。所有参战人员一律轻装上阵，连背包都放下了，刺刀、铁锹、手榴弹，凡是容易发出响声的装备，都用绳子捆得紧紧的。长长的队伍，顺着漆黑的山谷悄无声息地前进，神速而又肃穆。

利用夜色掩护，第3营营长赵崇德很快就率领第10连、第11连神不知鬼不觉地摸进机场。突然，西北角有个敌军哇啦哇啦地叫起来，紧接着响起了一串枪声。不好！被敌人发现了。顷刻间战士们一齐开火，枪声和手榴弹爆炸声响成一片。飞机在天上的时候是老虎，厉害得很；到了地上，它就威力大减了。只要想办法把手榴弹拉响，把火点着，敌机用不了多久就会燃烧起来。只见火乘风势、风助火威，片刻之间滚滚浓烟卷着熊熊的烈火，使整个机场很快变成了一片火海。急红了眼的敌人，立即冲杀出来，和冲在前面的战士展开白刃格斗。机舱里值勤的日军驾驶员也在惊慌之中盲目开火，后边飞机上的机枪子弹接连打进了前面的机身。

战斗越来越激烈。在火光的映照下，营长赵崇德发现还有几架飞机没有被炸掉，于是带领战士们冲过去，向敌机猛烈扫射。突然，一颗冷弹击中了赵崇德，他用尽所有力气喊道："不要管我，去炸，去……"话没说完，这位"打仗如虎，爱兵如母"的优秀指挥员就倒在了血泊中。"为赵营长报仇！"战士们满怀悲愤，抓起手榴弹向敌机冲去……

经过一个多小时的激烈战斗，守卫部队大部被歼，日军飞机也燃烧在熊熊的烈火之中。当驻守阳明堡镇的日军装甲车急急赶来增援时，第3营已迅速撤出了战斗。

胜 利

在这次战役中，尽管牺牲了赵崇德等30余名将士，但第769团取得了炸毁日机24架、击毙日军100余人的辉煌战果，成为八路军抗战初期继第115师平型关战役、第120师雁门关切断日军交通运输线之后的三个"首战告捷"之一。它创造了以步兵歼灭大量敌机的光辉战例，极大地鼓舞了广大军民的抗战热情。

20日早晨，忻口阵地上空突然没有了日军飞机的袭扰，国民党官兵感到很纳闷儿，以为日军要耍什么花招。当听说是八路军率领部队袭击了日军机场，机场飞机全部被毁时，阵地上顿时一阵欢腾，有人兴奋得连连高呼："中华民族万岁！中华民族万岁！"忻口战役总指挥、国民党第二战区副司令长官卫立煌，在阳明堡机场被炸毁之前一直承受着日军空袭的巨大压力，事后他致电周恩来副主席："阳明堡烧了敌人24架飞机，是战争历史上从来没有过的事情。我代表忻口正面作战的将士对贵军表示感谢！"① 不久，八路军奇袭阳明堡日军机场的胜利捷报传到南京，蒋介石对此将信将疑。为了印证事实，他专门派飞机从太原飞到阳明堡上空侦察，发现日军机场果真一片狼藉，这才相信传出的消息是真的。为此，蒋介石专门颁发了嘉奖令，并奖励两万元大洋。

阳明堡战斗的胜利消息也迅速传遍了太行山，当地民众传唱道："万里长城万里长，雁门关下古战场，阳明堡里一把火，鬼子飞机全扫光。"因为这次出色的战斗，第769团也被国内外媒体誉为抗战初期"四大名团"之一。②

---

① 陶纯：《太原大会战1937》，贵州人民出版社2011年版，第212页。
② 在抗日战争初期，中国军队在与日本侵略者进行殊死搏斗的作战中，先后涌现出以英勇顽强作战闻名于世的"四大名团"：1937年7月在卢沟桥打响全国抗战第一枪，顽强与日军血战到底的第29军第37师吉星文团；1937年8月防守南口要隘，以一团之众与数倍之敌血战旬日，最终全团殉国的第13军第89罗芳珪团；1937年10月下旬在上海与日军血战，以800名壮士孤军苦守四行仓库的第88师谢晋元团以及八路军第129师陈锡联团。

八、连环伏击七亘村

《孙子兵法》曰:"兵无常势,水无常形。能因敌变化而取胜者,谓之神。"[①]1937年10月26—28日,发生于山西平定县的七亘大捷中,刘伯承对前人的经验"师其意而不泥其迹",一反"战胜不复""兵不重伏"的常规,从实际出发,活用原则,在三天之内,连续两次在同一个地点,用同一支部队,伏击同一股敌人,创造了连环设伏的战争奇迹。后来,刘伯承亲自把这次伏击战命名为"重叠的待伏",它不仅生动地体现了刘伯承精深的用兵韬略和卓越的军事才能,也为我国兵法的发展增添了光辉的一笔。

国难危急,刘伯承临危受命

1937年10月中旬,由于忻口久攻不下,日寇决定兵分两路:一路以其右路纵队向娘子关、旧关继续进攻,伺机入关;一路以其左路纵队沿正太线南侧,向国民党军设防的平定县石门关迂回进攻,企图使正面守军腹背受敌。娘子关岌岌可危,而国民党曾万钟一部被日军包围在旧关以南山地,情势危急。

为了牵制和阻滞日军,八路军第129师师长刘伯承随即率师部及第386旅进至山西平定地区,准备从侧面攻击西进之敌,配合友军作战。国民党第2军团司令兼第13军军长汤恩伯听闻,与刘伯承通话说:"我们几万人都顶不住,你们一个旅怎么能行呢?还是撤吧。"对

[①] 赵国华等主编:《孙子兵法辞典》,湖北人民出版社1994年版,第282页。

此，刘伯承凛然答道："游击战行不行，过后打给你们看看！"①

10月25日，我军收到情报：日军第20师团有取道石门关、七亘村向平定县迂回的动向，其辎重部队千余人已在距七亘村10公里的测鱼镇宿营。刘伯承当即决定：在敌人的必经之路打一场伏击战，牵制日军的进攻，为友军撤退争取时间。为了选择一个理想的作战地点，刘伯承亲力亲为，十分谨慎，为此反复、细致地勘察了七亘村四周的地形。

七亘村位于太行山脉中段、晋冀两省接壤处，是平定、昔阳、井陉三县的交界地带。该村四面环山，重峦叠嶂，沟壑纵横，峡谷陡峭，道路奇险，犹如一座"石城垣"，素有"龙虎环抱""绕凤友鸾"之称。这里路窄、谷深，回旋余地小，队形调整难，左右无从遮蔽，首尾不能相顾，确为屯兵设卡之要冲。站在村南的峰台垴山岗上，刘伯承对身边的指挥员们说："七亘村是测鱼镇通往平定的必经之路，明日敌人一定要经这里向前方输送军需物资，这次送到嘴边的'狗肉'一定要把它吃掉！"②讲到这里，他又在地图上"七亘村"三个字上果断地画了一个红圈："我们就在七亘村石峡沟至石门关之间埋伏下来，出其不意地打击日军，切断第20师团与后方的交通联系，牵制敌人西进。"③

精心策划，果断进行第一次伏击战

作战方案确定以后，第772团副团长王近山主动请缨，要求率第3营执行七亘村伏击战任务。在战前动员大会上，陈赓旅长慷慨激昂地对大家说："同志们，抗日以来，'大哥'115师，在平型关打了大胜仗，'二哥'120师在雁门关一带也打了胜仗。我769团，在夜袭阳明堡机场的战斗中，毁伤敌机20余架。刘师长在电话里对我说：'你

---

① 董平：《七亘村伏击战前后记》，《山西文史资料全编》（第9卷），第42页。
② 《光荣记忆：中国人民解放军征程亲历记》编委会：《中流砥柱》，解放军出版社2007年版，第49页。
③ 同上。

八 连环伏击七亘村

386旅也要打胜仗。'现在，就看我们的了。"① 陈旅长富有感染力的讲话，一下子就把战士们的战斗情绪调动起来，大家摩拳擦掌，一心等待出击的指令。

随后，王近山副团长进一步明确了各连的主要作战任务：第3营第12连担任主攻，夺其辎重；第11连负责穿插、阻击和包围；特务连的1个排负责阻击后退之敌；第9连、第10连两个连为预备队，于村南青垴山高地集结待命。领到任务后，各连迅速占领阵地，伪装隐蔽，执戈待敌。万籁俱寂的夜晚，战士们手握钢枪，悄无声息地潜伏在篙草丛中。日军怎么也不会想到，八路军的"神兵天将"们，已在这里为他们布下了天罗地网。

果不其然，26日一早，驻测鱼镇的日军出现在七亘村东的路上。这支部队约有300人，前面开路和殿后掩护的各有100多名步兵，中间的辎重部队每人手牵一匹载着各种军用物资的骡、马或骆驼。9时许，敌先头部队进入伏击区，但我军有意将其放过。战士们耐着性子等待着敌人辎重部队的靠近，90米、70米、30米……待其全部进入伏击圈后，随着王近山副团长的一声令下，刹那间，成群的手榴弹，密集的子弹，像从山崖上泻下来的瀑布倾向敌群。这时候，第11连按照原定计划，迅速抢占了七亘村南大道两侧及该村西南的定盘山，将日军步兵和辎重部队拦腰切成两段。当日军先头步兵企图掉头增援辎重部队时，遭到第11连的强烈阻击；日军后面的掩护部队，被之前击毙的横躺竖卧的马匹、骆驼及抛弃的军用物资挡住道路，亦前进不得，无法增援；被截击在中间的辎重部队，上天无路，入地无门，只能束手待毙。只见骡马和骆驼受到惊吓，四处乱窜，畜撞畜、人撞人、人畜相撞，在狭窄的道路上自相践踏，尘土飞扬，血肉四溅。残存的日军一窝蜂似的往后撤，又遭到预先埋伏在那里的特务连1个排的猛

---

① 中国人民解放军历史资料丛书编审委员会：《八路军回忆史料（1）》，解放军出版社1990年版，第287页。

烈袭击。激战至 11 时左右，日军除少数漏网之敌逃回测鱼镇外，其余均被歼灭。

第一次伏击战用了两个多小时便胜利结束了。我军伤亡 10 余人，毙敌 300 余人，缴获大批军用物资及驮运物资的骡马 300 多匹，还有一份山西省和华北地区的军用地图。具有讽刺意味的是，这些军用地图都是中国印的。之前刘伯承途经太原时，曾向阎锡山要过几份，但他却回答说没有，无奈之下我军只好用中学生的袖珍本地图代替。现在，看到这两张缴获的军用地图，刘伯承风趣地说："怪不得阎锡山说没有，原来是跑到日本人手里了。他对八路军这么小气，对日本人却是如此大方！"①

诱敌误判，大胆进行第二次伏击战

第一次伏击取得胜利以后，在要不要再次设伏的问题上，刘伯承师长认为：敌人的作战计划虽然被打乱，但绝不会善罢甘休。他们在平定地区的部队急需补给，而在未打通正太线以前，七亘村仍是日军输送补给的必经之路；而且，日军军官熟读中国古代兵法，他们应该深知"战胜不复"的道理。如果此时来个出其不意的"战胜有复"，说不定会收到意想不到的效果。为此，刘伯承大胆决定：对敌人来个守株待兔，再打一次七亘伏击战！

为了迷惑日军，当 27 日日军派兵到七亘村来收尸时，第 772 团主力专门当着日军的面佯装撤退，给敌人造成七亘村无兵把守的假象。实际上第 772 团第 3 营绕了一圈又返回来，集结在七亘村西改道庙公路南侧山地里。

不出所料，10 月 28 日早晨，驻测鱼镇之日军由 1 个骑兵连、2 个步兵连、1 个炮兵连编成的 400 多人的兵力，掩护着辎重部队又循原

---

① 人民军队征战传奇丛书编委会：《八路军新四军征战传奇》，长征出版社 2012 年版，第 40 页。

八 连环伏击七亘村

路过来了。上次他们吃了亏,这次明显加强了搜索警戒,一路上遇有可疑之处便炮火轰击,大道两侧不断响起轰隆轰隆的炮声。由于有了第一次战斗的胜利,指战员们斗志十分旺盛,经验更加丰富,纵使炸弹落在身边,他们也隐蔽如初,纹丝不动。一个骑在马背上的日兵,看到山上山下均无动静,便得意地吹起口哨,朝后面打"旗语",通知辎重部队大胆前进。待其全部进入我军伏击圈时,第3营的战士们以迅雷不及掩耳之势向日军辎重部队发起猛烈的火力袭击。顿时,日军被打得建制大乱,人仰马翻,鬼哭狼嚎。这次战斗,我军以20余人伤亡的代价,毙敌100多名,缴获轻机枪4挺、步枪50余支和大批军用物资及驮运物资的骡马100多匹、骆驼24峰。①

两次七亘伏击战的胜利,切断了日军由井陉县至平定县的交通供给,打乱了敌人西进太原的部署,沉重地打击了日军不可一世的狂妄气焰。同时,被困在旧关以南山地的国民党曾万钟部1000多人,也终于从敌人的包围之中被解救出来。七亘村大捷之后,当地群众中流传着这样一句民谣:"日出东海,日落西山。"意思就是说,尽管日军从东海来犯,但一定会在太行山西边落下去。事后,刘伯承将缴获日军的战马、军刀、大衣等战利品,送给国民党第二战区副司令长官卫立煌一部分,卫立煌不得不佩服地说:"还是八路军机动灵活的战术好啊!"②

---

① 董平:《七亘村伏击战前后记》,《山西文史资料全编》(第9卷),第49页。
② 董平、董成柯:《刘伯承元帅研究》(二),重庆出版社1989年版,第306页。

九、苦战娘子关、保卫太原城

忻口鏖战之际，沿平汉线南犯的日军于1937年10月10日抢占石家庄后，以主力一部沿正太线向娘子关进攻，以策应忻口作战；另一部绕道经赞皇、九龙关往昔阳西进，向榆次和太原迂回。娘子关顿时紧张。①

娘子关有绵亘不断的崇山峻岭，是由河北进入山西的天险，也是太原的东大门。娘子关的弃守，既影响着山西的战局，也影响着华北的战局。娘子关前面的雪花山与乏驴岭，是娘子关的天然屏障，要守住娘子关，必须首先守住雪花山与乏驴岭。井陉位于正太铁路（1953年改称石太铁路）东段，曾是韩信灭赵的古战场。县城西南约3公里的雪花山，是这一地区的制高点，山体东西狭窄，南北较长，且向西南延伸，可以俯瞰控制井陉县城与火车站，地势险要，易守难攻。②

石家庄失陷时，正值忻口决战在即，第二战区无暇东顾。为了确保山西战场，蒋介石急调第14集团军副总司令冯钦哉率第27路军、第3军、第17师、第30师向娘子关阵地集结。中国军队此时在娘子关正面军力配置太宽，没有机动作战力量，没有统一的指挥官。

10月1日，蒋介石任命新桂系三巨头之一的黄绍竑为第二战区副司令长官。10月10日，第二战区长官部确定由黄绍竑负责统一指挥娘子关作战，并确定了如下作战计划：（1）在开战之初，应于雪花山前进阵地配备强有力之部队，以迟滞敌人前进，并掩护主力部队迅速占领阵地；（2）主力在北青掌、梁家垴、旧关、核桃园、乏驴岭、大台山之线占领阵地，总预备队分置于槐树铺、好汉池、娘子关附近，以应援各方之

---

① 金绮寅、杨静：《激战晋中——太原会战》，《黄埔》2004年第6期。
② 姚杰：《血战娘子关》，《黄埔》2007年第6期。

九
苦战娘子关、保卫太原城

战斗;(3)为遏制敌人由我阵地右迂回袭击,在西回村、张家垴、南垴沟、神仙洞、娘子关之线构筑预备阵地;(4)如敌由核桃园方向进攻时,该处部队应竭力阻止其前进,娘子关之预备队由核桃园之右翼袭击其侧背,以破击其攻击能力;(5)为防止万一计,在桥头村、城子岭、驷穣镇、东道沟、上董寨之线构筑阵地,准备而后作战。①

具体部署:以冯钦哉第27路军,以及赵寿山第38军第17师防守娘子关以北至龙泉关一线;以曾万钟第3军守娘子关以南至九龙关、马岭关一线;以孙连仲第26路军由石家庄调娘子关作为预备队。娘子关外围既没有设防御工事,雪花山、乏驴岭又均为石山,构筑工事极为困难,只能用麻袋装土做成掩体,在拥有优势装备的日军进攻面前,防御任务是十分艰巨的。

12日晨,川岸文三郎率日军第20师团向娘子关发起全面进攻,雪花山首当其冲。激战两天一夜,雪花山反复易手数次,敌受挫于雪花山阵地。只有右翼刘家沟东端阵地,遭敌空炮猛烈轰击,守军伤亡惨重,阵地失守。敌遂向旧关突进,同时,又以千余兵力攻左翼雪花山阵地。②最终,雪花山阵地失守。

13日,日军逼近旧关。旧关系晋东门户,却正好处于第17师与第3军结合部,是战略上的薄弱环节。是日下午,第17师分三路主动向井陉南关日军出击,连克施水村、板桥、朱家川、南关车站,缴获大炮等战利品。不料,因之前雪花山阵地失守,敌军增兵反攻,激战至次日,阵地丢失,不得不向乏驴岭和荆蒲关转进。为了策应第17师,黄绍竑令第3军向西转移。13日夜晚,第12师第35旅占领甘桃驿东南高地,以一部向旧关反攻,与日军展开肉搏,曾万钟增加兵力,意在恢复旧关,日军则据险死守。

16日,黄绍竑组织力量向旧关日军发起全线攻击——以第3军主攻旧关,以第27师主力由大小龙窝切断日军退路。当晚,旧关西南高

---
① 中国第二历史档案馆编:《抗日战争正面战场》(上),江苏古籍出版社1987年版,第520~521页。
② 蒙定军:《保卫娘子关战役》,《晋绥抗战》,中国文史出版社1984年版,第292页。

地被日军突破，第 27 路军教导团李振西部，奉命增援，将敌压迫至旧关以东高地。次日，日军增兵进行反攻，全团官兵浴血奋战，一团将士几乎全部牺牲，终将敌击退，切断核桃园至旧关通路。

19 日拂晓，敌增至两个联队，向乏驴岭第 17 师阵地发起更加猛烈的进攻，守军三次反击，经肉搏、血战，暂时相持。上午，敌机十余架，向我阵地轰炸扫射，并以燃烧弹、毒气弹进行攻击，阵地被毁。我军与敌短兵相接，白刃格斗，并以手榴弹、石块拼搏。预备队全部投入，敌我扭成一团，生死相拼。至中午 13 时，阵地南端被敌占领。扼守荆蒲关以西山地的部队，激战至下午 15 时，连、排干部伤亡大半。第 26 路军第 30 师一部奉命接防，第 17 师逐步退出乏驴岭阵地，陆续到驴桥岭向山西平定县的神灵台集结整顿。第 17 师先后在雪花山、乏驴岭、井陉苦战 9 个昼夜，全师仅剩下旅长 1 人，团长 2 人，营长以下干部不足三分之一，初出华北战场时的 5 个团 13000 多人，仅剩 3000 多人。①

敌人在压迫第 3 军的同时，又向磨河滩黄绍竑的指挥所突进，孙连仲一个旅的阵地亦被突破。这时，黄绍竑又令已经调来的第 38 军教导团投入旧关战斗。教导团与敌短兵相接，以刺刀、大刀展开拼杀，阵地经过了反复争夺七八次，终于顶住了日军的进攻，但全团 2000 余人，仅剩五六百人。

至 23 日，敌我双方在旧关外、核桃园附近胶着起来。在娘子关、旧关久攻不下的情势下，日军另派一部继续南下，进逼平定东南的七亘、马山。刚到马山的第 129 师师长刘伯承得悉，即派陈再道率领第 771 团赶赴七亘村阻击。23 日夜晚，因团部被袭撤退。敌经七亘村，西进马山、东回。川军孙震第 41 军将士浴血拼杀，但伤亡惨重，未能阻止日军前进。

26 日，进入平定腹地的日军反攻娘子关，我军腹背受敌，连日苦

---

① 姚杰：《血战娘子关》，《黄埔》2007 年第 6 期。

九
苦战娘子关、保卫太原城

战的守军抵挡不住敌人的攻势，纷纷后撤，日军尾随。29日，占领平定；30日，占领阳泉；11月2日，占领寿阳①。至此晋东局势已无法挽回。娘子关作战中国军队的失利使山西的东大门对日军豁然打开，忻口腹背受敌，太原危急。

3日，为保卫太原，正太路中国军队全线向太原转移。

太原地处山西中部，东、西、北三面环山，中间一直向南延伸，是开阔的河谷平原，汾河由北而南从城西流过。太原作为山西省府所在地，是一省之政治、经济、文化中心，正太铁路和同蒲铁路在这里交汇，交通便利，四通八达。

娘子关失守后，日军在寿阳兵分两路，直逼太原。形势危急，阎锡山命令卫立煌撤出忻口阵地，回防太原。随即在太原召集高级将领会议，研究防守部署，并迅速确定了依城野战的守城方略。设想：以一部兵力驻守城池以吸引敌人，同时集中大部兵力在城外合围，最后将敌人聚歼于城郊。亦即"利用太原四周既设阵地线，实行依城野战，以阻敌前进，消灭其兵力，待我后续兵团到达，再施行反攻夹击而聚歼之"。②

按照既定作战部署，傅作义出任守城指挥官，指挥所部第35军，以及独1旅、第213旅、第73师等部担任守城任务。同时以卫立煌指挥的国民党中央军及陈长捷的第61军分别占据太原东、西两山地区，利用两山有利地形，攻击敌之侧背，配合守城部队歼灭敌人；黄绍竑则指挥从娘子关退下来的部队阻击西进之敌，掩护守城部队侧背之安全；以到达黎城的汤恩伯军向榆次附近推进，与太原附近的部队夹击敌人，确保太原。③

傅作义临危受命，部署太原城防。城内：以第218旅董其武部驻守北城；第211旅孙兰峰部及第73师驻守东城；第213旅杨维垣部驻

---
① 苏芝军：《娘子关失守内因探析》，《湖北第二师范学院学报》2010年第4期。
② 中国第二历史档案馆编：《抗日战争正面战场》（上），江苏古籍出版社1987年版，第543页。
③ 中共中央党校本书编写组：《阎锡山评传》，中共中央党校出版社1991年版，第312～313页。

守南城；新编第1旅陈庆华部驻守西城。城厢前进阵地：由第218旅第420团一部把守北关兵工厂；第211旅第419团张惠源营防守东北城外；第211旅一部防守东南城外郝庄、双塔寺阵地；担任城防的杨维垣、陈庆华两个旅，分别在太原火车站和汾河东岸派出警戒部队；第35军骑兵连则在汾河西岸担任巡逻。其余部队编为预备总队，随时支援一线作战。①

此时，日军东线部队已进入距太原东南约17公里的鸣谦镇，并占领榆次；北线日军也越过石岭关向南追击。我方则因东路军撤退过速，北路军回援受阻，汤恩伯部在子洪口受东路溃军牵动，移动缓慢，刘湘部在新乡未能及时赶到，实际上只有傅作义率5万残破部队孤军防守太原。

4日，卫立煌被任命为前敌总司令。鉴于部队残缺，日军已逼近太原城郊的情况，卫立煌认为实施依城野战的计划困难，因此将所属的第14集团军一部置于太原城东沙河以北敦化坊等地，主力集结于西郊及西南郊汾河西岸，并授予傅作义"相机撤退"手令。②

5日，日军从南、北两个方向发动进攻，对太原形成南北夹击之势。日军出动飞机不断在太原城上空盘旋、轰炸。从晋东、忻口战场上撤下来的其他部队，纷纷绕道太原，向南撤退。

6日，日军板垣师团兵临太原城下，切断了太原与晋南的通路。卫立煌命令：主力部队转移到太谷、交城一线，以阻止日军沿同蒲路继续南下；第71师、独立第7旅、第8独立旅增援太原。但奉命增援的部队大都受阻，被迫沿汾河西岸南撤。只有独立第8旅的一个营于6日晚进入太原城内。当初设想的依城野战，至此实际上变成了孤城独战。

当晚，日本华北方面军第1军下达作战命令，命令日军第5师团

---

① 李茂盛等：《阎锡山全传》（下），当代中国出版社1997年版，第778页。
② 金绮寅、杨静：《激战晋中——太原会战》，《黄埔》2004年第6期。

九 苦战娘子关、保卫太原城

及其北线部队为攻打太原城的主攻部队，第21师团一部协同第5师团作战。

7日，太原城外的日军从东、西、北三个方向对太原城形成合围之势。日军主力步、炮、空协同作战，先以优势火力将城东北角炸开一个缺口，然后，步兵在飞机、坦克的掩护下猛攻城墙，守军第419团将士奋力反击，给敌人以重大打击。日军继续向城内冲锋，守军与日军展开肉搏，双方伤亡惨重。随后，一部分日军沿城墙向小北门城楼攻击，另一部分则冲入城内，与守军发生巷战。在小东门防守的第422团立即对敌人实施反击，预备队也投入战斗，方将阵地收复。

7日夜，傅作义一面到城中巡视，鼓励士气，以迎击敌人的反扑；一面急电蒋介石，报告战况。经过两日激战，守城部队减员严重，战斗力不足2000余人。

8日，日军按计划向太原城发动总攻。在13架飞机的轮番轰炸下，北城楼被焚，火焰弥漫全城。上午，城东北角及西北角均被敌人猛烈的炮火轰塌，东面及北面城墙也被炸出多处缺口，城墙掩体坍塌。与此同时，日军步兵在飞机、大炮的掩护下，向城内猛冲。守军奋勇还击，伤亡惨重。中午，防守东北城墙角的守军第435团一个营伤亡过半。敌人从该团阵地前的城墙缺口蜂拥入城。守军预备队驰援，在小东门、小北门之间的大教场、坝陵桥一带，与敌人展开激烈巷战。下午，守军将城墙各口封锁，并将攻入城内的1000余名日军歼灭。

入夜，日军空降增兵，突袭中国守军，西、南两城部队及预备队被敌击溃。傅作义看到局势已无可挽回，遂下令守城部队突围。8日夜间，守城部队全部突出城垣。9日，日军占领太原，华北仅剩的一座省会城市陷落。

忻口战役、娘子关作战、太原保卫战，被统称为太原会战。在整个会战中，日军参战兵力约4个半师团共14万人，伤亡近3万人；中国军队参战总兵力6个集团军,计52个师(旅)共28万余人,伤亡10万人以上。会战中,日军有生力量被大量消耗,牵制了日军沿平汉铁路南下的作战行动。[①]

---

① 金绮寅、杨静:《激战晋中——太原会战》,《黄埔》2004年第6期。

十、突袭神头岭

1938年3月，日军第108师团由邯郸西犯，进占长治，打通了邯郸至长治的大道，并企图与已占领汾阳、离石、风陵渡等重要城镇之敌会合，进而向黄河其他渡口进犯，直接威胁潼关和陕甘宁边区。邯长公路是晋西南敌军从平汉线取得补给的主要交通线，沿线各县城都有日军驻守，运输车辆来往十分频繁。据侦察获悉，涉县驻日军约有400人；黎城是日军第108师团的重要兵站基地，驻日军1000余人；潞城是其司令部，驻日军3000余人。

为了迟滞日军的攻势，配合国民党的正面战场，八路军第129师奉中央军委和八路军总部命令迅速南移至襄垣东南地区，伺机破袭邯长路。对这次战斗，师长刘伯承、政委邓小平在周密侦察和分析情况的基础上，根据敌人"一处受袭，他处必援"的规律，决定采取"攻其所必救，歼灭其救者"的作战方针：令第385旅第769团一部强袭黎城，吸引潞城之敌出援，而后由陈赓率领第386旅在黎城与潞城之间的公路上选择战场，伏击潞城出援之敌。

心细如发，精选战场

领到战斗任务后，旅长陈赓马上召集团级以上干部开会，会议的中心议题就是找伏击的地点。十几个人围着地图仔细搜寻，最终，一个叫神头岭的地方进入了大家的视线。从地图上看，那里有一条深沟，公路正好从沟底通过，两旁山势陡险，既便于隐蔽部队，也便于出击，再理想不过了。可是，等一行人亲自去勘察的时候，一下子都傻眼了：公路根本不在山沟里，而是铺在一条几公里长的光秃秃的山梁上，山梁的宽度不过一二百米。路两边，地势比公路略高，但没有任何隐蔽物，只是紧贴着路边还残留着国民党部队以前挖的一些工事。山梁北侧是一条大山沟，沟对面是申家山。山梁西部有个十来户人家的小村子，那就是神头村。显然，这样的地形并不适合打埋伏，因为部队在这里既不好隐蔽，也难于展开。

该怎么办？众人都没了主意。陈赓没有说话，而是把那些工事仔细数了一遍。回到旅部大家又讨论了很久，仍难以得出在哪儿打的结论。最后陈赓发言了："我看，这一仗还是在神头岭打。""神头岭？"大伙儿惊异地问。陈赓看出了大家的心思，说："对，神头岭。一般讲，神头岭打伏击确实不太理想，但是，因为地形不险要，敌人才容易麻痹。那些工事离公路最远的不过百米，最近的只有20来米，敌人早已司空见惯了。如果我们切实把部队隐蔽到工事里，敌人是很难发现的。山梁狭窄，不便于我展开，但敌人更难展开。大家说独木桥上打架，对谁有利呢？"[①]

听了这些分析，大家心里豁然亮堂了。事不宜迟，陈赓旅长做了具体部署：以徐深吉的第771团主力埋伏在神头岭公路两侧，正面阻击敌人；团特务连前伸至潞河村，向黎城方向警戒，相机炸毁浊漳河上赵店镇木桥；以叶成焕的第772团主力埋伏在右面的高地和神头村西侧，利用旧工事严密伪装隐蔽，对敌人实施主要突击；以其第2营位于申家山，作为预备队；以第3营（欠一个连）担任潞城方向警戒，断敌退路；以一个连伸至潞城东北袭扰敌人；以补充团埋伏在薛家庄、安南岭以西地区，从公路东侧突击敌人。

3月15日，天刚刚黑，部队就出发了。补充团的大部分战士，几天以前都还是辽县、黎城、涉县一带的游击队员和民兵，参加这么大的战斗更是第一次，他们个个摩拳擦掌，劲头十足，心情既兴奋又紧

---

① 德辰主编：《光荣与辉煌：中国共产党大典（1921—1996）》，红旗出版社1996年版，第727页。

十
突袭神头岭

张。到达神头岭后，各部迅速进行战斗准备。凌晨3点半，远处突然传来了一阵阵沉闷的轰隆声，原来担负"钓鱼"任务的陈锡联第769团对黎城的袭击开始了，顿时照明弹、敲锣声、号声、枪声、喊杀声响成一片。

战斗的气氛越来越紧张，第386旅的战士们加紧伪装。凌晨4点半，一切准备就绪，陈赓指示各团：每个营只许留一个团、营干部在外边观察，其他人谁也不许露面。部队静静地伏在工事里，等待着东方慢慢发白。枪炮声仍在不断传来，时紧时慢，时疏时密，指战员们静静地等待着，可心里都在画着问号：潞城的日军会向黎城派出援兵吗？

出其不意，攻其不备

"敌人来了！从潞城来的敌军援兵1500多人，已经到达微子镇。"收到敌情通报，大家心里甭提多高兴，敌人终于"上钩"了。

8点半，敌人的先头部队出现了。走在前面的是步骑兵，中间是大车队，后面又是步骑兵，一拉几里长。先头部队到达神头村后，突然停了下来。过了很久，才出来了一个20多人的骑兵搜索分队。他们像是发现了什么，沿一条放羊小道径直朝第772团第1营的阵地走去。眼看敌人的马蹄就要踩到战士们的头上了，此时空气仿佛凝固了一般，大家的心都提到了嗓子眼儿。但是，正如陈赓所料，敌人只注意了对面的申家山，对鼻子底下那些平常见惯了的工事，根本没放在眼里。看到申家山没有动静，敌军又继续前进了。日军满以为这样的大部队行动，八路军根本不敢惹，所以除了作战部队，又带了一个辎重队，妄图救援、护送一举两得。很快，敌人便大摇大摆地进入第386旅的伏击阵地。

9点半，待敌后卫踏入第772团伏击圈后，陈赓司令员发出号令：攻击！霎时，无数的手榴弹蓦地在日军堆里齐声炸裂，横飞的弹片，闪闪的火光，连同弥漫的硝烟与黄土，汇成了一条愤怒的火龙，一下把长长的日军队伍吞没了。"冲啊！杀啊！"战士们从工事里、草丛里飞奔出来，冲进敌群，用刺刀、大刀、长矛奋勇砍杀，只见到处是白光闪烁、红缨翻飞。敌人被打得措手不及，形不成有效组织，有的滚进沟内射击，有的躲在马后射击，有的端着刺刀与八路军战士肉搏。

战斗是精彩的，也是残酷的。第8连连长邓世松在夺取一段公路中，头部和胸部负了重伤，在牺牲前的一刹那，仍挥舞着手榴弹指挥战士们向敌人冲击；第1营一个战士负伤四处，用毛巾扎住伤口后，又一口气刺死三个敌人，当他停止呼吸时，手里的刺刀还深深地插在敌人的肚子上；司号员杜旺保，手里没有武器，就抱着一块大石头冲上公路，把一个敌人砸得脑浆迸裂；炊事员老邓也扛着扁担劈死了一个敌人。

正当双方拼杀得难解难分之时，埋伏在申家山的第2营冲了上来，他们吼着震天动地的杀声加入战斗。僵持的局面瞬时起了变化，中段的敌人完全失去了战斗力，绝大部分都成了八路军的刀下鬼。这时突然出现了一个意外情况：向西逃跑的残敌300余人钻到神头村，妄图凭借民房、窑洞顽抗，固守待援。如果让敌人在村里站稳脚，就等于让敌人占领了"桥头堡"，形势对八路军将极为不利。双方在村口展开了拉锯战，几个回合后，战士们终于占据了优势，几面夹攻，以风卷残云之势将剩下的日军消灭了。公路上躺满了横七竖八的日军尸体，厚厚的尘土，成了血的泥浆。

战至11时30分，除少量日军由潞城方向逃跑外，其余全部被歼。先前越过伏击地区进到浊漳河南岸的敌人，也被第771团特务连歼灭。13时，潞城之敌一部乘两辆汽车来援，被第772团第7连消灭于神头村西南。14时，又有汽车七辆载敌来援，被第772团炮兵连击毁三辆，其余窜回潞城。至16时，神头岭伏击战胜利结束。

神头奏凯，战果辉煌

神头岭之战，八路军第129师第386旅以伤亡240余人的代价，

十 突袭神头岭

歼灭日军 1500 余人，缴获长短枪 550 余支、骡马 600 余匹以及其他大批军用物资，[1]可谓战果辉煌、战功赫赫。这次战斗沉重地打击了入侵晋东南地区日军的嚣张气焰，破坏了日军的交通运输线，钳制了日军向黄河南岸和西岸的进攻，有力地策应了第 115 师在晋西地区的作战行动。这次闪电式的围歼战，打得日军丧魂落魄、震惊异常，称这是"支那军第一流游击战术"。当时，侥幸漏网的日本《东亚日报》随军记者本多德治在后来所写的《脱险记》中说："神头岭战斗大伤皇军元气，八路军的灵活战术，实在使人难以琢磨。……除了死以外，再没有旁的什么。"[2]战后不几天，日军汽车部队的一名伍长在日记里写道："第 108 师团这样的损失是从来没有的。潞安到黎城的道上鲜血这边那边流着。我们的部队通过其间，真觉难过，禁不住流下滚滚的热泪。"神头岭从此成了日军的"伤心岭"。[3]

神头岭伏击战分为两个战场，一个是黎城战场，一个就是神头岭战场。对于这种将作战兵力划为主攻和钳制力量使用，并互相配合、转化的战法，刘伯承有着形象的阐释："每一进攻战斗，必先选定主要攻击方向，集中主力，以争取决战的胜利。但同时对于次等方向，必须以另一部钳制敌人，吸引其注意力和后续部队，借此保障我主力的突击易于成功。换句话来讲，我们可以在次等方向用一个人去扭打三个敌人，同时就能在主要方向抽得三个人来痛打一个敌人，求得在总体上的胜利展开。这就是说明进攻战术区分为钳制队和突击队的缘故。"[4]这种采用"吸打敌援"的战术，使骄横的"皇军"再次领略了八路军的厉害，以后在华北平原的日寇，只要提起八路军第 386 旅都会引起恐慌和不安。

---

[1] 中共中央宣传部新闻局等编：《红色记忆：永远的丰碑》（第2部），学习出版社2007年版，第88页。
[2] 叶介甫：《陈赓神头岭巧设伏兵》，《党史纵览》2013年第9期。
[3] 贺建筑、王书范：《八路军的5次著名战役》，《环球军事》2005年第15期。
[4] 朱冬生主编：《世界经典战例（战斗卷）》，解放军出版社2010年版，第111页。

十一、晋东南反击"九路围攻"

1938年4月,华北日军为摧毁八路军刚刚建立起来的晋冀豫抗日根据地,调集3万多兵力,以分进合击的战术,分九路对晋东南地区进行"围剿"。八路军第129师、第115师第344旅、决死一、三纵队和各基干支队、地方武装,以及驻晋东南之友军,经过半个多月的浴血奋战,彻底粉碎了日军的围攻,有力地巩固和发展了晋冀豫抗日根据地。

晋冀豫根据地斗争形势

1937年11月上旬,日军侵占太原之后继续南犯,华北大部分地区相继沦陷。50万侵华日军中,在华北即达9个师团、5个旅团约30万人。国民党在华北虽有约70万兵力,但抗战初期仍丢失重地,华北局势十分严峻。中国共产党全面分析当时形势,认为在华北以国民党为主体的正规战争已结束,以八路军为主体的游击战争已开始转入主要地位,日军不久将转移主力向山西各县之要点进攻,要求八路军各部队坚持独立自主,放手发动群众,扩大武装,多打小胜仗,以影响全国。

在根据地创建中,第129师积极建立抗日民主政权,改造晋东南各县牺盟会组织,宣传群众、组织群众,加强筹粮、筹款,扩充兵员,推动大部分县、区、乡建立抗日政权。同时,建立军分区和各县、区游击支队,迅速发展抗日武装。积极组建晋冀豫军区,派出约三分之二的兵力,分散到各县区,组织游击支队,如秦(基伟)赖(际发)支队、汪乃贵支队、赵(基梅)涂(锡道)支队、谢(家庆)张(国清)支队,还有平定游击队、长凝游击队、祁县游击队、太谷游击队、榆社工人游击队、寿阳游击队等。为加强游击队建设,创办了晋冀豫军政学

十一 晋东南反击"九路围攻"

校,培养游击队骨干,积极开展游击战争。从 1937 年年底到反"九路围攻"前的半年时间,第 129 师先后取得了凤凰山战斗、长生口战斗、神头岭战斗、反六路围攻和响堂铺战斗的胜利。

国民党在山西境内的驻军除阎锡山部队外,还有曾万钟的第 3 军,李家钰的第 47 军,武士敏的第 169 师,朱怀冰的第 94 师,冯钦哉的第 14 军团、骑兵第 4 师,以及汤恩伯率领的第 31 集团军。第 129 师争取团结抗日力量,巩固和扩大统一战线,同时利用统一战线组织和发展武装力量。

反"九路围攻"的战场形势

为解除晋冀豫抗日根据地的威胁,1938 年 4 月初,日军 10 多个联队由邯(郸)长(治)大道上的涉县、长治,临(汾)屯(留)公路上的屯留,正太路上的平定,同蒲路上的榆次、太谷、洪洞,平汉路上的邢台,以及元氏、赞皇、昔阳、祁县等地,分九路向晋东南地区发起大规模的围攻,妄图以"分进合击"的战术,将第 129 师围歼于辽县、榆社、武乡地区。

第 129 师从当时缴获的文件中,发现敌人"四月上旬有较大攻击"的企图。于是,八路军总部在沁县小东岭召开军事会议,制定了粉碎敌人围攻的作战方针,主要采用运动战、游击战的原则:在日军未进入"利害变换线"①以前,采用内线作战,集中兵力,各个击破,当打敌一路时,余路钳制之;当日军进入"利害变换线"内时,则从敌间隙中转到外线作战,袭击敌之侧背,亦求集中兵力各个击破。

4 月 6 日,第 129 师在西井召开军政干部会,讨论反围攻具体作

---

① 《徐向前军事文选》:"利害变换线"是选择和掌握好跳出敌军合击圈的时机和地点。如果敌军几兵马同时围过来,跳得太早,会被敌发觉,他就会掉过头,组织新的合围;如果跳得太迟,就会被敌军围住。所以,指挥员在突围前,要计算敌军合击圈直径的大小,侦察各路敌人前进的路线、速度。在"扫荡"之敌开始活动,即将形成但尚未形成合击之前,主力在小部队伴动之下,跳出敌军预定的合击圈,转到外线,变被动为主动。

战方案，决定先在涉（县）武（安）间打敌一路。会后邓小平和陈锡联赴辽县指挥北面各部，动员群众"空舍清野"，布置后方工作。刘伯承和徐向前率部执行涉武作战计划。后因敌情变化，正太线之敌占了襄垣，八路军总部命令第129师西移，配合国民党曾万钟的第3军作战。这时，晋东南各部队都进入了作战地域。

反围攻开始阶段，主要进行游击战，消耗敌人的战斗力，使其疲惫，并寻找有利战机，在运动中给予打击。因此，日军的各路围攻大都受到了不同程度的抗击。日军第20师团第77联队，由洪洞进犯安泽、沁源，被第115师一部、决死一纵队和友军高桂滋部堵截；酒井旅团的一个步兵联队附骑兵、工兵、炮兵和辎重各一部，由太谷、祁县进犯子洪口，在东、西团城地区，遭到八路军友军武士敏和朱怀冰等部的阻击。日军第109师团两个大队由太谷、榆次，经长凝，向阔郊、马坊进攻，以榆社为目标，受到秦赖支队的钳制。日军第16师团兵分四路围攻，都受到不同程度的阻击。日军第108师团一个联队由长治经襄垣、西营、下良进迫辽县；步兵工藤联队附骑、工、炮、辎各一个大队，由屯留向沁县进攻，占领了沁县、武乡，逼近榆社。

长乐村一战粉碎"九路围攻"

第129师从鸡鸣铺撤出后，经偏店、桐峪、左会、石门，4月13日到贾豁镇，准备在武乡、榆社间打歼灭战。此时，日军第117联队进占武乡，并以主力北犯榆社，企图与太谷、榆社南犯之敌会合。但在八路军总部特务团和第115师第344旅一部的阻击下，又退回武乡。15日，第129师进至马牧、胡家垴、型庄、长庆凹一带，武乡之敌开始向襄垣方向撤退，第129师遂急令第386旅和第115师之第689团尾随追歼。16日晨，在南窑科地方，发现巩家垴有敌侧翼警戒部队四五百人。此时，日军大部已过长乐村，其辎重尚在白草延附近，而第129师第771团已到达白草延对岸之郑峪村、张庄以北高地，与第

十一 晋东南反击"九路围攻"

772团两岸平行。第129师遂令两团相对突击,将敌拦腰斩断,敌之辎重人马被压制在长乐村以西之型村、李庄、白草延、马庄一线一个狭窄的河滩隘路上。在两侧部队猛烈攻击下,日军人马尸首和辎重遍布河滩。战至中午,已过长乐村的日军主力1000余人返回解围,被第772团一部和第689团截住,战斗十分激烈。中午,日军第105联队从辽县、蟠龙方向增援,战斗更加艰苦激烈。为避免过大的牺牲,遂以第769团和第689团各一部布成游击网,阻击与迷惑日军,主力撤至云安村、合壁村一带隐蔽待击。一场恶战终告结束,这就是长乐村战斗。

长乐村战斗是粉碎日军"九路围攻"中具有决定意义的一仗,日军遭到歼灭性打击后,其他各路纷纷回窜。第129师各部乘胜追击,又在沁源以南及沁县、沁源间,辽县、和顺间,有力地打击日军残部,先后收复辽县、黎城、潞城、襄垣、屯留、沁县、沁源、高平、晋城等县,使长治之敌陷于孤立。4月下旬,长治之日军经白晋公路和曲(沃)高(平)公路向同蒲路南段撤退,又被第344旅、决死一纵队袭击,伤亡近千。至此,日军的"九路围攻"被彻底粉碎。

以第129师为主的反围攻作战,不仅打破了日军企图用分进合击战术驱逐或消灭晋东南根据地的计划,而且先后歼灭日军4000多人,收复县城19座,将日军全部赶出晋东南,基本控制了以太行山为依托的晋冀豫地区,为游击战争的大发展创造了有利条件。①

---

① 《徐向前反九路围攻》,原载《八路军》史料丛书(第1册)。

十二、吕梁山三战三捷

1938年9月，在日军大举向武汉、广州进逼的同时，华北方面的敌人也调兵遣将，试图一路由风陵渡向西夺取西安，一路由军渡进攻延安，以实现其侵占大西北的计划。此时，北路敌人的先头部队已侵占了军渡—碛口一线，指挥此次行动的日军第108旅团长山口少将一边命部队在黄河沿线不分昼夜地炮击河西守卫河防的阵地，一边在汾阳城里集中大量的弹药、粮秣和渡河器材，为西渡黄河做准备。汾离公路上，整日烟尘滚滚，日军的运输车辆"嘟嘟"地号叫着，来往不断。为了保卫延安，保卫大西北，巩固晋西北根据地，在吕梁山区开展游击战的第115师第686团准备与敌人展开一场战斗。

一战薛公岭

9月11日，第686团收到情报：敌人20辆满载弹药和渡河器材的汽车，将在两天后从汾阳起运，上级要求相机截击。战事将近，团长杨勇带领各营干部再次去薛公岭实地勘察。只见薛公岭四周峰峦重叠、沟壑交错，汾离公路顺着山势由东蜿蜒而来，岭下并排着四条南北方向的平行山沟，每条沟里都长满了齐腰深的茅草和杂乱的灌木。如果在每条沟里都埋伏一个排，那敌人就是磨道里等驴——没跑！这里实在是太理想了！大家正为找到有利的地形而高兴时，侦察队队长刘善福却指着山沟对面一个山头上的碉堡让大家看。原来敌人对这段凹地也十分警惕，在对面的制高点上专门修了一座高大的碉堡。每当敌人运输车队到来时，总是先派巡逻队搜索一下山沟，然后控制碉堡，确认安全后才掩护汽车通过。

十二 吕梁山三战三捷

怎么办呢？大家围绕这个问题议论起来。有人说干脆提前拔掉碉堡，但很快就被否定了，那样很容易打草惊蛇；又有人提议，在沟里埋伏部队的同时，也在碉堡后边的山凹里埋伏一个排，打碉堡和打汽车同时进行，让敌人两头招架，不能相互支援。但是，碉堡背后的山凹不大，一排人隐蔽起来很容易暴露，打起仗来伤亡恐怕较大。这时，迫击炮连连长吴嘉德说话了："这个任务交给我们吧！保证三炮消灭碉堡。"方案就这样定了。

9月13日晚，部队进入伏击地区。翌日清晨7点多，汾阳城附近的侦察员通知各村情报站说，敌人的汽车已经出城了。两小时后，日军果然出现在薛公岭前十多里的王家池，在那里加了水、添了油，半小时后又上路了。日军专门派出了一队巡逻兵开道，掩护汽车通过薛公岭。行至东山脚下，汽车都暂时灭了火，巡逻队继续搜索。只见他们持枪哈腰，呈战斗队形沿公路缓缓前进，还煞有介事地走走、停停、打打。待走到四条山沟附近时，一面虚张声势，一面用机枪、步枪向沟里盲目地扫射。也许因为日军近日来一直没有在此地发现什么情况，搜索很快就完毕了。接着，日军就稀稀拉拉地朝对面山头的碉堡走去。走近那个碉堡时，还"叭叭"朝天开了两枪，向隔山等候的车队发出信号：没有问题，可以通过了。

很快，轰轰隆隆的马达声又响起来，转眼间满载着敌兵和军用物资的20辆汽车，便一辆接一辆地开过来，进入八路军的伏击圈。"开炮！"口令刚下达，"轰"的一声第一发炮弹就爆炸了，不偏不倚正落在那个碉堡前。紧接着又是两炮，碉堡随着一团烟雾消失了。"冲啊！"隐藏在草丛中的战士们端着刺刀，猛虎似的从四条山沟里冲了出来。两边山头上的机枪猛烈地吼叫着，成排的手榴弹掷上了敌人的汽车，着了火的汽车"呜……呜……"地燃烧着、碰撞着，不一会儿就成了灰烬。

战斗不到一个小时，200多名日军除3人投降外，其余全部被歼。

王家池据点的敌人虽近在咫尺,但一时又不敢轻举妄动。他们打电话向汾阳报告,但电话线早已被截断了;想出兵增援,又恐自身难保,只好架起钢炮向薛公岭的群山盲目轰击,一直打到半夜。翌日,驻汾阳的敌人出动一个联队外加上千伪军,到处宣称要找第115师广阳团(第686团代号)决战,找不到人日军只好到处吹嘘:"广阳团被赶跑了。"此后一连几天,汾离公路再也没出现日军汽车。

二战油房坪

薛公岭伏击战可苦了黄河边上的山口少将,由于得不到后方支援,部队的粮秣和弹药发生了危机,没有办法只好派人出去抢粮。被派出去抢粮、抢船的日本兵到处受到游击队的袭扰,日军像一群饿狼一样被困在黄河边上,山口少将只好一边下令杀马充饥,一边电告汾阳求救。

一周后,汾阳的日军再次组织运输。这次他们学精不少,先派了两辆军用大卡车装了一百多名日军做试探性运输。这点小计谋早被杨勇识破了,他们按兵不动,让这车粮食顺利通过,给山口送了个"人情"。

敌人果然中了圈套,9月19日,汾阳城又出动了18辆载重汽车,车上装满了军用物资和渡河器材,由200名日军护送。这一天乌云密布,日军的汽车刚开出城就下起了瓢泼大雨,车上的日军一个个被淋成了落汤鸡。汽车到达薛公岭后,日军的神情异常慌张,机枪架在车头上,步枪也上了刺刀,路旁的草丛里突然跑出了一只地鼠,吓得十几车日军立刻停车,又是机枪扫射,又是小炮打,还进行了一次冲锋,闹了个大笑话。当汽车开到吴城后,日军一个个长嘘一口气,庆幸自己逃过了鬼门关。可是他们高兴得太早了,第686团和补充团在当地群众的帮助下,早已在油房坪公路的拐弯处设置了天罗地网。

日军的汽车开出吴城后,一会儿就到了油房坪大拐弯,这时车辆一辆接一辆放缓了速度。突然，"轰隆"一声巨响，一颗手榴弹从路旁飞上汽车。"同志们，冲啊！"随着指挥员一声令下，霎时八路军铺天盖地而来，喊杀声惊天动地。经过激烈的战斗，很快200名日军全部被歼。

三战王家池

一周之内连续损失400多名士兵和38辆汽车，日军第108旅团原有的50辆运输车被毁掉了五分之四。半个月前还雄心勃勃的山口终于扛不住了，准备撤退。这时师部又命令第686团：不能轻易放过敌人，要不顾疲劳，迅速准备再战。为了狠狠地教训日军，师部还把第685团第2营、特务连和一个山炮连也拨给第686团指挥，大伙高兴地说："这下更有办法了。"

但是，吃了两次亏的日军俨然已成惊弓之鸟，他们时时处在戒备之中，并在公路重点地段遣重兵设置了据点，想必这次战斗应该不太好打。"不入虎穴，焉得虎子！"这次，杨勇也改变了战术，决定冒一下险，将设伏点放在薛公岭东南汾阳县王家池附近公路两侧。王家池一带山高路窄，过去八路军经常在那里设伏，日军就是因为常在那里吃亏，才在那里设了据点。现在到敌人鼻子底下设伏，困难必然更多，但出其不意，攻其不备，越是这种大胆的行为，越可能收到奇袭的效果。9月20日午夜，部队分多路悄悄摸到了王家池附近，随时准备投入战斗。

21日，山口指挥1000多名日兵垂头丧气地由离石出发向汾阳撤退。为配合第686团作战，各地方人民武装对山口部队进行了"沿途欢送"，三里打一枪，五里甩一弹，闹得日军打打停停、停停打打。山口早已领教了八路军游击战的滋味，命令部下"不得恋战，飞速前进"。于是敌人只顾招架，并不还手，仓皇地沿公路败退逃窜。等他们行军到薛公岭山下时，早已疲惫不堪。

可是，埋伏在王家池的部队还一直在"恭候"着他们的到来呢。

中午时分，敌人的骑兵终于在公路上出现了，紧接着辎重、炮车、步兵前拥后挤地到了王家池的山谷。随着日军的先头骑兵走进伏击圈，第2营迅速发起了战斗，紧跟着各营也发起了冲锋。只听得四山五野冲锋号齐响，杀声震天，战士们从各个山沟、各个角落，一齐杀了出来，像洪水爆发一般压向敌人，1000多名日军全被围在了一条长长的窄沟里。第686团打击先头部队，第685团第2营由中间出击，补充团断敌退路，激战一小时，日军大部被歼灭。而号称"名将之花"的山口少将，此刻拼命催马企图夺道而逃，突然一颗子弹不偏不倚射进他的后脑勺，"名将之花"顿时凋谢。

吕梁三战三捷，共歼日军1200余人，毁、缴汽车30余辆，俘获日军19人，缴获战马100余匹、枪炮560余支。① 这是中国共产党领导的八路军独立指挥作战的胜利，是驻晋绥边区的游击队和汾阳民兵、群众支持和配合八路军作战的胜利。"吕梁三捷"又一次让日本帝国主义认识到了中国军民的厉害。战后，汾阳城四门紧闭，城内烟雾弥漫，日军焚烧了好几天的尸体，最后还开了个"慰悼"大会。

与此同时，八路军却在吕梁山区召开了一个盛大的祝捷大会。当天，杨勇收到日军驻汾阳司令官写的一封挑战书，大意是："前与贵军交战，遗憾万千……唯敝军不愿山地作战，愿约贵军到兑九峪平原一带决一雌雄……"② 杨勇读到这里不禁哈哈大笑，看来日军确实尝够了毛泽东山地游击战的苦头，被八路军打怕了。没过几天，日军果真调集了许多人马进驻兑九峪，等第686团"决一死战"，还冲着吕梁山用炮猛轰了一阵。但日军哪里知道，等着他们的不是什么兑九峪的决斗，而是整个吕梁山区更为广泛激烈的游击战争。

---

① 李文：《八路军——五师征战实录》（上册），湖南人民出版社2005年版，第98页。
② 李庚辰主编：《走向辉煌：中国共产党党史学习资料》（第3卷），四川人民出版社2002年版，第1665页。

十三、中国军队坚守黄河北岸

由于太原的陷落，国民党军队丧失了山西重要的战略支点。全国抗战爆发以来，为巩固山西战场而调入山西划归二战区指挥的中央军、西北军以及川军，沿同蒲线一路向南撤守。

日军在占领太原及其周边地区后，把占领晋南三角地带确定为华北方面军1938年上半年的作战任务，具体由香月清司指挥的第1军实施。日本华北方面军就此给第1军的命令称："随着作战准备的完成，应对京汉线方面黄河左岸（北岸）地区及山西省南部推行平定作战，并负责确保占领地区的安定。"同时命令临时航空兵团"以主力协助第1军"①。第1军根据晋南东有平汉路、西有同蒲路、南临黄河天险的地理特征，采取"中央沿同蒲路前推，两侧进行策应"的作战方针。②

进入山西的日军呈由北向南推进之势。卫立煌指挥第14集团军担任同蒲路正面防守任务。为阻敌南下，第14集团军在韩信岭一带构筑工事阻敌。经过十余日激战后，由于敌人采取迂回战术——东边由武安、涉县西进攻占东阳关，直扑临汾；南边由道清路西进迂回攻击晋南，第14集团军腹背受敌。卫立煌下令主力撤至太岳山、吕梁山和中条山。1938年2月28日，日军占领临汾。接着，日军再兵分两路前进：一路向西南方向，迅速攻占襄陵、汾城、新绛、稷山、河津，直达禹门；一路仍由同蒲路南下，直取蒲州和风陵渡。

同时第二战区对所辖部队进行了收容整编，形成了新的战斗序

---

① 日本防卫厅研究所战史室：《中国事变陆军作战史》（第2卷第1分册），中华书局1981年版，第11页。
② 杨圣清、段玉林：《巍巍中条——中条山军民八年抗战史略》，中央文献出版社2000年版，第50页。

列：司令长官阎锡山，副司令长官卫立煌。下辖：郭寄峤第9军、李默庵第14军、刘戡第93军、刘茂恩第15军、高桂滋第17军、王靖国第19军、李家钰第47军、陈长捷第61军、孙楚第33军（直属）、杨澄源第34军（直属）、傅作义（兼）第35军，以及朱德第18集团军、冯钦哉第14军团、赵承绶骑兵第1军、何柱国骑兵第2军、杜春沂第66师（直属）、郭宗汾第71师（直属）、金宪章新编第2师等。①

3月上旬，当三路日军会攻晋南时，攻占山东的日军也分东、西两路迅速南下，企图占领徐州。蒋介石担心日军占领晋南后，渡过黄河，袭击洛阳、潼关，使中原战局腹背受敌，遂电令第二战区："对晋南之敌应围歼之。""万一不能得手，须分向山地转移，全面游击。""不准一兵一卒渡黄河，积小胜为大胜，以挽战局为要。"②第二战区长官司令部据此进一步确定"巩固确保黄河以东以北阵地，绝不让敌人渡过黄河，以屏障西北及西南后方之安全"③的军事战略。提出"一部进至黄河渡口，并破坏其主要交通线；主力迅将东阳关内之敌捕捉歼灭之"的作战方针。原来的右、中、左三路军分别改为东路军、北路军和南路军。作战任务是：东路军，由朱德指挥，"歼灭东阳关内之敌，确保太行山，建立游击根据地，待机规复全晋；一部长期袭击正太路之敌"。北路军，以傅作义为总司令，"以太原、雁门、大同以西山区为根据地，发动全面游击，并袭击同蒲路北侧之敌，适时破坏其交通"。南路军，由卫立煌指挥，"一部于安泽、翼城地区，阻敌向白晋公路前进，协力东路军作战，主力以中条山为根据地，发动全面游击，并竭力袭击同蒲路之敌，适时破坏其交通"④。

太原沦陷前，第二战区长官部及山西省政府机关先行撤出，先到

---

① 阎伯川先生纪念会编：《民国阎伯川先生锡山年谱长编初稿》（五），台湾商务印书馆1988年版，第2074页。

② 蒋纬国主编：《抗日御侮》（第4卷），台湾黎明文化出版社1980年版，第53页。

③ 阎伯川先生纪念会编：《民国阎伯川先生锡山年谱长编初稿》（五），台湾商务印书馆1988年版，第2071页。

④ 蒋纬国主编：《抗日御侮》（第4卷），台湾黎明文化出版社1980年版，第53页。

十三 中国军队坚守黄河北岸

临汾，后辗转至晋西南一隅。而先后加入山西战场的中央军——包括西北军、川军、滇军各部，除一部分奉命调往其他战区之外，大部分在太原沦陷前后南撤。在韩信岭等重要关隘阻敌后，相继撤至晋南、晋东南，屯兵于中条山地区，构筑新的防线。1938年4—5月，随着晋南的沦陷和南路军的南移，山西正面战场逐步移到临汾以南和中条山地区。三四月间，李默庵的第14军转移到安泽、浮山和翼城一带；郭寄峤的第9军转移到乡宁、河津和稷山一带；第15军转移到乡宁、汾城间。随后，东路军中的大部分国民党军队，或因晋南作战需要，或不堪孤悬敌后的艰苦转战，也陆续转移到中条山地区。如李家钰的第47军于4月上旬，奉命调归南路军指挥，由陵川开抵平陆茅津渡接替宋哲元部防务；唐淮源的第3军由长子、沁水移到闻喜、侯马地区。第二战区副司令长官兼南路军前敌总指挥卫立煌，在指挥韩信岭守军转移后，即带领总指挥部和警卫部队转移到吕梁山之永和县，准备由此再转至中条山地区与大部队会合。不料在此遭到日军飞机的轰炸和日军的跟踪追击，为安全起见，他决定西渡黄河，假道延安，由西安转到中条山。

就在南撤之中央军进入中条山地区的同时，1938年7月，孙蔚如所部3万余名关中子弟北渡黄河，进入中条山地区。

先后转战中条山的部队总计兵力数以20万计。可谓重兵屯集，坚固设防，大有不容日军跨过黄河以西、以南地区半步之势，从而形成了国民党军在华北抗战中的一个重要支撑点。

1939年1月，卫立煌被任命为第一战区司令长官兼第二战区副司令长官，直接指挥中条山守军作战。这时他指挥下的中条山守军计有：自兼总司令的第14集团军，下辖陈铁的第14军2个师、刘戡的第93军3个师、武士敏的第98军2个师；孙蔚如任总司令的第4集团军，下辖赵寿山第38军1个师1个独立旅、李兴中第96军1个师1个独立旅、李家钰第47军2个师；曾万钟任总司令的第5集团军，下辖第 3 军 2 个师、刘茂恩第 15 军 1 个师和高桂滋第 17 军 1 个师；战区直辖的郭寄峤第 9 军 2 个师和 1 个独立旅。共 18 个师，3 个独立旅，近 20 万人。

此时，作为山西正面战场重要一翼的中条山地区直面日军的大举进攻，形势严峻。日军在侵占山西交通沿线大部分地区后，为了达到"固华北、抑洛阳、窥西安"的战略目的，从 1938 年起，先后 13 次围攻中条山地区。中条山守军孤悬大河以北，以血肉筑成新的长城，坚守阵线，英勇反击，"鏖战西阳""血染永济""八百壮士跳黄河"，致使敌之屡次进攻均未得逞。其精神可歌可泣，战绩可书可写。

1938 年六七月间，武汉保卫战全面展开之际，国民政府军事委员会为防日军渡过黄河威胁陇海路，接连电令第二战区"以必要兵力扼守要点，加紧游击实施，尽量破坏交通及通信，以分散敌部队进攻兵力，妨碍其渡河。晋南三角地带，应坚守茅津渡、平陆、芮城、风陵渡、永济各据点，阻止敌之渡河，并掌握豫陕各渡口，以确保晋省我军之补给"[①]。要求卫立煌将晋南守卫放在中条山地区。

徐州战役结束后，1938 年 6 月下旬，日军回过头来调集重兵，分东、北两路第二次进攻晋南，以巩固和扩大其占领区。东路日军以其豫北之第 14 师团及晋东之第 108 师团主力、独立第 4 旅团等组成，在 30 架飞机的支援下，由道清路入晋。北路日军以第 108 师团所辖之第 116 旅团及炮、骑、装甲兵加强分队组成，由正太路转同蒲路南下，于 7 月初到达临汾，企图与由东向西的日军夹击我南路军，解晋南之围。

卫立煌决心乘敌军尚在分散之际，予以各个击破。因为东线是日军进攻的主要方向，为此我方集中优势兵力，以第 14 军之第 83 师、第 85 师，第 38 军之第 17 师及独立第 5 旅等组成东路军，由第 93 军军长刘戡指挥，在垣曲县东部阻敌。从 6 月上旬到 7 月初，在垣曲县

---

① 蒋纬国主编：《抗日御侮》（第 4 卷），台湾黎明文化出版社 1980 年版，第 59~60 页。

东的西阳河两岸,双方发生激烈战斗。

6月初,当敌第108师团主力两万余人附装甲车50余辆,沿济(源)垣(曲)公路西进时,正遇上奉命由晋东南高平开赴平陆茅津渡的赵寿山第38军第17师抵达阳城横河镇。卫立煌立即急电赵寿山,要他以第17师主力推进王屋、封门口阻敌西犯。赵寿山接到命令后,立即命令第97团团长李维民率所部,于7日黄昏前集结封门口以南与第81师取得联系,构筑工事,准备击敌;第98团团长陈际春率所部配属张恒英独立营、殷锐敏工兵营、赵益元炮兵营,于7日黄昏前集结于封门口以北地区,构筑工事,严阵以待;第101团团长张复振集结邵源以东西窑门、东洋店地区,随时策应;刘威诚团集结邵源附近,构筑工事,作为师预备队。赵寿山率师部驻邵源指挥。

8日晨,敌军突破第81师阵地,长驱直入。上午10时,日军先炮击封门口李维民团阵地。接着,步兵在3架飞机的掩护下,向李维民团阵地发起猛攻。几次猛攻,均被击退。12时,敌又猛攻陈际春团,双方展开肉搏战,伤亡惨重。此时,赵寿山决心将敌阻挡在封门口以东,下令第101团增援。

10日凌晨,日军再次大举向第17师阵地发起猛烈进攻,全线展开激烈战斗,阵地四次失而复得,毙伤敌300余人,我军也伤亡200余人。

13日拂晓,敌向我全线猛扑过来,双方肉搏半小时,因众寡悬殊,第81师后撤,敌先头部队冲入邵源,第17师与之展开激烈巷战。14日,敌军纠集步骑兵500余人,向北寨阵地扑来,激战两小时,敌未得逞。随后,敌增兵500人再攻。待接近我外壕时,守军机枪、步枪、手榴弹同时开火,敌伤亡200余人。

由邵源西行数十里地,便是山西垣曲县境。两座高山之间有一条河水由北向南流入黄河,这条河即西阳河。从6月16日起,日军在飞机的掩护下,向西阳河两岸的西阳、蒲掌多次进犯,均遭到守军第83

师的迎头痛击,狼狈回窜。据日俘称:日军为了达到西进目的,曾枪决一个作战不力的联队长示众。敌进到西阳河后,我军克复邵源,截断敌军后路。敌在南北不过20里、东西约8里的西阳河地区,死守待援。

17日拂晓,我第14军第10师向河东的南西沟和东坡、第85师向河西李家古垛、第81师向河东提沟和前提沟、第17师向纸房头和王古垛全面展开猛攻。后因日军火力过猛,为避免过大伤亡而后撤。此后,改取白天炮击、晚上袭击战法,连续十日,使敌补给中断,仅能靠空投维持。

为全歼西阳河之敌,卫立煌令郭寄峤第9军、裴昌会第47师以及独立第5旅和战区直属炮兵团星夜推进到蒲掌、郭家山一带,归李默庵统一指挥。27日午夜,我军以共计7个团的兵力,另配炮兵1个团,向敌展开突袭。第10师、第85师、第17师、第81师分别攻克东坡、李家古垛、茶坊、提沟等处,毙伤日军500余人,俘敌209余人。

在前后半个多月的时间里,第85师官兵严守阵地,致使日军发动的多次猛攻,均未能奏效。战斗之惨烈,令人闻之感佩。一天夜里,日军偷袭第85师驻地南羊圈,我官兵与敌展开白刃格斗。黑沉沉的夜里,没有枪声,只有喊"杀"声、摔打声。刺刀捅弯了,就抡起枪托向鬼子的头上砸去,甚至用双手掐鬼子的脖子,用脚踢鬼子,用牙咬鬼子。战斗进行了整整半夜,来袭的日军除少数几个落荒而逃外,全部丧命。①

中条山西端的永济是晋西南名城,紧靠南北走向的黄河,与风陵渡成南北直线,是守护风陵渡的前沿要塞。1938年6月,孙蔚如奉命率部渡河前,已派独立第46旅旅长孔从周先期过河,占领了永济,在城外修起坚固的防御工事。随后,又调在河西执行河防任务的警备1

---

① 杨圣清、段玉林:《巍巍中条——中条山军民八年抗战史略》,中央文献出版社2000年版,第113~117页。

旅张剑平团进驻永济城防守。

8月初，同蒲路正面日军，继续向晋南三角地带进攻，企图再次占领黄河沿岸。我独立第47旅、第3军、第17师等部，在中条山北麓解县以南地区阻敌。日军一部转而进攻临晋县，企图迂回进攻永济。卫立煌决定以同蒲路为目标，全力逼近铁路线，分段袭击，迫敌退缩。于是，命令第31军团一部，第47军、第3军、第17军各一部继续"扫荡"横岭关附近之敌；第33军团主力向同蒲路南段之敌袭击。各部队接到命令后，即向日军展开袭击，并破坏了同蒲路交通。

8月9日，日军攻陷临晋。10日，进占黄河岸边的吴王渡。11日，该部日军得到运城方面的增援，继续向永济南进。孙蔚如指挥的第31军团奋力阻击，迫使日军向北退至张营镇一带。14日，日军再由临晋、运城、解县等地，调集步炮兵数千人，附飞机多架，增援东营镇，进攻永济县城，企图进一步夺取风陵渡。

为保卫永济和风陵渡，第31军团调整部署，以第38军独立第46旅担任由永济东关向东至中条山西麓的姚温台一线约20里的守备；第96军第117师（欠第529团）担任中条山西段虞乡、王官峪、水峪、解县、直岭、二十里岭等地的守备；第96军独立第47旅集结在永济县北栲栳镇一带机动控制猗氏、临晋；第31军团教导团集结在永济县韩阳镇、匼河镇、风陵渡等处。第31军团总部驻永济县韩阳镇东南约10里的六官村指挥作战，这里可以俯瞰整个永济战局。

8月15日，驻运城的日军牛岛第20师团，以1个联队的主力，配有炮兵4个中队、坦克3个中队及伪军一部，共3000余人，在10余架飞机的掩护下，分三路向我阵地扑来。敌主力从北面进攻我阵地正面，一路沿同蒲路进攻我右翼，另一路从西北方向迂回我左翼。独立第46旅所辖的3个步兵团，共5000人投入战斗，赵益元营长率山炮营在姚温台占领阵地。

战斗一开始，正面战场就打得异常激烈。第一线阵地经过两昼夜反复争夺后，敌人又集中兵力，在飞机和炮兵协同下，以30多辆坦克为先导，猛烈冲击我孟明桥主阵地，妄图实行中间突破。独立第46旅防御部队英勇奋战，有的战士腿断臂折仍然坚持战斗，以猛烈的火力机动灵活地反击，使敌人伤亡惨重；同时利用我阵地前伸的倒工事，以枪榴弹和集束手榴弹击毁敌坦克六七辆。经过激烈的战斗，终于打退敌人的陆空协同进攻。

郑培元团的杨键营所扼守的姚温台阵地，是日军进攻的另一目标。姚温台是一个制高点，起支撑全局的作用。经过连日争夺，我方伤亡惨重。团部令预备队张子馥营增援。旅长孔从周亲自率旅指挥部参谋人员，到前沿指挥。

战斗进行到第四天，日军一部从我军右翼经姚温台的半山坡窜入我阵地后方，并攻占万固寺、解家坟、西姚温等地，打乱守军的阵脚。第31军团长孙蔚如当即一面命令驻栲栳的独立第47旅樊雨农团就地攻击日军后路，牵制敌人，掩护独立第46旅重整旗鼓；一面命令教导团团长李振西率两个营收复万固寺、解家坟和西姚温，协助独立第46旅恢复原阵地。

李振西团长接到命令，见情势紧迫，派团部直属连队和第2连进入韩阳镇以西预备阵地，亲自率第3营、第1营向万固寺攻击前进。当日下午4时左右，第3营收回万固寺，并将我配置在该处被敌人缴去的两门山炮夺回。这时，第3营不幸误入敌人的埋伏圈，陷入日军重重包围之中。从凌晨4时到上午10时，与敌苦战6个小时，营长张希文及以下全营官兵全部壮烈牺牲。西姚温战斗结束后，日军将攻击的目标转向永济城。

8月17日，日军从东、南、北三面包围了永济城。张剑平团长带领全团官兵坚守城池，日军用炮火将城墙炸得到处都是缺口，城墙外的护城河已被双方士兵的尸体堵塞，变成一条"血河"。下午5时许，日军在坦克大炮掩护下冲进城内，守军官兵在城内展开巷战，连炊事

十三 中国军队坚守黄河北岸

员也抢着菜刀杀入敌群……6时许,永济失陷,500名官兵壮烈殉国。喋血蒲州城,是永济战役最为惨烈的一幕,600多名官兵在城外防线被突破,孤城被铁桶似的围住后,浴血苦战6小时之久,牺牲500多人。其悲壮之举,惊天地而泣鬼神!中国最高统帅部于8月26日以蒋介石的名义发来电报:"自张团长以次牺牲壮烈,特电慰勉。"①

整个永济战役,据不完全统计,牺牲了6000多名官兵,6000多人的血流在一起,足以形成一片血海!②

永济失陷后,教导团团长李振西在永济到风陵渡之间的韩阳镇筑起第二道防线,在当地民众的支援下,以灵活机动的战术阻击日军。期间,团副魏鸿纪带领一支便衣队多次插入敌后,奇袭敌营,搅得日军风声鹤唳。一个小小的韩阳镇,竟使日军半月之内都攻不下。于是他们又故伎重演,从中条山西部的王官峪迂回包抄。教导团在腹背受敌的情况下,遵照孙蔚如命令,撤出韩阳镇。

永济失陷,韩阳撤兵,从局部上看是中国军队的失利,而从战略上讲则是为中国军队争取到了时间和空间。因为孙蔚如渡河作战之初,主力第38军及第529旅尚未赶到中条山(此前,第38军归八路军朱德、彭德怀将军指挥,在太行山一带游击作战),300里中条山的防务也没有部署停当。永济战役后,中国军队各部已集结到位,中条山防务也基本就绪。而日军虽然占领了永济和风陵渡,但惧于中国军队的中条山防线会断其后路,仍然不敢举兵渡河。

1939年5月至6月初,日军集重兵"扫荡"中条山,企图夺取茅津渡黄河渡口,侵占陇海路,进犯豫西和陕西。国民党第4集团军所部为保卫茅津渡,与日军殊死战斗10余日,其中以6月6日之战最为激烈。

5月下旬,日军以牛岛第20师团全部和前田治第37师团一部,并

---

① 徐剑铭等:《立马中条》,太白文艺出版社2010年版,第66页。
② 《抗战是不能忘记的》,陕视网2005年8月6日。

配属第26野炮联队、第1山炮联队,共3万余兵力,在山口集成飞行队30余架飞机的支援下,由运城、夏县、解县、永济等地,分九路向平陆、芮城进犯。企图将"第4集团军所属第38军、第96军歼灭于芮城以东茅津渡以西地区"。①

1939年年初,第31军团改编为第4集团军,孙蔚如任集团军司令、李家钰任副司令,下辖原第31军团所属第38军、第96军两个军②,以及川军第47军李家钰部,共两万余人。5月30日,第4集团军总司令孙蔚如根据日军的试探性进攻,对守军部署做了调整。第38军所部第17师和独立第46旅,布防平陆县,重点守卫茅津渡,控制平陆西部张村、西侯一线阵地;第96军所部第177师和独立第47旅,布防芮城东部地区,以守卫县城和陌南镇为重点。同时,战区长官部令相邻的第3军、第14军、第15军、第17军、第47军等部,各自从正面攻击,牵制日军。31日,日军发起全面进攻。日军飞机在茅津渡上空低空飞行,狂轰滥炸。第38军组织对空射击,击落飞机一架,俘获驾驶员两名。

6月2日凌晨,由解县南犯之日军,进犯中条山北麓刘家窑至邵家窑一线第38军阵地,十多次攻击均被打退。由夏县南犯之日军沿张(店)茅(津渡)公路猛攻,侵占张店。芮城的第96军防线被突破,芮城县城失守,威胁陌南。第38军赵寿山军长接到第96军告急电报,令独立第46旅旅长孔从周率部增援。3日黎明,赵寿山令第17师耿志介师长率第97团、第101团、第102团猛攻张店日军,策应第96军作战。耿师长率部一举攻入张店,激战5小时,日军不支,大部被歼。

4日拂晓,日军集中全力攻击第96军。由运城出动7000余人进到云盖寺,向陌南包围;由解县出动4000余人,翻过中条山,直扑耙

---

① 陕西省户县政协文史资料委员会编:《赵寿山将军》,中国文史出版社1994年版,第68页。
② 刘国铭主编:《中华民国国民政府军政职官人物志》,春秋出版社1989年版,第437页。

十三 中国军队坚守黄河北岸

寺沟，突破独立第47旅防地，南下围攻陌南。第96军各部节节抵抗，逐步向陌南退守，处境险恶。孙蔚如电令赵寿山以部分兵力控制张茅公路南侧晴岚、西牛等地，监视夏县日军。

5日，独立第46旅进到平陆、芮城交界的西郑、东峪地区，归第177师指挥。日军步、炮、空协同，向第96军阵地猛轰猛攻。激战一天，陌南北部守军逐步退至陌南及其以西朱吕、下阳一线阵地，伤亡惨重。

6日晨，得到补充增援的日军，以更猛烈的火力向第96军第177师围攻。第177师激战三天后，全部退守陌南，立即被日军包围。第177师与攻入陌南的日军展开短时巷战，为避免全军覆没，师长陈硕儒率部向西南方向突围，撤至黄河沿岸的方家村、许八坡、老庄一带。赵寿山率第38军主力进至张家滑、岳村等地，与日军增援部队遭遇，多次猛冲，将日军击退，火速向陌南杀去。此时，第177师已突围。遂乘日军立足未稳，攻入陌南，短兵相接，白刃格斗，逐屋争夺，互相冲杀，战况惨烈。日军死伤甚重，弃陌南溃逃。随后，日军主力留一部继续追击第177师，一部回攻第38军。第177师被逼到黄河岸边，陷入绝境。陈师长突然决定由原路向陌南方向突围，日军竟一时不知所措。

第177师杀出黄河滩后，有两支队伍没能跟上，他们是新兵团和工兵营。这两支队伍分别被困在了黄河岸边的许八坡和马家崖。新兵团有1000多人，都是些十七八岁的新兵。小战士们在黄河滩上与日军舍命拼杀，牺牲了200多名弟兄后，剩余的800多人被逼上了河岸边180多米高的悬崖。800多名年轻的中国士兵——800多名"陕西冷娃"、关中子弟，站在高高的悬崖上，身后是奔腾咆哮、一泻千里的黄河；面前是密密麻麻、张牙舞爪的日军；放眼望去，东、西、南、北重峦叠嶂，云雾缥缈处则是他们的故乡。一名被敌人的战刀砍断了一条胳膊的战士，双膝落地，向着西北方向，"咚咚咚"磕了三个响头，然后站起来，一头扑进黄河！800多名小战士学着断臂壮士的样子，齐刷刷地跪在悬崖上，向着家乡跪拜之后，相继跳进奔腾的黄河。几乎在800多名壮士投河的同时，在相距10余里的马家崖，第177师工兵营200多位士兵也为捍卫中国军人的尊严而集体扑进黄河。

战役结束后，第4集团军在黄河岸边召开阵亡将士公祭大会，总司令孙蔚如将军痛书挽联："大河有情应知我八百壮士吟国殇；苍天有眼且看我十万雄兵灭倭寇。"然后，将军双腿一屈，跪在了黄河滩上……①

"六六血战"堪称1939年中条山地区最为惨烈的战役，整个战役延续了10余日，毙伤日军约1万人，粉碎了日军对中条山的大规模进攻。而我第4集团军的伤亡也有6000余人。战役结束后，全国新闻、报纸、电台均以"我军在晋南又获大捷"为主题做了报道。西安的新闻媒体代表关中百姓发出真诚的感叹："西北整个得以安定，皆赖我第4集团军英勇将士在黄河北岸艰苦支撑所赐……。"

---

① 柏冬友：《喋血中条山——记抗日英雄孙蔚如将军》，《海内与海外》2009年第6期。

十四、晋绥军转战晋西南

太原失陷之前,第二战区司令长官部随山西省政府及其他相关机构撤往临汾,晋绥军则陆续撤往晋西和晋西北地区。

1938年1月,收容整编后的晋绥军包括:第19军(军长王靖国)、第33军(军长孙楚)、第34军(军长杨澄源)、第35军(军长傅作义)、第61军(军长陈长捷)、骑兵第1军(军长赵承绶),5个步兵军、1个骑兵军,以及5个炮兵团。

1938年1月中旬,蒋介石为保卫武汉,准备在津浦路南段与日军会战。为此,要求一、二两战区部队保留在黄河以北,做反攻太原的准备。1月底,国民政府军事委员会电示第二战区向太原、石家庄等处迅速出击,以策应徐州方面作战。根据上述两道命令,第二战区决定:以主力保卫晋城、陵川、东阳关、韩信岭、汾阳、吴城镇,及绥西后套地区,相机推进;一部向平汉、正太、同蒲、平绥各路出击,破坏交通,并"扫荡"残敌,伺机规复石家庄、太原各要点。①

2月8日,八路军总司令朱德由洪洞赴临汾,与阎锡山、卫立煌研讨反攻太原的计划。2月17日,召开土门军事会议,决定:以一部沿同蒲路发动攻势,先将太谷以南之敌歼灭,乘势攻略榆次、太原,进出娘子关、石岭关地区。随即,开始实施反攻计划——由左右两翼向太原包抄,左翼前锋傅作义、郭宗汾等部,进逼太原近郊。

反攻计划开始实施之际,日军集结3万余人的兵力,发动了新的进攻,分南、北、东三路直扑临汾。面对日军的突然进攻,第二战区

---

① 杨建中:《阎锡山与山西抗战》,当代中国出版社2003年版,第143页。

长官部急命逼近太原的傅作义部回援交城、文水；总预备队指挥官陈长捷率第61军驰援隰县方面的第19军。酝酿了一个多月的反攻太原计划，只虚晃一枪，就在日军的新进攻面前落了空。

与日军发起三路进攻的同时，2月20日，阎锡山召集军政高级人员会议，检讨战区军政大计，建议中央采用游击战，并分二战区为数个游击区，配置部队，固守各区。同时严令各军注意防范，适时出击。

1938年2月28日，日军第108师团攻占临汾。

临汾失守后，二战区长官部及其他军政首脑机关，西迁至黄河边上的吉县。3月初，国民政府军事委员会电令第二战区："对晋东南之敌应包围歼灭之；万一不能得手，须分向山地转进，全面游击，长期抗战；不准一兵渡过黄河。"①鉴于几个月来的连连失败，在检讨作战方略的基础上，按照军委会电令精神，战区长官部调整作战方针，展开机动运动战，乘日军分兵深入、兵力分散之机，利用山地有利地形，进行阻击。

接踵而至的是日军对晋西的大规模进攻。3月10日，日本华北方面军第1军下达了"肃清"作战命令。15日，日军集结万余人的兵力，由临汾、蒲县、河津分八路出发，向吉县发动围攻。在此之前的2月16日，卫立煌被任命为第二战区副司令长官，继续负责前线指挥。在行营所在地吉县面临日军三面包围的情况下，3月15日，阎锡山召集临时军事会议，并以确保首脑机关安全，以利战斗为由，接受卫立煌等人的意见，决定率司令部非战斗人员暂时离开战地，西渡黄河。

4月20日起，为策应徐州会战，二战区部队发起反攻作战。一周内克复平陆、武乡、和顺、辽县、襄垣等处。5月4日开始，二战区晋南所部全线反攻，相继收复蒲县、永和、汾西、芮城、稷山等县城，并破坏同蒲铁路。到5月底，晋南失陷之城大部规复，日军只能困守运

---

① 蒋纬国主编：《抗日御侮》（第4卷），台湾黎明文化出版社1980年版，第53页。

十四 晋绥军转战晋西南

城、安邑、闻喜、侯马、新绛、曲沃六城,一度停止了大规模的进攻。

12月,晋南战场再次弥漫起浓重的火药味。下旬,日军调集兵力两万,九路会攻吉县,吉县及周边各县再度失陷。1939年元旦,阎锡山下达对吉县之敌全线攻击的命令。一周之后,吉县再次失而复得,大宁、蒲县、乡宁相继收复。

战略进攻阶段占领地的迅速扩大,严重消耗日本国力的同时,使日军泥足深陷中国战场难以自拔。因此,进入战略相持阶段之后,日军对正面战场的进攻,在速度、锐气和威胁程度诸方面显著减弱。加之中国共产党领导的八路军及其他抗日武装战略展开的实施,敌后战场对日军的牵制,致使日本侵华政策之重点逐渐向保守占领地转变。此后,在长时期内,在晋南、晋西南,日军致力于巩固占领区和治安强化,大的军事冲突基本上没有发生,战场一度沉寂。

1941年中条山会战之后,日军驻山西的第1军司令官岩松义雄以诱降为目的,集中优势兵力,向汾河一带晋西南的晋绥军发动进攻。为了变被动为主动,晋绥军发起"晋西大保卫战"——7月7日,第71师在离石县吴城镇西南与敌激战;7月14日,暂48师在赵城石明、好义与敌激战;7月19日,驻临汾敌分头向曹家岭、紫头、枕头一带进犯,与第72师激战;7月21日,我军克复中条山西部永济、芮城、虞乡及解县;8月7日,第69师在浮山之卧虎山与赵曲、尧庙出犯之敌激战……

8月12日,晋绥军克复孝义兑九峪后,本着缩小敌占区的要领,积极向东扩展,以温怀光之骑兵第1军一部,进出介休、汾阳一带活动,以主力对孝义实行围困,同时密派便衣队混入城内,作为内应。骑1军主力进逼城郊,里应外合,激战一昼夜,收复孝义县城。

9月,日军从晋南三角地带抽调兵力,联合汾南各据点敌万余人,在第37师团师团长安达二十三的指挥下,"扫荡"晋绥军汾南部队。晋绥军第34军军长王乾元率部在新绛之阳王、稷山之翟店一带与敌作战，激战五昼夜，辗转冲杀，毙伤敌数千。敌因损失惨重，而分别回窜。

10月，日军以第41师团为主力，辅之以第37师团、独立第16旅团各一部，共15000余人，分别向吕梁山外围及汾南各据点增加兵力后，即以有力部队，分路进犯黄河之禹门及师家滩等渡口，企图断我后方联络。该地均为第八战区部队驻守，尤以禹门渡附近之刘西咀，地势险要，敌正面攻击数次失败，突向北攻，由侧后袭击，遂至失陷，师家滩继亦不守。在此战役中，晋绥军第66师师长孙福麟率部分头截击，第34军亦乘虚击敌侧背，除侵据师家滩之敌外，其余各路之敌均被击退，毙伤2000余人。当敌攻禹门时，各路出击部队，同时发动有力攻势，先后收复新绛之古堆、稷山之翟店、浮山之天坛里、万泉之西景及万和各据点。①

1942年2月中旬，沿吕梁山各地之敌，由乡宁至孝义600余里间，增加五六万人，大举进犯吕梁山地区。4月8日，阎锡山在克难坡举行"民族革命根据地大保卫战集体宣誓大会"，发起保卫根据地运动，与敌展开激战。②先后发动了宋家庄战役、侯村盘道战役、华灵庙战役、黄花峪战役、李家张王村战役、康宁堡战役、石瓦庄战役、洪洞垣上战役、马首山战役。其中尤以王凤山第34军在汾南的作战最为惨烈。

1942年春夏，王凤山奉命率部在汾南进行游击战争。在屡屡受挫的情况下，日军集中优势兵力对第34军控制区域进行大规模"扫荡"。军长王乾元负伤，王凤山临危受命代理军长，指挥所部继续转战万泉、荣河一带。1942年6月17日拂晓，万泉、荣河、临晋、猗氏等县的日军千余人，在飞机、大炮及战车的掩护下，分数路突袭，把王凤

---

① 阎伯川先生纪念会编：《民国阎伯川先生锡山年谱长编初稿》（六），台湾商务印书馆1988年版，第2179~2183页。

② 同上书，第2187页。

十四 晋绥军转战晋西南

山及其第 45 师师部与第 2 团包围在万泉县张瓮村（今属万荣县）。激战两昼夜，日军损失惨重，驻河津敌千余人来援。日军在密集火力助攻下突破我阵地，双方展开白刃格斗，军长王凤山牺牲于两军阵前。

十五、第二战区发动"冬季攻势"

武汉、广州失陷以后,国民政府迅速调整军事战略方针,决定在执行持久战略的前提下,要转守为攻,转败为胜。为此,全国部队分三期轮流培训,限期完成,同时简化部队指挥层次,提高部队战斗力。

至1939年年底,国民政府军已完成了两期整顿。接着于1939年年末发动了一场几乎遍及整个正面战场的"冬季攻势"。这场攻势的目的,"就全盘而言,在继续消耗敌人导国军而后作战于有利;就局部而言,则在攻略几个要点或要区,以转换各战场之态势"。为此,国民政府军事委员会决定投入全国一半以上的兵力,攻击行动遍及绥西、晋南、豫北、豫东、豫南、鄂北、鄂中、鄂南、湖北、赣北、皖南、浙东等广大地区,以第二、三、五、九四个战区的兵力为作战主力,同时组织第一、四、八三个战区与苏鲁中战区、晋察冀战区的兵力配合佯攻。这次攻势的重点置于豫南、晋南、皖南地区,并部署在北战场以二战区部队为主,"攻略晋南三角地带为第一要着"。①

"冬季攻势"命令规定:"第一战区攻击开封、博爱,牵制敌人,切断汴新路及平汉路安阳附近交通,策应第二战区之作战";"第二战区应首先切实截断正太与同蒲二路,肃清同蒲线南部晋南三角地带敌人"。其作战要点是:"(子)由汾河北岸击破新绛、稷山、河津敌人,向南进击,由同蒲路东侧横水岭、夏县、平陆,向同蒲路攻击,重点置于翼城东侧地区,击破当面敌人,沿同蒲路向安邑进出,协力肃清

---

① 国民党研究资料丛书:《抗日战争时期国民党战场史料选编》,浙江省中国国民党历史研究组(筹)印行,第269页。

十五　第二战区发动"冬季攻势"

三角地带敌人，并以晋冀边境18集团军部队，切实截断正太路交通；（丑）切断同蒲路北段、介休、临汾间，及白晋公路之交通，攻击长治，并各以有力一部分由东西两面向曲沃、侯马、汾城攻击，掩护主力之侧背；（寅）以北路军主力指挥张砺生部，向归绥东南附近地区围攻敌军，并策动伪军反正。"①

按照上述命令，二战区司令长官阎锡山做了进攻部署，下令分四路对晋南三角地带日军发动攻势：

南路军总司令卫立煌指挥所部第17军及第4、第5、第14集团军，对封门口天井进行封锁；另以一部破坏介休至临汾段同蒲路，阻敌之交通。主力由浮山、翼城、横水岭、夏县、平陆、芮城间同蒲路攻击，重点置于翼城东侧地区，击破当面敌人，切实占领曲沃、侯马，阻敌援窜。再沿同蒲路向安邑进击，肃清三角地带之敌。

东路军总司令朱德指挥所部第18集团军及第27军、第40军，以主力截断东阳关、娘子关，阻绝增援之敌，并切断正太、白晋及同蒲之介休至太原段等路交通。一部围攻长治一带之敌。

西路军总司令陈长捷指挥所部第6集团军（欠杜春沂军）彭毓斌军（附郝玉玺、薄毓相、孙定国等部）、王思田师、刘奉滨师及崔道修、陈光斗（辖艾子谦、白英杰、张致良等部）等部，以彭毓斌军先肃清新绛、稷山、河津之敌，而后进出汾河左岸向曲沃城间活动，协同南路军肃清三角地带之敌。其余各部袭击当面之敌，并分遣一部进出曲侯以北同蒲路沿线，彻底破坏铁路、公路，断敌交通，掩护主力军之侧背。

北路军总司令赵承绶指挥第7集团军（欠刘奉滨师）郭宗汾军及卢宪高、刘武铭、郭挺一、薛文教、张砺生、侯光远等部袭击当面之敌，并破坏太原以北同蒲路。主力向归绥东南附近地区围攻敌军，策

---

① 中国第二历史档案馆编：《抗日战争正面战场》（上），江苏古籍出版社1987年版，第45页。

动伪军反正,与第八战区协同作战。

此外,宜川河防总副司令周玳、傅存怀、杜春沂指挥杜春沂军(欠齐田卿旅)、陈庆华师炮兵10个连,固守宜川河防。王靖国集团军(欠郭宗汾军)归司令长官部直辖,集结于大宁以西以北地区待命。其余分散在各地部队协同友军袭击当面之敌,并破坏铁路、公路交通。①

据此,二战区预定于1939年12月10日各路同时发起攻势。

南路军因日军于12月3日发动向中条山地区的第十次进犯,而提前发动攻势。自11月下旬以来,闻喜、夏县、运城、安邑一带,日军调动频繁。到12月初,日军在横岭关(绛县南)镇风塔迄老泰庙(闻喜东)一带集中4000余人,在闻、夏、运、安一带集中万余人,伺机发动对中条山地区之第十次进犯。12月3日,日军主力荒木、重松两联队附骑炮兵8000余人,在飞机20余架、战车10余辆的掩护下,分路向上下阴里大峪沟之线及闻喜、夏县各山口我第5集团军阵地进犯。第5集团军依既设工事与敌展开激烈战斗。

至4日,该集团军"逐段后撤诱敌深入","变更部署,以一部仍留置敌后方,担任袭敌击敌及交通之破坏,大军主力转移马家庙(堰掌东南)大道以南第二线阵地"。②第98军武士敏部之先头部队第42师增加于胡家峪东峪沟一带。5日和6日,敌继续推进,数度猛攻,均被我方击退。7日,第17、第98两军各一部由右翼向西出击,在上下横榆清山村及以北高地毙敌近千人。残敌西溃至马家庙一带后,与东犯之敌会合,并力向第3军第12师马家庙东南高地迄东西普峪之线阵地猛攻,双方激战两日。8日,第二战区副司令长官、南路军总司令卫立煌亲临前线督战。敌我几经争夺,进出10余次,鏖战至11日,敌严重受挫,全线崩溃,分向闻喜、夏县方向

---

① 《第二战区二十八年冬季攻势作战经过概要》,中国第二历史档案馆藏,全宗787,案卷5106。
② 同上。

十五 第二战区发动"冬季攻势"

后撤。

作战前后持续了九个昼夜,日军"伤亡惨重,除联队长重松负重伤外,江岛大队长亦被我击毙",计共毙敌2000余人。① "迄12日后,该集团各军逐渐恢复原态势,续行'扫荡'各山背之敌及向铁道沿线出击。""以第98(武士敏)军及第3(唐淮源)军之第7(李世龙)师向山口进出,围袭埝掌镇(闻喜东南)、尉郭镇(夏县北)各据点,并猛力向敌后方伸展截袭,将各该据点外围各小据点之敌次第肃清,并继续围攻横岭关、镇风塔、尉郭等处之敌,并截击敌之增援。"② "一部22日晚袭攻转山、横岭关,敌据险顽抗,经一夜之酣战,毙敌在500名以上";"另一部进袭镇风塔(横岭关西),23日已将其后方交通完全截断,敌陷我包围中"。③

第5集团军与进犯之敌激战之际,第4集团军孙蔚如部亦乘机积极出击。其主要战斗有:袭击张店镇、侯王村、从善村、夏县及二十里岭各据点,王峪口张店镇附近之战,袭击安(邑)、夏(县)、虞(乡)附近各据点之战,运城张店镇及附近之战。第4集团军战斗逾两月,"终予敌以重大之打击,在战略上获得相当优势。迄至2月中旬,除以一部仍不断向敌袭攻外,主力实施整训,准备而后之进展"。④

与此同时,在临(汾)曲(沃)方面,第14集团军刘茂恩部亦"分布翼城、绛县以东及浮山、安泽附近积极向敌攻袭"。⑤ 从12月中旬至1940年1月,第14集团军所部共毙伤敌人近千名。

在南路军各集团先后向敌发起攻势之际,东路军朱德所部亦相继投入战斗。第27军范汉杰部在长子、屯留一带,第40军庞炳勋部在壶关以南以东地区,第18集团军一部在黎城、潞城、沁县,主力在武

---
① 《抗敌报》1939年12月15日第2版。
② 《第二战区二十八年冬季攻势作战经过概要》,中国第二历史档案馆藏,全宗787,案卷5106。
③ 《抗敌报》1939年12月29日第2版。
④ 《第二战区二十八年冬季攻势作战经过概要》,中国第二历史档案馆藏,全宗787,案卷5106。
⑤ 同上。

乡、辽县、和顺一带积极发动攻势，与日军作战。在长子、屯留方面，"先后攻占晋东南长子、屯留外围各据点，包围长子、屯留"①，并一度攻占长子西关、北关。在壶关、高平方面，1940年1月16日，组织全线反攻，致敌不得不全部溃退回长治、壶关及附近各据点。2月15日，我"将向长子南之大堡头、长子西之石哲镇进犯之敌600余击溃，敌屡次增援企图反攻，终不获逞"②。在黎城、潞城、沁县方面，第18集团军第129师刘伯承部、第115师陈光部进行了邯长战役。12月8日开始，至26日结束，"共毙伤敌伪军700余人，收复黎城、涉县两城及敌据点23处"③。

南路军、东路军在各自战略区的作战持续了三个月之久。据统计，先后共毙伤日伪军逾万名，这样的战果，在战略相持阶段的二战区是绝无仅有的。蒋介石在"冬季攻势"总结时明确指出："尤其在晋东南的部队，因为经验多，敌情明了，准备亦较容易，所以能达到攻势相当的目的。"④特别是南路军打退日军对中条山地区之第十次进攻的作战，初步造成了对我有利的战略态势。国民政府军事委员会对国民党五届七中全会军事报告中指出："当时晋南三角地带之敌，为第37师团之主力，于我军开始攻击之前九次进攻中条山，全部被我击退，毙敌在3000以上。12月15日（应为12月3日）敌又向中条山中部做第十次之进攻，至18日又被我击退，残敌退集夏县张店镇，此时情况，于我最为有利。"⑤

---

① 山西省地方志编纂委员会办公室：山西地方史志资料丛书之二《抗日战争时期山西大事记》，1984年，第143页。
② 《东路军各时期之战斗》，中国第二历史档案馆藏，全宗787，案卷5106。
③ 山西省地方志编纂委员会办公室：山西地方史志资料丛书之二《抗日战争时期山西大事记》，1984年，第146页。
④ 秦孝仪主编：《中华民国重要史料初编——对日抗战时期》（第二编）作战经过（一），中国国民党中央委员会党史委员会1981年版，第257页。
⑤ 国民党研究资料丛书：《抗日战争时期国民党战场史料选编》，浙江省中国国民党历史研究组（筹）印行，第269~270页。

十五 第二战区发动"冬季攻势"

在南路军与东路军积极与日军作战的同时，阎锡山与山西新军的摩擦加剧，进而演变成以军事冲突为特征的"晋西事变"。原先布置在西路的部队，被认为是要"集中晋西的六个晋绥军，先'解决'决死二纵队，得手后北上进攻驻扎在晋西北的决死四纵队、工卫旅、暂一师和八路军，同时借助驻扎在中条山的国民党中央军，'解决'决死三纵队；对于决死一纵队则待机而动"①。据此，第6集团军总司令陈长捷、第7集团军总司令赵承绶暗中部署。这样，二战区"冬季攻势"中的西、北两路军，实际上主要是被用来对付新军。担任西、北两路的晋绥军，在关键时刻，掉转枪口去对付山西新军，使"冬季攻势"作战中的战略配合作用尽失，从而丧失了战机。对此，国民政府军事委员会也不得不承认，"假使陈长捷集团能按原计划由汾河北岸之稷山一带渡河而南，乘胜夹击，则敌第37师团不难歼灭，晋南三角地带不难收复"②。

---

① 牺盟会和决死队编写组：《牺盟会和决死队》，人民出版社1986年版，第141页。
② 国民党研究资料丛书：《抗日战争时期国民党战场史料选编》，浙江省中国国民党历史研究组（筹）印行，第270页。

十六、百团破袭大战

1940年8月20日至1941年1月下旬，八路军指挥华北各地的部队（第115师和山东纵队除外）对华北敌后的主要铁路、公路交通线（主要目标是正太铁路）展开了一次全面的大破袭，上演了震惊中外的百团大战。百团大战是八路军发动的一次在游击战争基本条件下的具有战略性质的进攻战役，其时间之长、范围之广、影响之深，成为抗日战争史上最为辉煌壮丽的篇章。

1940年这个多事之秋

1940年春，中国的全面抗战进入第四个年头。四五月间，欧洲战场形势风云突变，纳粹德国在很短的时间内便席卷了半个欧洲，这大大刺激了日本帝国主义争夺亚洲、太平洋地区霸权的欲望。为尽早结束中国战事，日本加强对中国的封锁和军事压力。趁法、英两国无暇东顾之机，日军封锁了中越公路和滇缅公路，切断了中国的国际交通线。6月，日军占领了宜昌，封锁了长江四川段的出口，随后又出动飞机3000多架次，对重庆及附近地区进行了持续两个多月的轰炸。

在军事压制的同时，日本帝国主义还多方面开展对国民党政府的诱降活动。3月和6月日本侵华军代表先后在香港和澳门同重庆政府的代表进行了两次秘密谈判，日蒋双方为板垣与蒋介石在长沙商谈停战交换了备忘录，国内出现了执政党投降的空前危机。受此影响，国内一部分人对抗战前途更加悲观。特别是在国民党统治区，妥协投降的空气日益严重，消极抗日、积极反共的暗流不断涌动。日伪军还在华北地区到处散布八路军"是搞乱的军队"，八路军"专打友军、不打日军"，八路军"游而不击、只吃饭不打仗"等谣言迷惑群众。

　　敌后斗争形势同样严峻。1939年以来，为了对付共产党的游击战，华北日军采取了极端分散配置的军事政策，使零星分散的游击战受到很大的限制。他们极力修建交通线，广泛挖掘封锁沟，疯狂地扩建据点和碉堡，企图依靠铁路、河流与公路，把抗日根据地切割成许多小块，以期限制游击战争的机动性，最后实现消灭八路军的目的。对此，刘伯承指出："做一个比喻来说，敌人要用铁路做柱子，公路做链子，据点做锁子，来造成一个囚笼把我军民装进里边去凌迟处死。"①

　　在这种背景下，为粉碎华北日军的全面进攻，打破其"囚笼政策"，争取华北抗日战局更有利地发展，遏制国民党妥协投降的倾向，并影响全国抗战局势的好转，八路军总司令朱德和副总司令彭德怀决定，集中八路军第120师（含山西抗敌青年决死队第二、第四纵队等）、第129师（含山西抗敌青年决死队第一、第三纵队等）不少于22个团的兵力和晋察冀军区部队，以破坏华北敌占交通线和据点为重点发起大规模的破袭战。1940年7月22日，八路军总部下达以破击正太铁路为中心的《战役预备命令》。8月8日，又发出《战役行动命令》，各部"限8月20日开始战斗"。

破袭、拔据点、"反扫荡"

　　1940年8月20日20时，在八路军总部驻地太行山腹地的王家峪，彭德怀发出战斗号令，正太路破击战准时打响。一排排红色信号弹划破了夜空的宁静，各路突击部队以迅雷不及掩耳之势扑向正太路日军的车站和据点，连续雷鸣般的爆炸声震撼着正太路百余公里的地域，震惊中外的百团大战的序幕拉开了。华北日军的各条主要交通线

---

① 李楠主编：《中国通史》（第19卷），河南大学出版社2006年版，第4327页。

瞬间淹没在八路军大规模破袭战的火网中。

第一阶段（8月20日至9月5日）：破袭正太路。按照八路军总部的战役部署，此次破袭战分三路同时进行。第一路在晋察冀军区司令员兼政治委员聂荣臻的指挥下，组成左、右和中央3个纵队、牵制部队和总预备队，主要破击正太铁路阳泉至石家庄段；第二路在第129师师长刘伯承和政治委员邓小平的指挥下，组成左翼队、右翼队、总预备队和平（定）和（顺）支队，主要破击正太铁路的阳泉至榆次段；第三路在第120师师长贺龙、政委关向应的指挥下，集中20个团的兵力在同蒲铁路北段两侧一些主要路口展开大规模破袭战。在第一阶段的作战中，由于战役部署周密，准备充分，部队行动迅速，突然而猛烈地破击了日军占领的交通线，使日伪军联络中断，交通瘫痪，猝不及防，陷入被动挨打、一片慌乱之中。破袭战摧毁了日军在华北的主要交通线，使正太铁路陷入瘫痪一个多月，同蒲铁路北段，平汉、津浦、北宁等铁路两次被切断，铁路沿线的部分公路也遭到不同程度的破坏。

第二阶段（9月11日至10月4日）：摧毁据点。第一阶段战役胜利结束后，八路军总部决定不给日军以喘息之机，实行连续作战。百团大战第二阶段随后展开，这一时期的主要作战任务是重点围歼日军深入根据地腹区的战略据点，同时继续破击敌之交通线。其中，第129师重点破击榆（社）辽（县）公路，以收复榆社、辽县为目的，进行了榆辽战役，并以主力一部同时破击白晋铁路北段；第120师以截断同蒲铁路北段交通为目的，集中主力彻底破坏同蒲铁路宁武至轩岗段；晋察冀军区以打开边区西北局面为目的，集中主力破击涞（源）灵（丘）公路，夺取涞源、灵丘，并以主力一部于同蒲铁路东侧，配合第120师作战。在第二阶段作战行动中，有的部队几经攻坚作战，付出了较大的牺牲，一些据点也没有完全拔除，但作战进一步巩固和扩大了第一阶段的战果，基本达到了第二阶段战役的预期目的。

十六 百团破袭大战

第三阶段（从10月6日至12月5日）："反扫荡"。在遭到八路军连续两个阶段的大规模打击后，日军深感八路军对其威胁的严重性。为稳定局势、巩固占领区，日本方面于10月上旬开始，陆续从正面战场调集部分兵力投入华北战场，对抗日根据地进行疯狂的报复性"扫荡"。为此，百团大战转入防御的第三阶段。这一时期，在日伪军对根据地采取空前毁灭政策的形势下，太行地区、太岳地区、晋西北地区等各根据地党政军民密切配合，广泛开展游击战和实行"空室清野"。同时，集中主力一部，寻机歼灭小股日伪军，或转到外线，断敌交通，袭敌据点。经过艰苦奋战，取得了反日军报复"扫荡"作战的胜利。

百团大战，影响深远

百团大战历时5个多月的前3个半月中，共作战1824次，毙伤日军2万人、伪军5000多人，拔除据点2900多个，攻入县城11个，毁铁路400多公里、公路1500余公里、桥梁和隧道260多处，缴获各种炮50余门、各种枪5800余支（挺）。同时八路军也付出了伤亡1.7万余人的代价。[1] 刘伯承在战后的报告中指出，百团大战总的来讲是一场打了胜仗的大战役，但存在不少战略战术上的错误，如敌众我寡之下，没有以弱示敌，过早暴露了我们的真实实力；没有充分发扬正规战与游击战相结合的传统优势，有些仓促上阵的意味，为了片面取得政治影响甚至矫枉过正。但是，毕竟百团大战的胜利向世界昭示了中华民族抗战到底、救国危亡的坚定决心和深藏于民的不竭动力，蒋介石在致电八路军的电报中，也不得不承认百团大战的战绩："贵部窥此良机，断然出击，予敌甚大打击，特电嘉奖。"[2] 同时，它鼓舞了全国人

---

[1] 卢来发口述，卢江林整理：《万马战犹酣》，武汉出版社2011年版，第140页。
[2] 谭一奇：《军事家毛泽东》（上），中国青年出版社2013年版，第329页。

民抗战胜利的信心,提高了我党我军的声望,锻炼了部队,向全世界表明了中国共产党及其领导的军队,是抵抗日本侵略者的中流砥柱,是争取抗战胜利的希望所在。百团大战当时被誉为"最近国内最痛快的一件事"①。毛泽东在致彭德怀的电报中也说:"百团大战真是令人兴奋,像这样的战斗是否还可组织一两次?"②朱德赞誉百团大战"带有全国性的伟大战略意义"。③

百团大战是抗日战争时期中国共产党与日军正面交锋规模最大的一次战役,从中华民族抗战的全局看,百团大战粉碎了日军的"囚笼政策",推迟了日军的南进步伐,增强了中国军民取得抗日战争胜利的信心,其战略作用和深远影响是巨大的。百团大战对第二次世界大战及中国战场局势的改变也起到了一定作用。百团大战以浴血抗战的事实驳斥了国民党顽固派对共产党、八路军"游而不击"的诬蔑,对坚持正面战场作战,遏制国民党妥协投降的倾向,争取全国抗战时局的好转起到了积极的推动作用。中国共产党的声望提高了,国民党也因此改变了对共产党的认识,加强了对共产党的控制。百团大战在中国抗日战争史上写下了光辉的一页。

---

① 郭化芳:《论百团大战及其胜利》,《百团大战历史文献资料选编》,解放军出版社1991年版,第468页。
② 谭一奇:《军事家毛泽东》(上),中国青年出版社2013年版,第329页。
③ 朱德:《扩张百团大战的伟大胜利》,《建党以来重要文献选编(1921—1949)》(第17册),中央文献出版社2011年版,第549页。

十七、中条山大会战

1939年，正当日军泥足深陷中国战场、进退维谷之际，法西斯德国在欧洲"旗开得胜"——1939年9月1日，以突然袭击的战术侵占了波兰，拉开了第二次世界大战欧洲战场的帷幕。由于英美等国的绥靖政策所致，德国法西斯在欧洲大地上所向披靡，不可一世。受法西斯伙伴所谓胜利的鼓舞，日本侵略者在兵力不敷的困境中做出了实施"南进"的决策。为此，1940年年底，日本政府及参谋本部调整了中国作战指导计划，做出"必须迅速解决中国事变"的决定，要求"在1941年秋季以前，改变预定计划，不放松对华压迫，准备在夏秋之季，进行最后的积极作战，力图解决中国事变"。"1941年度的作战，根据当前任务，大致确保现在的占领地区，尤其在夏秋季节须发挥综合战力，对敌施加重大压力。特别期待于在华北消灭山西南部中央军的一战。"[1]拟将这一战（中条山会战，日方称之为中原会战）与9月在武汉地区发动的长沙战役，南北呼应，一起作为夏秋之际痛击中国军队，以武力胁迫国民政府蒋介石集团的"对华战略之一翼"，以期取得既巩固占领区，又触动蒋介石国民政府的神经，达成所谓"中国事变解决"之效。

日本方面把中条山地区作为打击的主要目标，基于如下考虑："中共军进行了百团大战后，因几次受到日军的讨伐，战斗力恢复很慢；另外，山西军仍无意与中央军合作，战斗力也很低"，"扰乱治安的主要力量，仍然是盘踞在中条山中的卫立煌军"。而在整个日军占领区内，华北之"晋南是有蒋直系国民党军残存的唯一地区"。由此"决定

---

[1] 日本防卫厅战史室编纂：《日本军国主义侵华资料长编》（上），四川人民出版社1987年版，第612、615页。

自昭和十五年秋扫灭这一敌人,把对敌警戒线向黄河推进,以便完善山西省内的治安"。①

于是,日军在对中条山屡攻不下的情况下,为了迅速"解决中国事变",以便实施"南进",再次决定在中条山一带,发动对"中条山重庆军"的进攻。为此,日本中国派遣军甚至"不顾警备地区的治安状况的下降","从华中抽调第17、第33两个师团",配属华北方面军。再从关东军调来飞行第32、第83战队,第3飞行集团主力(轻轰6个中队、侦察3个中队、直辖2个中队、战斗1个中队),在运城、新乡两个机场展开,担任空中配合。接着华北方面军将其所辖兵力做了适应性调整:"把从华中调来的第11军的第33师团配属第1军,把第13军隶属下的第17师团配属第12军,令其与担任苏北、皖北地区警戒的第21师团交接,而将第21师团作为直辖。"进而编成了参加中条山会战的部队——第1军:第33、第36、第37、第41师团,独立混成第4、第9、第16旅团,军预备队;方面军直辖兵团:第21、第35师团;原配属第35师团之骑兵第4旅团一部及第3飞行集团。指挥官:华北方面军司令官多田骏中将,总兵力10余万人。②

为了配合对中条山的进攻,1941年上半年,日军组织相当于7个师团的兵力对我东南沿海首先实施封锁。同时对正面战场展开了所谓灵活的速战速决的战斗,发动了对豫南、上高的进攻。并于同年3月,由第1军进行了中条山外围作战——以第36师团发动陵川作战,打击了集结在晋东南陵川一带的国民党第27军;以第37、第41师团发起对第15军作战,在翼城以南、绛县以东地区袭击了与主力脱离的国民党第15军。以期对中条山的总进攻造成有利的战略态势。

经过充分的准备之后,日本华北方面军"着由第1军从山西省方面攻击,直辖的第21与第35师团从河南省方面攻击",决心"置作战

---

① 日本防卫厅战史室编:《华北治安战》(下),天津人民出版社1982年版,第237、272页。
② 耿成宽、韦显文编:《抗日战争时期的侵华日军》,春秋出版社1987年版,第290页。

十七 中条山大会战

地区于张马至垣曲一线,分成东西两个地区,把重点始终保持在西部地区"。"在正面利用已设阵地及黄河的障碍,以挺进部队切断退路,从两侧地区神速楔入突破敌阵,将敌完全包围。接着,以迅速的内部歼灭战和反复'扫荡',将敌完全歼灭。""为使作战准备周到、完善,各兵团长及幕僚们'在胜败在于八分准备'的口号下,共同对作战指导进行彻底的研究。"① 另外,各兵团在进行地图、兵棋和现地研究的同时,还进行了适应作战地区的地形和战况的专门训练。

其时,驻扎在中条山及其周边地区的中国部队,主要有划归第一战区司令长官卫立煌指挥的第 5 集团军(总司令曾万钟)所属第 3 军(军长唐淮源)之第 7 师(师长李世龙)、第 12 师(师长寸性奇)、第 80 军(军长孔令恂)之第 165 师(师长何蕃)、新编第 27 师(师长王竣)、第 34 师(师长公秉藩);第 14 集团军(总司令刘茂恩)所属第 15 军(军长武庭麟)之第 64 师(师长姚北辰)、第 65 师(师长李纪云)、第 98 军(军长武士敏)之第 42 师(师长李德生)、第 169 师(师长曹玉珩);第 9 军(军长裴昌会)之第 47 师(师长张信成)、第 54 师(师长史松泉)、新编第 24 师(师长夏季屏);第 17 军(军长高桂滋)之第 84 师(师长高建白)、新编第 2 师(师长高增级);第 43 军(归第二战区第八集团军建制,军长赵世铃)之第 70 师(师长石作衡)、新编第 47 师;第 14 军(军长陈铁)之第 85 师(师长张际鹏)、第 94 师(师长王建庆);第 93 军(军长刘戡)之第 10 师(师长王声溢)。总兵力 20 万人左右。

上述形势下,重庆国民政府军事委员根据"保守要地,力图持久,奠安内部,争取外援"的指导要领,确定了"加强中条山及潼洛工事,积极训练"的战略原则。电令黄河沿线"各战区应速加强阵地及河防工事"。接着,何应钦受蒋介石之命,到一战区巡视。并于 4 月 18 日、20 日两次召集第一、第二、第五战区军以上长官军事会议,研究中条

---

① 日本防卫厅防卫研究所战史室:《中国事变陆军作战史》(第3卷第2分册),中华书局1981年版,第133页。

山地带作战计划。提出:"为确保中条山,(一)第一步,应相机各以一部由北向南(93军),由东向西(27军),与我中条山阵地右翼各部,合力攻取高平、晋城、阳城、沁水间地区,以恢复(民国)二十九年四月前之态势。(二)第二步,与晋西军及第二、第八战区协力,包围晋南三角地带之敌,而歼灭之。(三)最低限度,亦须能确保中条山。"①

4月28日,国民政府军事委员会进一步做出日军有从济源、横(岭关)皋(落)大道会犯垣曲企图的判断,决定:(一)加强阵地工事破坏,阻塞主阵地前道路;(二)先制出击打破敌之攻势;(三)第二战区晋西部队向同蒲、第五战区汜东部队向陇海牵制策应。根据日军的进攻意图,以及上述防守出击计划,驻扎在中条山地区的国民党军主力进行了相应的配置——第9军裴昌会部在豫北之重镇济源,第43军赵世铃部在山西南端之垣曲,第17军高桂滋部在绛县地区,第3军唐淮源部、第80军孔令恂部在闻喜、夏县地区,第98军武士敏部在董封镇一线,第15军范汉杰部在高平地区,第14军、第93军等部在太行、太岳地区,对中条山实施策应。

1941年5月7日,"胜券"在握的日军,于傍晚时分突然一齐出动,由东、西、北三面"以钳形并配以中央突破之方式"进犯中条山地区。

东线,由原田雄吉指挥的第36师团主力、田中久一指挥的第21师团一部,以及骑兵第4独立旅团一部,约25000人,在伪军张岚峰、刘彦峰部的配合下,沿道清路西段分三路向济源、孟县进犯。西线,由安达二十三指挥的第37师团主力、井关仞指挥的第36师团一部、若松平治指挥的独立混成第16旅团,约25000人,自闻喜、夏县东南向张店镇进犯。北线,由清水规矩指挥的第41师团及池之上贤吉指挥的独立混成第9旅团共约30000人,以中央突破之闪电战术,由横岭关方面向横垣大道西侧猛攻。东北线,由樱井省三指挥的第33师团一部及独立混成第4旅团一部万余人,从阳城方面向董封镇一线

---

① 中国第二历史档案馆编:《抗日战争正面战场》(下),江苏古籍出版社1987年版,第1001页。

十七 中条山大会战

攻击。

第一战区司令长官部根据所得情报,针对日军分兵合击,袭击我通信联络及各级指挥部;以重兵攻占各交通要点,切断我军联络,各个击破;封锁山口、渡口,逐步紧缩包围圈,完成合击的企图,"于会战前,经以辰东诚电令各部以交通线为目标,加紧游击袭破,妨害敌之攻击准备及兵力集中"。但因战区主帅缺位(战区司令长官卫立煌到重庆述职),上述命令未能得到有效组织和实施,致使"会战开始第二日,因情况剧变,敌之来势极猛。当严令各部应力保现态势,粉碎敌蚕食中条山企图,诱敌于有利地带,转取攻势,而夹殄之"①。各部仓促应变,分别与各路日军交战,中条山会战正式打响。

东线,"日军左翼以温县为发起点,先头步兵5000以上,骑兵千余,炮20余门,飞机数十架,战、汽、装甲等车共百余辆,沿黄河北岸突进";"中央以沁、博为发起点,一股先头千余,循沁济大道西犯","另一股先头2000余人,附炮10余门,于窜陷西向义庄后,继向捏掌、紫陵、东逯寨、留村一带猛扑"。"同时,沁河北岸3000余人,以飞机10余架,炮20余门,强渡沁河。"② 守军第9军裴昌会所部在强敌进攻下节节防御,节节后撤。8日中午,即放弃济、孟两地,向西撤退。在全线溃退的形势下,第一战区长官部命令第9军"以主力于封门口北既设阵地,拒止沁、济之敌西犯,以一小部对敌侧击"。第9军部署新编第24师主力、第54师张团守封门口一线,第47师和第54师驻王屋的独立第4旅等在孤山一线游击。

封门口系西进必经之要隘,日军势在必夺。久攻不下,再行增兵。自9日上午激战至10日晨,终为敌所破。这时,中路日军已于8日晚攻陷垣曲县城后,分兵进攻邵源。长官部命令第9军主力由官阳南渡,以策应河防。11日,日军飞机百余架轰炸封锁官阳东西渡口,第

---

① 中国第二历史档案馆编:《抗日战争正面战场》(下),江苏古籍出版社1987年版,第1010页。
② 同上书,第1011页。

54师在遭受重大伤亡后渡至河南,其余各师团退至封门口至邵源以北山地。12日,该路日军一部占领黄河沿岸各渡口;主力则沿封门口西进至邵源,与从垣曲东进之敌会合,完成了对国民党第14集团军的内线包围。

西线是日军的主攻方向。"守军为孔令恂的第80军第165师和新编第27师,唐淮源的第3军第7师和第12师,以及直属第5集团军司令部指挥的公秉藩第34师。"①7日下午,"日军以多路纵队,成广正面队形,集中机、炮火力,并以飞机诱导步兵,向我西村、辛犁园、王家窑头、梁家窑头王竣师右翼第80团(唐、孔两军结合部)阵地猛攻。另以独立第3旅团附第37师团一部,向刘家沟、古王、计王王治歧师全面佯攻,牵制激战"②。8日凌晨,日军突破张店以东第27师防线,孔令恂、唐淮源两军联系被切断。第27师溃退至曹家川、太寨一带。与此同时,奉命到望原集中的第80军第165师在遭到日军袭击后也退至曹家川、太寨一线。乘隙而进的敌挺进纵队于当晚占据茅津渡以下的槐扒、尖坪、南沟等渡口;最远的一支进到平陆、垣曲、夏县三县交界处。9日正午时分,第80军所部遭敌便衣袭击和飞机轰炸扫射,进一步溃败。"在一场混战中,新编第27师师长王竣、参谋长陈文杞及第165师姚汝崇营长等多名军官牺牲在太寨村西的雷公庙岭附近。剩余部队傍晚退到黄河渡口南沟。"③第80军军长孔令恂、第165师师长王治岐弃部渡过黄河,失去指挥的部队争相竞渡,伤亡惨重。新编第27师副师长梁汝贤见事已至此,无能为力之下投河殉国。

夏县日军先头部队7000人分三股向南进犯唐淮源第3军阵地。8日拂晓,日军攻占中条山交通要道泗交村。然后,一路向西北奔袭第7师师部驻地王家河,一路向东南奔袭第3军军部唐回。王家河遭日军重兵包围,师长李世龙率部突围;唐回则在军长率预备队驰援王

---

① 杨圣清:《中条山战役研究述论》,《近代史研究》1997年第3期。
② 中国第二历史档案馆编:《抗日战争正面战场》(下),江苏古籍出版社1987年版,第1020页。
③ 杨圣清:《中条山战役研究述论》,《近代史研究》1997年第3期。

家河的情况下，被日军地面部队与空降兵协同占领。第3军军长唐淮源率残余人员向东撤退至温峪一带，被日军挡住南去之路，遂与敌激战，遭受重大伤亡后，再向东北、西北方向退去。12日，唐军长及其所部在尖山陷入日军的四面包围之中。在三次突围失败的情况下，"唐军长以保卫中条山职志未遂，当前大敌未殄，于尖山顶庙内自戕殉国"。① 同日，第3军第12师在突围至胡家峪后遭日军截击，师长寸性奇胸部中弹，身负重伤，但仍率部苦战。13日，寸部亦陷日军重围，寸师长二次负伤，右腿被敌炮炸断，自知无力回天，亦拔枪自尽。继忻口战役第9军军长郝梦龄与第54师师长刘家祺之后，再次谱写一军之中军长、师长同时殉国的悲壮史诗。

北线是曾万钟第5集团军和刘茂恩第14集团军两个集团军的结合部，日军的战略意图在于迅速攻占横（横岭关）垣（垣曲）大道，直取垣曲县城，对守军两个集团军实施分割包围，各个歼灭。战役一开始，日军即以重兵向横垣大道两侧猛攻。驻守横岭关东北侧的赵世铃第43军、西南侧的高桂滋第17军同时遭受日军重兵打击。激战至8日拂晓，第43军十八坪阵地被突破，堵击无效。军长赵世铃下令放弃阵地，撤向望仙庄一线；第17军虽依靠工事和有利地形进行了有效的抵抗，但终因左右两翼皆被敌突破，不得不退出防线。日军则在一举突破守军防线后，兵分两路："一路沿桑池、贾家山、杜村河南下（桑池守军第15军一部溃逃）；一路沿亳清河南下，经皋落、长直、王茅，直取垣曲县城。""8日黄昏，日军在伞兵部队的配合下，占领黄河岸边的垣曲县城，截断了与黄河南岸的联系。日军实现了中间突破计划，中条山国民党军队被分割成两半。9、10两日，日军兵分两路，一路向东，一路向西，东路于12日晨攻克邵源，与济源西进日军会合；西路于11日进至五福涧，与9日攻占五福涧的日军会合。至此，日军的内层包围圈完全形成，中条山守军黄河沿线的补给线和退路全被

---

① 中国第二历史档案馆编：《抗日战争正面战场》（下），江苏古籍出版社1987年版，第1019页。

截断。"①

驻防东北线的国民党守军主要有第14集团军司令部、武士敏第98军，以及第15军、第93军等部。7日晚，日军向武士敏第98军发起进攻，军长率领全军官兵拼死抵抗，在董封东西线上与敌激战，多次击退日军进攻。王村一战，击溃敌两千余人，毙敌滨田大佐以下700余人。10日，第一战区司令部鉴于"济源、垣曲间各主要渡口渐次被敌封锁，该集团整个补给线中断"的事实，命第14集团军"阳城以西部队主力，迅向沁翼公路以北分路转移，以旋回钻隙战法，打击敌人侧背。卯刻，该集团军全面与敌发生激战。申刻，交口之敌陆续增至三四千，窜陷清风圪塔、煤坪。同时，第10师与第98军结合部之二里腰，亦被2000余之敌突破。而陷邵源之敌，亦向西北紧逼。此时，该集团军三面有受敌顾虑"②。各部在突围游击中向北撤退。

在守军全线溃退的同时，日军以优势的兵力和猛烈的炮火占了先机，迅速完成了第一阶段的作战任务——突破了中条山地区的全部防御阵地，先后占领了垣曲、济源、盂县、平陆等县城及相关的关隘据点，封锁了黄河北岸各渡口，形成了对国民党军队的内外侧双重包围。随即，日军转入第二阶段的作战——对数路中国守军阵地，反复"扫荡"。以西线为例，日军"各兵团自11日并排向北返转，然后，又自5月15日再次转向黄河线，如此再三反复进行篦梳扫荡，一直进行到6月10日。在这样反复'扫荡'期间，各兵团所到之处消灭了敌人3000至5000名"③。守军主力在遭受惨重打击后先后突围：第3军、第15军等军残部在第5集团军司令曾万钟的率领下，西渡黄河，转到洛阳、新安一带整顿；第93军主力在摆脱尾追的日军后，由禹门口渡过黄河进入陕西韩城境内；第98军一部在军长武士敏的率领下，进入太

---

① 杨圣清：《中条山战役研究述论》，《近代史研究》1997年第3期。
② 中国第二历史档案馆编：《抗日战争正面战场》（下），江苏古籍出版社1987年版，第1014页。
③ 日本防卫厅防卫研究所战史室：《中国事变陆军作战史》（第3卷第2分册），中华书局1981年版，第134页。

岳山区；第43军向浮山、翼城间转进；第9军主力在道清路西段和济源山地游击数天后，分别由小渡口和官阳渡口南渡；……国民党中条山守军大部退出中条山地区，中条山会战黯然落幕，成为山西正面战场的绝响。

中条山会战前后历时一个多月，据日方的统计资料，国民党军队"被俘约35000名，遗弃尸体42000具，日军损失计战死670名，负伤2292名"[①]。而国民政府公布的材料则称，"综合会战，计毙伤敌官兵9900名"，我军"共伤亡、中毒、失踪官兵达13751员名"[②]。

---

① 日本防卫厅防卫研究所战史室：《中国事变陆军作战史》（第3卷第2分册），中华书局1981年版，第132页。
② 中国第二历史档案馆编：《抗日战争正面战场》（下），江苏古籍出版社1987年版，第1023页。

十八、日军"C号作战计划"覆亡始末

在电视连续剧《亮剑》中,有这样惊险的一幕:日军第1军(驻山西)特工队长途奔袭八路军总部,企图消灭八路军首脑;在其袭击下,八路军总部首长被迫撤离,以避其兵锋。然而鲜为人知的是,《亮剑》中的这一幕在60多年前曾真实发生过:1942年,日军第1军为完成其针对八路军总部和第129师师部制订的"C号作战计划"任务,竟然组建"特别挺进杀人队",对八路军高级领导人进行刺杀。同《亮剑》中日军特工队的命运一样,日军"特别挺进杀人队"也最终走向覆灭。

"C号作战计划"的出炉

在极其艰苦的"反扫荡""反清乡"斗争中,华北敌后军民屡次巧避锋芒,对此日军是气急败坏。1942年,日本华北方面军司令官冈村宁次训示:"破坏中共组织,中枢机关乃为至要,应尽量逮捕其主要人物。"[①] 在冈村宁次的指示下,日军第1军司令部很快制订出了一个所谓"晋冀豫边区肃正作战计划",即"C号作战计划"。其作战设想为:一方面,预定从5月15日至7月20日间,集中各兵团主力3万余人,对太行、太岳军区展开一连串"铁壁合围"和"梳篦战术"的大"扫荡";另一方面,"扫荡"前首先以军队佯动、制造谣言,以迷惑抗日军民,而后派出大量便衣特务混入根据地侦察破坏,直接奔袭首脑机关。

---

① 《彭德怀传》编写组:《彭德怀传》,当代中国出版社2006年版,第149页。

十八
日军"C号作战计划"覆亡始末

为保证"C号作战计划"的顺利实施，日军第1军长官岩松义雄特地从第36师团中各抽出百人成立了两支搞暗杀、破坏的"特别挺进杀人队"。一支叫"益子队"，由益子重雄为队长，重点破坏八路军总部，刺杀八路军副总司令彭德怀、参谋长左权等；一支叫"大川队"，以大川桃吉为队长，重点破坏八路军第129师师部，刺杀师长刘伯承、政委邓小平等。这些日军着装、武器完全模仿八路军，面涂褐色，配备重机枪、重掷弹筒和小型无线通信机等精良武器，每人印发八路军首脑的照片、简历和八路军兵力部署图、假印信、假路条等。他们昼伏夜出，自带数日粮秣和雨衣行囊，甚至脚穿草鞋，背大背包，不走大路，不生火做饭，不宿村客栈。或分散潜伏于大路两侧的麦地、窑洞、山谷内窃听八路军电话，或捕捉八路军单行人员，或用小型电台侦察报告八路军动向……苍茫无际、连绵起伏的太行山上，一时间黑云密布、杀机四伏。

第129师与大川挺进队的较量

1942年5月，日军首先对八路军第129师第386旅所在的太岳抗日根据地展开突袭。与此同时，大川挺进队也悄然出动，企图借此机会谋刺刘伯承、邓小平等领导人。

对于日本的这次作战计划，八路军的情报系统和侦察部队已捕捉到了一些蛛丝马迹，并及时对敌特的动向进行了跟踪。5月10日，第129师收到太行第一军分区的一份报告："据敌工站2日报，敌北支派遣军饭诏守中将拟于5月份'扫荡'太岳区，闻正调集兵力。"[①] 由于各种原因，第129师师部收到电报时已经距离敌人发送电报过去了10天。事不宜迟，5月12日，第129师马上向所属各部队下达"反扫荡"命令。5月14日，即命令发出去的两天后，日军即以16个大队的兵

---

① 王熙兰：《刘伯承遇险实录》，广东人民出版社2004年版，第128页。

力，向太岳南部根据地开始了大规模的军事"扫荡"。幸运的是，这次暗杀行动被八路军的情报人员成功化解了。

紧接着第 129 师师部进驻太行山腹地涉县会理村的消息为敌特获悉，大川挺进队便扮作八路军模样，又向会理村开来。这次，八路军情报系统再次发挥了重要作用。23 日，师部收到第五军分区的报告："小曲峧发现穿皮鞋、灰衣服的敌探百余，有向王堡、会理前进模样。""一名'八路军战士'在小曲峧村帮助'土改'，被当地群众识破系日军特务化装而成后逃跑。"种种迹象表明，日军正在向第 129 师师部靠近。刘伯承没有迟疑，当晚就带领师部进行第二次转移。惊险的是，第 129 师师部仅仅离开会理不到 3 个小时，就有一股伪装成所谓"新六旅"的日军独立支队 1000 多人赶到这里。

八路军总部与益子挺进队的遭遇

日军进攻太岳军区失手后，没有穷追不舍，而是利用太岳主力转移、太行区较为孤立的机会，全军于 19 日掉头，四面围击以涉县、辽县为中心的太行区。

1942 年 5 月 21 日，益子挺进队乘夜色离开辽县，先行潜入八路军抗日根据地。他们于 22 日晚向武军寺的八路军总部发动奇袭，结果扑空，一无所获。事实上，当天八路军总部刚得到一份电报："发现一支来路不明的武装队伍，身着便衣，携带小型电台，约有一百人，后去向不明。"[①]彭德怀、左权综合判断情报，随后决定总部转移，这才化险为夷。

此时八路军总部已经侦知了日军的作战意图，便频繁地变换驻地和行进路线。但是，益子挺进队并没有善罢甘休，他们不断调整追击方向，并利用先进的电信情报技术，最终发现正向郭家峪转移的八路

---

① 萨苏：《国破山河在》，山东画报出版社2012年版，第51页。

军总部的踪迹。危险此时正悄悄地向彭德怀、左权所在的总部靠近。

5月24日，八路军副总司令彭德怀、副参谋长左权率领包括八路军司令部、政治部、后勤部、中共中央北方局、中央干部学校、新华日报社等主要机关的众多人员撤离。谁也没有料到的是，此时他们已中了日军的伏击圈。在益子挺进队准确情报的帮助下，25日拂晓，日军在十字岭一带对撤退中的彭德怀纵队进行猛烈围攻，并以第29独立飞行队反复轰炸。尽管总部经过激战最终突出重围，但八路军也因此遭受了前所未有的重大损失：左权、海凤阁、李文楷、李月波、张衡宇、何云等壮烈牺牲；张友清、谢翰文、孙开楚等被俘。

"C号作战计划"的覆灭

左权牺牲后，八路军总部深受震动。他们吸取经验教训，决定采取"居无定处，行无定向"的战略战术，在灵活而主动地牵着日军主力在大山深处兜圈子的同时，指挥太行、太岳部队的千军万马跳到外线，以雷霆万钧之势向日军后方的据点、仓库、补给线和交通干线发动反攻。在太行山军民内外两线作战的夹击下，来势汹汹的日军不得不于6月中旬开始撤退。

当然，对于导致左权牺牲的罪魁祸首——日军益子挺进队自然不能放过。彭德怀亲自找八路军总部特务团团长欧致富谈话，命令他务必干掉益子挺进队。接受任务后，欧致富在八路军特务团精心挑选了一批队员，刻苦训练，伺机报仇。

1942年12月，潜伏在平顺的太南办事处特工得知：春节前后，益子挺进队有一个小队30多人要去祁县参加庆功会。大年三十晚上，特工队员们三三两两地进入大德兴饭庄，他们有的化装成跑堂的忙前忙后，有的化装成朋友异地重逢，有的化装成商人洽谈生意，分别布置在益子挺进队的周围。晚上10时，以队长刘满河摔酒杯为号，暗杀队队员们亮出匕首，同时动手。此时，益子挺进队的特务们一个个酒足饭饱，喝得酩酊大醉，毫无戒备。不到一袋烟的工夫，益子挺进队一个小队的日本特务已被全部杀死。

八路军在祁县暗杀益子挺进队特务的行动，引起挺进队其他特务的恐慌。为避免八路军继续追杀，日军第1军司令官岩松义雄经请示华北方面军司令官冈村宁次同意后，下令解散了益子挺进队。这一年年底，岩松义雄在给冈村宁次的电报中写道："昭和十九年，太行山之刘邓及其附属部队羽翼日丰，方面军如不增派精锐兵力进剿，终为华北之最大祸患……"[①] 至此，日军处心积虑的"C号作战计划"宣告寿终正寝。

---

① 王熙兰：《刘伯承遇险实录》，广东人民出版社2004年版，第162页。

十九、沁源围困战

抗日战争期间,在太岳抗日根据地的腹心地区——沁源县,曾展开一场由8万军民对日本侵略者的长达两年半的围困斗争。这次围困战放出了"万丈光芒的异彩"[①]:8万人口的沁源成了日寇坚甲利兵所攻不下的堡垒,成了太岳区的金城汤池。当时延安《解放日报》发表题为《向沁源军民致敬》的社论,称赞道:"模范的沁源,坚强不屈的沁源,是太岳根据地的一面旗帜,是敌后抗战中的模范典型之一。"[②]这场不屈的战斗、英雄的战斗,充分证明了中国人民是不可战胜的!

"山岳剿共实验区"计划

沁源,地处山西省东南部,东有太行山屏障,西有吕梁山依托,南北向扼同蒲、白(祁县白圭镇)晋(城)铁路,东西向扼临(汾)屯(留)公路,可北瞰晋中,南瞰晋南,战略位置十分重要。1940年以后,随着中共太岳区委、八路军太岳军区、晋冀鲁豫边区政府太岳行署的相继成立,沁源逐渐成为太岳抗日根据地的政治、军事、经济中心。以沁源为依托,太岳抗日根据地不断发展壮大,日益威胁着日军在山西占领区的安全。

为了拔除这个眼中钉、肉中刺,日军对沁源先后进行了8次疯狂"扫荡",并实行残忍的"三光政策",但是每次都以失败告终。太岳抗日根据地非但没有缩小,相反却由太岳山北部地区逐步向南部地区发展。1942年,不甘失败的日本华北方面军司令官冈村宁次提出要在沁

---

① 董谦:《没有人民的世界》,人民出版社1979年版,第10页。
② 中共中央北方局资料丛书编审委员会编:《中共中央北方局·抗日战争时期卷》(下册),中共党史出版社1999年版,第9页。

源制订"山岳剿共实验区"的计划,妄图以占领沁源为突破口,逐渐把太岳抗日根据地北部地区(简称"岳北区")"蚕食"成敌占区,并作为日后华北日军实施山岳"剿共"作战的样板。10月20日,在冈村宁次的策划下,日本华北方面军纠集第36、第37、第69师团各一部,连同伪军共一万余人,开始对岳北地区进行新一轮的冬季大"扫荡"。

与以往不同,这次"扫荡"之后,日军没有把兵力全部撤走,而是把第69师团第60旅团的伊藤大队留置于沁源,妄图实行长期驻剿。日军在沁源城外的柏子、阎寨、新章、城关和绵上(旧县名,今属沁源)的土陶、郭道等地构筑了15个据点,同时大抓民夫抢修安(泽)沁(源)大道和二沁(沁县至沁源)大道,在城关东北的莲花池附近赶修机场,还在据点周围挖壕沟,修碉堡、炮楼等防御工事,铁了心要在沁源干出一番"名堂"。

日军由奔袭、围攻、"扫荡"根据地,变成了"腹内开花""长期驻剿"。这种新花招不仅使沁源人民的生命财产受到直接危害,而且使太岳抗日根据地的存在也受到严重威胁。如何对付"长期驻剿"的敌人,成了沁源县以至整个太岳区军民面临的重要问题。

人民战争的"汪洋大海"

针对这种态势,1942年11月11日,中共太岳区委和军区决定:"在党的一元化领导下,依靠广大群众,广泛开展群众性的游击战争,实行长期围困,战胜敌人。"[①]此后,中共太岳区委、八路军太岳纵队兼太岳军区成立沁源围困指挥部,以决死第一纵队第38团为骨干,结合各区游击大队及民兵,组成13个游击集团,广泛发动和依靠广大群众,展开了由主力兵团、地方武装和民兵以及广大群众相结合的群众性的围困斗争。在武器装备极为落后的情况下,沁源广大军民充分

---

① 刘开基:《围困沁源》,《人民日报》1955年8月25日。

十九 沁源围困战

发挥自己的聪明才智,创造了千奇百怪、花样繁多、层出不穷的袭扰战术,使敌人从此陷入防不胜防、胆战心惊、万劫不复的人民战争的"汪洋大海"中。

"没有人民的世界" 为了有效地开展长期围困斗争,全县首先开展了"空舍清野"大动员。以沁源为中心的安沁大道、二沁大道两旁距日伪据点5公里、距大道2.5公里的20多个村庄,3200余户,1.6万居民,用了不到一个星期的时间,全部转移隐蔽到沁河两岸的深山密林中。在转移的过程中,为了不给日伪军留下任何可以利用的物资,各村镇的老百姓把能带的粮食、蔬菜、被褥、衣物、灶具、门板等东西全都带走了,一时没法带走的,就暂时掩埋在地窖或窑洞里。同时,把能填的水井都用土填上,来不及填上的就用头发、粪土、死猫死狗等脏物将其污染、破坏。这样,日军无水喝、无粮吃、无柴烧,真正陷入了一个"没有人民的世界"。驻在城关镇里的日军伊藤大队长向驻临汾的师团部写信诉苦说:"来到这里没有人,没有粮,没有水,天天有病倒的……"①

"到敌人嘴里把粮食抢出来!" 解决山上百姓的吃饭问题,是这一时期围困斗争的主要任务。一次,一个老汉趁天黑摸进城里,把自家磨盘下面埋的三斗小麦背了出来。指挥部受此启发,就动员大家回城抢粮食。每到夜里,百姓就悄悄摸回家,有时一夜之间竟出动军民上万人。后来,抢粮运动升级成了"劫敌运动",不仅抢自家的粮食,日军的东西也让百姓"捎带"回来了。沁源城内北街有一个妇女叫郭效兰,连续几次摸回家,背出了八担粮。有一次,她竟摸到日军的粮站,把日军装好的五斗小麦也扛了出来,一下子成了群众心目中的英雄;交口据点的敌人有六副水桶,一个夜晚便被"劫"一空;"劫敌英雄"史载辕,有一次摸进敌人据点,居然把一箱子弹给扛了出来。群

---

① 山西省沁源县志编纂委员会:《沁源县志》,海潮出版社1996年版,第355页。

众性的抢粮运动使日军的粮食根本不够吃,唯一的补给线也被沁源军民破坏得三天两头停运,大米、罐头运不上来,沁源的日军不得不杀野狗、军马充饥。

"造雷运动" 这段时期,"造雷埋雷"成为沁源百姓围困日军的一个有效办法。沁源山多水多,各种石头应有尽有。广大军民利用这一条件,人人学造雷,家家造石雷。当时曾流行这样一首《石雷运动歌》:"一颗石头蛋,中间钻眼眼,别看个头小,本事不简单,轰隆一声响,炸得几丈宽,炸着鬼子人和马,抢着他的轻机关。"除了石雷,沁源军民还发明了瓷雷、泥雷、木雷、滚雷、水雷、草雷(在草丛中埋设)、连环雷、踏拉雷(前踏后响)、空炸雷(在空中爆炸)等各式各样的地雷,编织起蛛网密布的地雷阵。此外,沁源人民就地取材,把再平常不过的圪针变成打击日军的"奇兵妙器"。一排一排的圪针被埋在由城关通往四乡的道路上,日军没法通过,只好一根一枝拔掉。可万万没料到,圪针底下还连着地雷呢。随着"轰隆轰隆"的爆炸声,一个个日本兵骨肉分了家,脑袋开了花。防不胜防的地雷战搞得日军寸步难行、胆战心惊,他们悲哀地唱道:"过了圣佛岭,进了鬼门关,低头雁声响,抬头轰一声,如若死不了,就是活神仙。"

"冰褡裢"和"蒸笼" 为了袭扰敌人,沁源百姓的聪明才智可谓发挥到极致。1942年冬天,沁源异常寒冷。有民兵联想起了杨六郎冰浇幽州城墙的典故,提议给日军运送物资的公路上浇水冻冰,给公路拦腰围上一个"冰褡裢"。当晚,20多个民兵挑着十七八副水桶来到公路上,选定了一处狭窄而倾斜的路段,把带来的水泼在路面上。水顺着斜坡缓缓流下,很快就在刺骨的寒风中结成了一层厚厚的冰。第二天上午,三辆日军的运输车开过来,车上载着几十袋白面和许多日用品,还坐着二十几个押车的士兵。日军对路面的变化显然没在意,三辆汽车前后脚地开进了民兵们造的"冰褡裢"上,车轮子在光滑如镜的冰面上立刻迷失了方向,接二连三地滑到路边的深沟里去了。

"冰褡裢"一下子就给抗日军民"装"回来三车粮食、物品。

到了炎热的夏天,民兵们就让日军品尝"腐尸毒"的厉害。他们从山上找来不少死猫、死狗、死鸟、死兽等,扔在日军炮楼周围。这些尸体经太阳一晒,简直是臭气冲天,再加上成群结队的"飞行军"——苍蝇、蚊子的助阵,日军被熏得左颠右倒,大呼"救命"。民兵们根据打猎时熏獾子的经验,晚上就在日军炮楼周围点起一堆一堆的大火,然后向火里扔进成串的辣椒。刺鼻呛眼的浓烟顺着风向直冲炮楼,熏得日军晕头转向,涕泪横流,苦不堪言。土造辣椒烟、腐尸毒气让日军的炮楼一个个都成了"死神蒸笼"。

围困战的胜利

在沁源军民的长期围困和不断打击下,日军惶惶不可终日,只得退出一个又一个据点,驻剿部队也换了一茬又一茬。1945年4月11日,沁源日军衣食、弹药、水源全部断绝,在沁县派来的一千多援军的接应下,仓皇弃城撤退。日军逃走的消息,很快传遍了各个山沟。不分男女,不分老少,大家扛着镢头,拿起棍棒,提上菜刀,纷纷涌向日军退路两旁的山头。第38团的战士和民兵,沿着日军的逃跑路线布置了几十里的阻击线,民兵沿线埋放的石雷也不停"咚咚"地爆炸。当年的"赫赫皇军"都变成了狼狈不堪的乞丐兵,有的挂着大枪做拐杖,有的东放一枪、西放一枪,惊慌地东躲西窜……

沁源围困战是一场完全意义上的人民战争。1945年4月21日,太岳《新华日报》发表了题为《沁源人民的胜利》的社论,指出:"沁源不是靠飞机大炮打下来的,它是靠8万老百姓和正规军、游击队、民兵的一致团结,经过长期围困与最后围攻斗争,而将敌人赶走的。"[①] 在这场战争中,沁源人民做出了重大牺牲,全县95%的房屋被

---

① 董谦:《没有人民的世界》,人民出版社1979年版,第108页。

烧光、炸毁，整个古城被彻底毁灭，3100余名干部、民兵和群众惨遭杀害。但是在极端困难的条件下，英勇的沁源军民以誓不妥协的勇气和艰苦卓绝的坚忍，在两年半的时间里与日军进行大小战斗2730余次，毙伤日伪军4200余人，解救被掳群众1700余人，夺回被抢牲口2000多头。[①] 全县没有组织起一个"维持会"，没有一个人当汉奸，日军"山岳剿共实验区"的计划遭到了彻底破产。

[①] 赵群虎、伯山松：《沁源围困战》，《沧桑》2001年第6期。

二十、晋绥军区1944—1945年秋春攻势战役

1944年，世界反法西斯战争已进入大规模战略反攻阶段，日本法西斯陷入被动的局面。日军为集中力量打通中国大陆交通线，从华北、华中敌后战场上抽调兵力到大陆交通线作战，减少了敌后的兵力，为敌后各根据地向日伪军发动攻势作战创造了条件。1月1日，在邓小平主持下，北方局发出《关于1944年的方针》，提出坚持华北抗战，积蓄力量，准备反攻，迎接胜利的方针。在随后发动的一系列攻势作战中，晋绥军区先后发动的秋春攻势沉重地打击了日本帝国主义，大大推动了山西抗战胜利的历史进程。

1944年秋季攻势

1944年春，日军为改变在太平洋战场上的困难地位，在中国战场上发动打通北平至广州大陆交通线的战略性进攻。国民党正面战场再次大溃退。与此同时，中国共产党领导的敌后战场对日军发动局部反攻。晋西北所有日军占领的据点和交通线，都已处在八路军的围困中。日军已被迫处于战略守势。

在这种情况下，晋绥军区部队在吕正操司令员指挥下，于8月间展开对日军的攻势作战，以便拔除具有攻克条件的日军据点；切断离石至岚县、忻县至静乐的公路线，缩小日军占领区。1944年8月至9月，八路军晋绥军区部队在晋西北地区对日军发动了攻势作战，各军分区选择进攻目标，以主力兵团和游击队、民兵密切结合，采取伏击、袭击、围困、爆炸等战术，机动灵活地打击日军，完成各自的作战任务。

秋季攻势从下旬全面展开。8月28日,第八军分区第2支队一举袭入忻县至静乐公路上的日军据点。29日,第二军分区第36团袭击五寨以南的风子头日军据点。9月3日,第六军分区部队收复沟口日军据点,切断了宁化堡至静乐日军交通线。第三、第八军分区部队和游击队及民兵,从4日开始向离石至岚县公路上的日军发起攻击,先后袭击胡堡、开府、峪口、横泉、圪洞等日军据点,并收复马坊。岚县至离石的公路被切为数段。9日,宁武、东寨、忻县、三交等据点日军出动1000余人,向忻县至静乐公路以北、汾河以东地区"扫荡";圪洞、峪口日军300余人向第八军分区的鸦儿崖、千年里地区出扰,企图破坏军区部队的攻势。第六、第八军分区各以少数兵力在游击队、民兵配合下与日军周旋,仍集中力量继续发动攻势。第八军分区第5支队和第三军分区第17团,先后在离石至岚县的公路诱伏,消灭日军90余人。第三军分区部队收复军渡以东的南梁山日军据点。第六军分区第19支队收复宁化堡与东寨间的山寨日军据点。静乐地区的武工队收复石神日军据点。第二军分区部队在南辛庄窝设伏,将八角堡南犯的60余人全部消灭。至14日,"扫荡"日军撤回原据点。14日至16日,第八军分区第6支队和游击一大队,对日军在山西省的军事要点汾阳城关实施猛烈袭击,攻击火柴公司、火车站、飞机场和电灯公司,完成任务后撤出战斗,16日夜,又袭入汾阳西北1公里的日军重要据点协和堡,全歼日伪军40余人。23日,第3支队攻击日军据点娄烦镇,除该镇西北山的碉堡外,娄烦镇全被收复,随后该镇以北的软渡、下静游两据点日军也逃回静乐。28日,第21团袭入静乐西北马坊日军据点。30日,第6支队袭击交城以西的东社和五元城,消灭日伪军100余人。至此,秋季攻势胜利结束。

此次八路军共进行大小战斗297次,攻克和逼退日军据点48处,毙伤日军499名、伪军414名,俘日军20名、伪军1014名,缴长短枪674支、轻机枪10挺、重机枪1挺、迫击炮2门,收复村庄446个,

二十
晋绥军区 1944—1945 年秋春攻势战役

解放人口 5 万余，收复土地 770 平方公里。①

1945 年春季攻势

1945 年春季攻势，是八路军晋绥军区部队在晋西北地区对日军华北方面军第 1 军所部进行的攻势作战。这次作战的主要任务是，夺取离石至岚县和五寨至三岔的公路线，并为以后向神池至五寨、忻县至静乐公路线上的日军发动进攻创造条件。

春季攻势，首先从伏击日军交通运输开始。2 月 17 日，第三军分区部队在东村、方山间伏击日军运输队，毙伤日军 30 余人；19 日，在峪口、大武间伏击，毙伤日伪军 69 人。同日，大武日军 60 余人护送伤员往离石，在西属巴又遭伏击。22 日晨，军区特务团一部潜入方山城内，消灭日军 9 人。圪洞日军 100 余人增援方山，在西坡村受到伏击，死伤 20 余人。24 日，忻县日军 160 余人企图经静乐增援方山，在静乐以东 15 公里的东里上受到伏击，死伤 70 余人，后于 26 日到达东村，然后会合东村、赤坚岭日军共 300 余人增援方山，行至树林村时又遭伏击。这时，方山、圪洞、峪口、胡堡 4 个日军据点被第三军分区部队紧紧围困，日伪军十分恐慌。3 月 4 日，圪洞伪军 1 个中队集体反正，其余伪军、伪组织人员也陆续逃散。5 日，峪口、圪洞、胡堡日军全部龟缩至方山城内，并在东村日军 100 余人的接应下，于 6 日逃往东村。第三军分区部队收复方山、圪洞、峪口、胡堡 4 个日军据点后，乘胜将东村以南的赤坚岭和王狮据点包围起来。12 月，这两个据点的日军在东村日军的接应下撤往东村。在军区部队的攻势下，恐慌的岚县日军，于 10 日将伪军、伪组织人员的武器全部收缴。第三军分区部队乘此展开政治攻势，并对城内日军进行袭击。数日内，城内伪军、伪组织人员 700 余人全部逃空。晋绥军区根据攻势发展情况，于

---

① 《八路军简史》，八路军太行纪念馆八路军史话。

中旬发出继续发展攻势的指示。根据军区指示，第27团、兴岚支队及当地武工队、游击队和民兵，在第八军分区部队的配合下，加紧围困离石至岚县北端的东村、岚县、普明、寨子4个日军据点。30多个民兵爆炸小组，将日军据点周围全部布成雷区。日军的供应全部断绝。4月5日，岚县、普明和寨子3个据点的日军在东村日军接应下，全部收缩至东村。军区部队当即将东村严密围困起来。8日上午，东村日军在静乐日军接应下逃向静乐。至此，长达110公里的离岚公路，除大武至离石15公里的一段外，全部被军区部队收复。日军第83旅团连续受到军区部队的打击，先后在离石、柳林、信义、汾阳等处集结兵力1400余人，于3月28日分路向离石以东、交城以西地区实施报复"扫荡"，实行"三光政策"。第八军分区第6支队迅速转移到外线，于4月1日攻克汾阳、文水之间的红岩日军据点。第八军分区军民经过12天的紧张斗争，消灭日伪军300余人，迫使"扫荡"日军于4月8日退回原据点。军区部队在离石至岚县地区的胜利，使深入在根据地内五寨至三岔线上的日军大为恐慌，并准备收缩。第二军分区部队抓住战机打击日军。第36团于4月7日一举攻占五寨与三岔之间的伪军据点小河头。12日、13日，三岔堡和旧寨两据点的日军撤退至五寨。第36团主力随即将五寨、义井等地日军围困起来。15日，第36团挤退了五寨城南10公里的风子头据点，19日又一次攻占小河头伪军重建的碉堡，20日，挤退了八角堡日军，24日又攻克贺帜据点。在此情况下，五寨城北的石咀头、城东的都咀和义井以东的凤凰山各据点的伪军先后集体投降。上述各据点即被收复。25日，五寨日军同小河头撤退的日军逃向义井。至此，五寨县除李家坪一处外，全县日军全部撤退。

春季攻势历时68天，八路军共作战537次，毙伤日伪军1590余人，俘虏和瓦解伪军810人，缴获炮3门、机枪19挺、长短枪1130支，收复方山、岚县、五寨3座县城及其他据点54处，夺取了离岚、五三

二十 晋绥军区 1944—1945 年秋春攻势战役

两条公路线，扩大根据地面积 3840 余平方公里，解放村庄 724 个，人口 9.4 万余人。①

通过发起一系列的攻势作战，将解放区的日伪军大部消灭，根据地迅速连成一片，解放区面积进一步扩大，为即将进行的大反攻打下了良好的基础。抗战胜利前夕，毛泽东发表了《对日寇的最后一战》的声明，命令八路军、新四军及其他人民军队，对一切不愿投降的侵略者及其走狗实行广泛的进攻，迅速地扩大解放区，缩小沦陷区。1945 年 8 月 10 日，中共中央指示各地党委立即布置一切力量向日伪军发动广泛的进攻。在大反攻中，晋绥军区进一步扩大战果，为推动形成巩固的、华北最大的晋冀鲁豫解放区做出了重要贡献。

---

① 《八路军简史》，八路军太行纪念馆八路军史话。

二十一、工人武装自卫旅在硝烟中成长壮大

山西工人武装自卫旅（简称工卫旅），属山西新军，其前身是山西工人武装自卫总队，是由中国共产党发动、组建、领导和指挥的抗日武装。它诞生于抗日的烽火硝烟中，活跃在晋西北日军的后方，对日作战达 300 余次，在建立根据地、建立新政权、建立地方武装、宣传发动群众以及组织敌后人民坚持抗战等方面都做出了巨大贡献。当时八路军第 120 师师长贺龙谈到山西工人武装自卫旅时曾骄傲地说："世界上苏联有一个工人师，我们中国有一个工人旅。这是你们的光荣，也是中国工人阶级的光荣。"

创 立

1932 年，阎锡山为巩固自己的统治、壮大地方的实力，特别制订实施了"省政十年建设计划"。这段时间，山西创建了许多工厂，涉及煤炭、炼焦、冶金、电力、机械、化工、建材、毛纺、军工、皮革、面粉、卷烟、火柴、造纸、印刷等诸多产业。与此同时，一大批有专业技术且组织纪律性强的产业工人队伍成长起来。这为日后山西抗战提供了一定的物质基础和阶级基础。

七七事变后，为了推动和领导抗日救亡运动的开展，中共北方局和中共山西省委适时提出"武装山西工人，坚持山西抗战"的号召。为此，专门成立了由中共北方局杨尚昆，中共山西省工委林枫，中共太原市委赵林、康永和组成的高级党团，任务是迅速加强对工人参加武装斗争的宣传发动。9 月 18 日，在太原各界纪念"九一八"国耻 6 周年之际，群情激昂的工人们冲破了工厂的阻挠，举行了盛大的游

二十一
工人武装自卫旅在硝烟中成长壮大

行,并提出了武装工人的庄严声明。当天,山西省总工会宣告成立。省总工会成立后,便立即着手建立工人自己的武装。9月27日,毛织厂的25名先进工人由工人委员会的李子丰同志带队,来到太原国民师范参加军政训练。这一天后来被定为工卫旅诞生纪念日。

由于党在工人中的工作基础,加上牺盟会、总工会的活动,同时利用了黄色工会①的有利条件,在工人中很快掀起了参军热潮。其中走在最前列的是西北毛织厂、兵工厂、西北炼钢厂、印刷厂、育才机器厂的工人们。他们有的父子同行,有的姐妹结伴,有的全家老少一起来报名参加。从9月开始,到11月太原沦陷,历时不过一个月,一支1000多人的由产业工人组成的"山西工人抗日武装自卫总队"就建立起来。其时,阎锡山为支撑山西局面,授权薄一波组建五至十个旅的新军(包括一支工人武装),自卫总队随即编入山西新军序列,从此开始了它艰苦而辉煌的战斗历程。

战　斗

工卫旅成立后,迅速投入到血与火的战斗生涯中。八年里,战士们从战争中学习战争,在战争的实践中懂得并掌握了灵活机动的战略战术和依靠群众开展人民战争的军事思想,并在战火中不断发展壮大……

1938年2月上旬,日军发动了临汾战役。为掩护南进日军的右后侧,日军继续向西进犯离石、中阳。2月22日,工卫旅第1营在九里湾与日军遭遇,双方发生激烈战斗,从下午2点一直打到伸手不见五指,最后还拼了刺刀。这是工卫旅参战以来的第一仗。战斗不仅杀伤了大量日军,阻止了日军前进的速度,而且也打出了工人阶级坚决、勇敢、富于战斗的精神。此后,工卫总队一边继续战斗,一边在晋西

---

① 《政治学辞典》将黄色工会解释为:一般指被资本家收买、控制的工会。

北各地发动群众，参军抗战。5月，工卫总队扩大为工卫纵队。1939年春又改番号为国民革命军第207旅（通常称为工卫旅），全旅总兵力达5000余人。

1939年以来，由于阎锡山竭力"反共、反牺盟、反新军"，不断唆使旧军官员起来"奋斗求生"，导致新军与山西顽固旧军不断发生矛盾和摩擦。在这种背景下，工卫旅旗帜鲜明地参与了抗日讨逆的斗争，不仅驱逐了顽固派赵承绶等部，还清理了新军内部的反动军官，最终取得了反顽斗争的胜利。

1940年4月，工卫旅编入八路军第120师序列，正式纳入中国共产党的领导之下。经过4个月的整军运动，部队面貌发生了很大变化，工人们的士气更加旺盛，战斗情绪更加高昂，不仅成功粉碎了敌人对晋西北根据地的夏季大"扫荡"，还参加了1940年8月开始的百团大战。在连续3个月的破坏日军交通、拔除日军据点的战斗中，最值得大书一笔的是神堂马西战斗。9月2日，文水县日军进犯马西村。工卫旅第22团第2连的战士们利用敌人中午吃饭休息的机会，采取大胆突袭的方式，对日军百余人展开猛攻，最终将其击溃，并缴获一门四一式山炮。这次战斗工卫旅"开创了晋西北新军缴获敌人大炮的光荣先例"，受到总指挥部的通报表扬。

1942年，中共中央根据晋西北根据地被日军频繁"扫荡""蚕食"，地盘日益缩小的情况，指示必须设法集中党政军民力量，"把敌人挤出去"。为此，部队与地方政府、人民群众积极开展了围困日军据点、瓦解日伪军等一系列打击日军的活动。5月17日，八路军决定对奔袭兴县的日军展开围攻。18日上午，日伪军在二京山遭遇工卫旅和第716团伏击，被打得向西南方向逃窜。经过四天四夜的协同作战、狙击围歼，工卫旅和第716团将日军混成旅团的一个大队全歼在田家会。田家会大捷成为晋西北歼敌最多的战斗。

二十一 工人武装自卫旅在硝烟中成长壮大

勇 士

"欲遂平生志,不顾命与家,但愿血和泪,灌溉自由花。"这是山西工卫旅烈士墓前的一首挽诗。八年抗战中,上千名工卫旅战士为了国家和民族慷慨赴死。他们的壮举,充分体现了山西工人阶级为了民族解放事业而不懈奋斗的高度觉悟和历史使命感。

1943年夏的一天,工卫旅侦察员得知有约100名日军将经水峪返回交城,营部决定由3连伏击这股日军。部队进入作战位置后才发现,来的根本不是100人,而是400人。营部遂下令撤出战斗,但为时已晚,3连已与日军先头部队接上了火。2班奉命死守阵地,抗击着数倍于己的日军,最后拼得只剩班长杨恩广一人。这时四五个日本兵向他逼了过去,杨恩广冲出阵地,毫不犹豫地拉响了手榴弹,与日军同归于尽。1944年夏收时,第21团第1连连长东信星留下两个班帮助群众抢收,自己率一个班做保卫,不幸被日军三路合围。东连长立即命令部队先撤,他带领一个班掩护。最后,他身负重伤,在击毙了三个日军后,用仅剩的一颗子弹结束了自己的生命。

在全国抗战的八年里,有100多名女战士参加了工卫旅,战斗在抗日最前线。她们有的是太原工厂的女工,有的是学校的学生,还有来自北平、天津的女知识青年和农村妇女。王兴国、田润珍都是童养媳,她们不顾公婆、丈夫的极力阻拦参加了工卫旅;马德贞是独生女,她用自己坚定的决心终于说服了母亲,参加了工卫旅;王长秀、王长吉想参加部队,但又怕母亲无人照料,结果母亲和女儿一同参加了工卫旅。许多妇女参军后,其家人多次登报寻找,但是都没有动摇她们的抗日决心。她们深入敌后广大农村,号召青年踊跃参军,动员妇女支援前线,组织儿童站岗放哨,帮助供给部门动员粮秣,组织担架队照顾伤病员……女战士的身影活跃在各个工作岗位上。

在工卫旅的战争岁月里,还有一支特殊的儿童队。他们中最大的不过十四五岁，最小的也就十来岁。有的是随家人一起参军的工人的孩子，有的自己本身就是童工，也有的是城市贫民的孩子。儿童队所到之处，特别受群众的喜欢，群众亲昵地叫他们"兵儿子"。儿童队队员除了进行抗日宣传和做一些简单的战勤工作外，还抓紧时间学习政治、文化、军事知识，以掌握杀敌本领。后来，工卫旅儿童队正式编入旅属军政干校第4队，在战火的洗礼中逐渐成长为一支坚强的抗日队伍。

二十二、成成中学举校投笔从戎

提起成成中学,只要是山西太原人,恐怕都不会陌生。它是山西省首批示范高中和太原市重点中学,每年高考录取率都名列全省前茅,莘莘学子以考取成成中学为荣耀。但是,估计很多人都不会知道,70多年前的抗战期间,太原成成中学400余名师生组成抗日游击队,举校从戎,共赴国难,成就了山西省乃至中华民族抗战史上的一大创举。成成中学的历史是一部光荣的革命斗争史,是一部爱国主义的教育史,更是"成己成人"不朽精神的传承史。

革命薪火永相传

1924年,一批志同道合的北京高等师范(现北京师范大学)晋籍毕业生,为实现"教育救国,振兴家乡"的目的,共同捐资创办了一所私立中学,取《中庸·自成》中"成己而成人"的古训为办学宗旨,"成成中学"的校名由此而来。建校五六年后,成成中学就以"自力勤俭,学业精良,注重觉悟,想民为国"而蜚声三晋。

20世纪30年代初,武新宇(武汉三)、刘墉如(刘子堂)、杜心源、焦国鼐、张衡宇等一大批北师大毕业生来校任教。这些人或是共产党员或是思想进步的青年,在他们的影响下,成中涌现出一大批立志献身民族解放事业的爱国学生、革命积极分子和共产党员。1936年10月,经中共太原市委批准,成成中学成立了中国共产党第一个学生支部。至1937年抗日战争爆发,成中校园已成为传播爱国进步思想的一块红色园地,也成为阎锡山统治下唯一由共产党人掌管的学校。

面对民族存亡的危机,抗日救亡始终是成中师生课堂的重要内容。1931年九一八事变后,成中师生就逐步建立起抗日反帝同盟会、黎明社、曦光社、前夜研究社、红军之友社、血旌社、十月读书会等二三十个抗日组织。抗战全国爆发后,这些组织积极发挥作用,动员学生利用放假返乡等机会,向亲属及乡亲、邻里宣传日寇侵华、祖国危难的时局以及共产党团结抗日的主张,争取更多人参加抗日斗争。他们在街头散发宣传品,演出《放下你的鞭子》《血衣》等活报剧,揭露日寇的残暴罪行,动员人民团结起来抗日。从始至终,成成中学在太原学生抗日救国运动中都扮演了主力军和急先锋的角色。

1937年7月,中共北方局、八路军驻晋办事处、中共山西工委决定找一个能一起办公的地方,以便于三大机关开展工作。成成中学:一是以校长刘墉如为首的领导层都是共产党员和进步人士,学生和教师也有很高的政治觉悟,历来是党开展工作的一块可靠阵地;二是校长与教职人员熟悉太原的情况,有白区工作经验;三是成成中学院落、房间数量基本够用,且有基本生活设备。[1] 此外,成成中学所在的地理位置不仅便于同牺盟会总部联系,而且特别易于同一街之隔的国民师范旧址内参加各种抗日训练班的爱国青年联系。经过详细的考察后,三大机关决定进驻成中。此后,从7月到11月6日三大机关撤出太原的四个月时间里,成成中学实际上成为中国共产党华北抗日前线的总指挥部。在此期间,党、政、军的领导同志周恩来、刘少奇、朱德、邓小平、彭真、贺龙、彭德怀、张友清、彭雪枫、程子华等都曾在此居住和生活过。

举校从戎赴疆场

1937年,日军攻陷平津后,不断向山西北部进犯,大片国土沦丧,太原危殆。"华北之大,已经安放不下一张平静的书桌。"[2] 9月底,成中

---

[1] 阎百真、成成烽火:《成成中学师生抗日游击队纪实》,中共党史出版社2009年版,第67~68页。
[2] 马民书主编:《在世纪的回音壁里:二十世纪中国要闻评说》,中央文献出版社2004年版,第85页。

二十二 成成中学举校投笔从戎

迁校清源县（后与徐沟县合并为今清徐县）。在民族危难、山河破碎的紧急关头，广大师生同仇敌忾，产生了投笔从戎、到抗日第一线的强烈愿望。校长刘墉如向中共北方局、中共山西省工委以及八路军驻晋办事处汇报了成中党组织及师生武装抗日的要求，引起了上级党领导的极大重视。

1937年10月10日，经中共中央军委副主席周恩来批准，"成成中学师生抗日义勇队"正式成立，400余名师生举校从军，奔赴战场。11月5日，义勇队改名为"成成中学师生抗日游击队"，并于当晚向晋西转移。同年12月25日，游击队在离石改编为第二战区战地总动员委员会游击第4支队，开赴晋西北抗日前线。这支部队政治上受战总会中共党组（由程子华、南汉宸、武新宇组成）领导，军事上由八路军第120师贺龙、关向应统一指挥。

1938年2月，蒋介石宣称将反攻太原，八路军第120师根据作战部署，负责切断同蒲铁路北段。2月7日，成成中学全体师生在晋西北抗日前线发表了《为号召全国青年参战宣言》，立下了他们抗战到底、视死如归的钢铁誓言："我们反抗奴役，反抗压迫，反抗侵略。我们的意志是坚定的，心胸是热烈的，我们的力量是伟大的。捍卫祖国的责任是我们的，我们应当为了祖国的生存流尽最后一滴血！"[①] 随后，第4支队开赴岚县、苛岚等地，配合八路军第120师参加了粉碎日军"五路围攻"收复七县城的战斗。这次，成成中学师生第一次真正意义地走向战场，完成了由进步学生向革命战士的正式转变。

8月，根据中共中央毛泽东进军绥远大青山的命令，以成成中学师生游击队为主的第4支队全体642人，与八路军第120师李井泉支队一道挺进大青山。他们从山西五寨出发，突破敌人层层防线，一路

---

① 山西新军历史资料丛书编审委员会：《山西新军暂编第一师》（上册），中共党史出版社1993年版，第267~268页。

上经右玉，出杀虎口，跃蛮汉山，过平绥路，直插大青山。1941年12月，游击第4支队又奉命改编为八路军第120师骑兵支队独立营。在绵延300多公里的广袤大青山，游击队机智英勇，骁勇善战，用生命和鲜血开创及保卫了大青山抗日游击根据地。

可歌可泣留青史

这是一支特殊的武装力量，一支完全由知识分子组成的抗日武装，一支绝无仅有的学生军。初一的同学年仅十三四岁，高三的同学也就十八九岁，他们还乳臭未干，却已经从容赶赴疆场。其中还上演了不少"打仗亲兄弟，上阵父子兵"的感人情景。父子兵如刘墉如和刘海清，兄弟兵如焦国鼐和焦国柱，秦赞忠和秦赞贵，石国柱和石国干，阎焕春、阎焕景和阎焕曜等。

来自榆次的秦赞忠当年只有15岁，成中义勇队成立后，他不仅自己报名参了军，而且还动员弟弟秦赞贵也报了名。其家为当时东阳镇的名门望族，父母闻讯后，心急如焚，亲自赶赴学校，以安逸的家庭生活和津、沪商号的股份说服他们远离战火。但兄弟二人不为所动，秦赞忠说："国将亡，家以何为？"[①]1939年5月，在杀退十倍于己的日伪军多次进攻后，年仅17岁的秦赞忠带伤掩护战友突围，最后壮烈殉国。

来自沁县的农民子弟张国靖，当年参加义勇队时，把许多个人物品留在了太原，却带了一个书包，里面装着《夏伯阳》《铁流》等世界名著。在书中英雄人物的激励下，他由一名文弱的书生成长为挥戈跃马的八路军骑兵连连长。1942年春天，他牺牲后，人们在他的遗物中发现了他当年在成成中学读过的那些名著，战友们把书和他的遗体一起埋在大青山上，让其心爱的书伴他长眠。

---

① 王家进：《抗日画卷中的血火青春——太原成成中学感怀》，《党史文汇》2005年第7期。

二十二 成成中学举校投笔从戎

将"捐躯赴国难,视死忽如归"演绎得最为淋漓尽致的要数阎焕景、阎焕曜、阎焕春三兄弟了。当年义勇队成立时,来自汾阳的阎焕景和阎焕曜正在成成中学读书,为了保家卫国,他们毅然相约参加了义勇队。在太原新民中学读书的阎焕春也不甘落后,参加了战动总会第5游击支队。1938年,兄弟三人在岢岚前线相逢。"别来沧海事",兄弟战场相逢,格外动情。此后,他们三人都被编入第4游击支队。兄弟三人在火线上先后加入中国共产党,随部队北上大青山参加了开辟抗日根据地的战斗。但是,三兄弟此行,都没有再回来……

八年抗战,成中有300多名师生献出了宝贵的生命。① 成成中学全校师生举校从戎、共赴国难的壮举,在山西抗战史甚至中国抗战史上都是独一无二的。它不仅是中国知识分子的楷模,更是中华民族战争史上的一大奇迹。1938年美国驻华使馆参赞威尔逊曾称颂:"成中师生全体组成游击队参加抗日战争,在中国堪称典范。"② 战动总会誉成中为"中国青年运动史上的一面旗帜"③。原中共山西省委书记李立功评价道:"这种师生从戎、共赴国难的英雄壮举在中华民族的历史上,在山西历史上,前无古人,独树一帜,感人至深!"④

---

① 阎百真、成成烽火:《成成中学师生抗日游击队纪实》,中共党史出版社2009年版,第95页。
② 王世巨、杨红一:《珍惜光荣历史,继承革命传统——纪念成成中学建校70周年》,《党史文汇》1994年第9期。
③ 同上。
④ 宗禾:《举校从戎:一段珍贵的红色记忆》,《环球财经》2011年第7期。

二十三、晋绥民兵书写的人民战争

在抗日战争这场艰苦卓绝的战争中，中国共产党领导的八路军、新四军之所以能最终战胜强大的日本侵略者，很重要的一个因素，就是有220万民兵的配合和支援。晋绥民兵组织的创建、发展壮大及其对敌斗争的胜利进行，互助合作和大生产运动卓有成效的蓬勃开展，谱写了人民战争的光辉篇章。

民兵组织支援抗战

在1937年到1940年这段时间里，山西各地的群众武装组织，随着北岳、晋西北、太行、太岳四个根据地的开辟，得到了很大的发展，并在自卫队等普通群众武装的基础上建立了正式的基干群众武装——民兵。

1940年秋，日寇一面对华北抗日根据地实行"囚笼政策"，一面在正面战场集结重兵，阴谋进攻西安、昆明、重庆，妄图迫使中国投降。在这种情况下，八路军从8月20日起，在华北发动了百团大战，除八路军105个团的约27万人参加外，还有广大地区的民兵参加。各地民兵也配合部队英勇地冲向了日军的铁路、公路和交通枢纽，积极参加了挖路基、扒铁轨、炸桥梁、打火车、烧站房、割电线、拆碉堡、平沟墙等大破击和其他战斗勤务，为百团大战的胜利做出了贡献。

从1940年下半年起至1942年4月，各根据地随着党政军领导机构的逐步完善，陆续成立了委员总会和专（分）区、县、区、村人民武装抗日自卫委员会（简称"武委会"）、人民武装抗日自卫队指挥部，使人民武装工作有了统一的领导组织和指挥系统。在抗日战争初期

二十三 晋绥民兵书写的人民战争

和中期,尤其是 1941 年和 1942 年,是敌后抗日根据地极端困难的时期。在这段时期内,一方面是日寇集中其主力加紧对各根据地进行"扫荡""蚕食""清乡";另一方面,国民党顽固派也派遣大批军队向抗日根据地发动军事摩擦。在这种情况下,晋绥根据地的广大民兵坚持劳武结合,一手拿枪,一手拿锄;一面作战,一面生产。在克服困难、保卫与建设根据地的斗争中,又做出了重要贡献。这一时期,晋绥民兵在劳武结合发展生产的同时,还积极参加"反扫荡",打击小股敌人,有效维护了根据地的治安。

丰富多样的民兵战法

整个抗日战争时期,各根据地的广大民兵和自卫队,活跃在敌后广阔的战场上,依托高山密林、江河湖泊、平原地道和青纱帐,到处摆开了杀敌的战场。原始的大刀、梭镖、斧头,自然界的水、火、石头,都变成了他们杀敌的武器,创造了许多灵活巧妙、神出鬼没的独特战法,使日本侵略者顾此失彼、疲于应付,像一头野牛陷入人民战争的沼泽泥潭中不能自拔。

麻雀战 这是民兵在抗战中经常运用的一种主要和基本的作战方法,也是最能发挥民兵特长的游击战法。其基本特点是以少量民兵组成战斗小组,出没在山野密林、狭窄隘口、街头巷尾、地道暗洞、青纱帐里,像麻雀啄食一样,东一枪、西一枪,忽聚忽散,忽来忽去,一会儿跳到这里,一会儿跳到那里,出敌不意,扭住敌人,一阵猛打;敌人反击时,就立即撤离,消失得无影无踪;敌人撤退时,就呼啸而来,枪声大作,杀声四起,使敌人打又打不着,追又追不上,甩又甩不掉,吃又吃不好,睡也睡不着,陷入心神不宁、狼狈不堪的苦境。

地雷战 地雷战首先是晋察冀根据地的民兵发展起来的战法。1940 年春,河北省安国县东赵、西赵两村的民兵,在"反扫荡"中把两枚手榴弹埋入地下,炸死了两个日军。于是,各村纷纷效仿,利用废铁壶、瓷瓶子、瓦罐子等，装上炸药，以杀伤来犯之敌，取得了显著的战果。此后，各地民兵就地取材，土法上马，制造了铁、木、石、瓷地雷等，发明了拉火雷、踏火雷、电火雷、定时雷、连环雷、绊雷、跳雷、飞雷等几十种埋雷方法，各式各样的地雷和雷阵，对于打击运动之敌、杀伤"扫荡"之敌，都起到了很大的作用，取得了赫赫战果。

地道战 抗日战争中期，由于日寇加紧对根据地实行残酷的"扫荡""蚕食""清乡"，处在平原地区的抗日军民，没有山林和水泽可依，于是就发明了纵横交织、户户相通、村村相连、不怕水淹、不怕毒气，既能藏，又能打的地道战，成为保存自己、消灭敌人的一大法宝。仅1944年冬季，各抗日根据地的平原地区就挖地道达1.25万公里，成为抗击日寇的一条伟大的地下长城。冀中清苑县冉庄民兵，就是因为运用地道战打了许多漂亮仗而驰名中外，他们的事迹还被改编成了电影《地道战》。当时，日伪军曾传出这样的禁令："宁绕黑风口，不从冉庄走。"太行地区磁县山底村民兵、晋察冀地区满城县石井村民兵、北京市顺义县焦庄户民兵，都是利用地道战取得辉煌战果的英雄群体。民兵们曾用打油诗颂扬地道战："地道好，地道妙，打了敌人钻地道；明里打，暗里挑，消灭敌人最可靠；鬼子气得干瞪眼，抗日军民哈哈笑。"

破袭战 这是广大民兵和群众创造的又一战法，它不仅适用于破坏敌人的交通和通信联络，如公路、铁路、桥梁、车站、码头等，而且适用于对敌人的仓库、工厂、矿山等进行破坏和袭击。在共产党的领导下，广大民兵经常以隐蔽、突袭的战斗，配合正规军对敌人的铁路、公路和交通枢纽进行破坏，如挖路基、扒铁轨、炸桥梁、打火车、割电线、平围墙、阻河道、毁码头，等等。有些地方在一夜之间就出动几万或几十万民兵和群众，把数百公里长的铁路、公路全部破坏，将电线割断、电杆锯倒，使敌人的交通和通信联络陷于瘫痪。1941年至1945年间，晋察冀全区共捣日伪碉堡1140多座、炮楼300多个，炸毁敌汽车 360 多辆、火车头 40 多个，破坏公路 3.76 万公里、桥梁 730 多座。

围困战　围困战就是对敌人的据点和碉堡实行封锁，把敌人围困在据点和碉堡里，使其没吃没喝、走投无路，最后将其挤跑、赶跑或歼灭。太岳沁源围困战，就是广大民兵和群众围困封锁、制服敌人的一个典型战例。

伏击战　伏击战一般分为待伏与诱伏两种。待伏，是在得知敌人出动的兵力、时间和必经之路后，预设埋伏，待机歼敌。诱伏，就是先以主要力量在有利地域设伏，然后以少数民兵诱敌深入，等敌人进入伏击圈后将其歼灭；或者佯攻一个方向，引诱敌人前来增援，在路上伏击敌人。

此外，广大民兵和游击队还创造了窑洞战、联防战、捕捉战、水上游击战、拔点战、攻心战、"坚壁清野"等战法。这些神奇巧妙的战法，对配合主力作战，粉碎日寇的"清乡""扫荡""蚕食"，战胜日本帝国主义发挥了巨大作用，在抗日战争史上留下了光辉的一页。

从晋绥根据地的民兵创建、发展、壮大的过程中，可以看到广大人民群众在抗战中的伟大作用。胡耀邦在中国共产党第十二次全国代表大会上的报告中指出"要继续加强民兵建设"，牢固树立人民战争的思想，在建设一支强大的现代化、正规化革命军队的同时，努力做好民兵工作，把民兵建设得更加精干有力，使毛泽东同志和老一辈无产阶级革命家的"以人民军队为骨干，依靠广大人民群众，建立农村根据地，进行人民战争"的人民战争思想永放光芒。

二十四、八路军众将领群聚山西

抗日战争时期，山西是抗击日寇的主战场和华北敌后抗战的中心，八路军总部、三大主力师、中共中央北方局等重要机关在此长期驻扎、转战。其中毛泽东、周恩来、刘少奇、朱德、任弼时、彭德怀、杨尚昆、邓小平、刘伯承、徐向前、聂荣臻、罗瑞卿等一大批老一辈革命家都曾在此运筹帷幄、决胜千里。据统计，在1955—1965年授衔的将帅中，十大元帅、10位大将中的9位、57位上将中的42位、177位中将中的103位、1360位少将中的838位，[①] 抗日战争时期都曾经在山西的热土上战斗、工作和生活过。可以说这里的一山一水都留下了革命前辈的战斗足迹，这里的一草一木都记录了抗日军民的光辉业绩。在血与火的洗礼中，八路军抗日将领和英勇的三晋人民共同缔造了伟大的抗日功绩。

爱民如子的朱德

要说抗日名将，八路军总司令朱德自是劳苦功高。他谋略高超、叱咤风云、指挥若定、决胜千里，被西方誉为中国的"红色拿破仑"。当时八路军和老百姓广为流传的一曲民谣唱道："鼓儿敲，敲咚咚，朱德将军善用兵，战术最精通，沉着又鲜明。中国红军总司令，率领八路军，世界都闻名，哪一个不说，他是抗日将领头一名。"[②]

朱德总司令虽身居高位，但他十分爱护士兵与人民群众，和所部官兵打成一片。他既请群众看戏，又和老乡下棋，经常在下棋时给大

[①] 八路军太行纪念馆整理而得。
[②] 袁学骏、李保祥编：《中国故事第一村：耿村民间文化大观》，北京图书馆出版社1999年版，第2384页。

二十四
八路军众将领群聚山西

伙讲述抗日救国的道理:"下棋如同打仗,将、相、车、马这些指挥员的作用固然重要,可是没有士卒的冲锋陷阵也是不可能取胜的。"① "这也和打鬼子一样,只靠我们八路军还不够,还必须动员全国的老百姓。只要把老百姓动员起来,就一定能把日本鬼子赶出中国去。"② 这些形象生动、言简意赅的话语,给老乡们留下了深刻的印象,许多青壮年人就是在这种循循善诱的教诲下,投入到了参军参战的群众运动洪流中。

八路军总部所在的武乡县砖壁村,是一个人畜吃水很困难的地方。1939年夏天,这一带又久旱无雨,蝉喘雷干。一天,朱德总司令看见许多老乡挑着水桶,牵着牛羊到很远的山外去担水和饮牲口,心中非常焦急,便寻思着帮助老乡打水井。第二天一大早,他约了几位老农,钻山沟,绕山梁,到处仔细察看,终于勘定了挖井的地点。立即召集群众代表和八路军总部机关负责人,研究决定了打井方案;接着又召开军民大会,进行了打井动员。大会上,朱德总司令无限深情地讲:"目前,老乡们的吃水问题已成当务之急。我们是人民子弟兵,要处处关心群众疾苦,为老乡解决困难。现在大家要积极行动起来,打一场挖井抗旱的歼灭战……"③ 就这样,在朱德总司令的带动下,军民团结,一齐上阵,不到半个月时间,一眼13丈深的活水井就打了出来。当老乡们看到这亘古以来打出的第一眼水井时,如同迎来盛大的节日一样,无不兴高采烈、奔走相告,有的老人甚至激动地流下了眼泪。为了使子子孙孙永远牢记共产党和八路军的大恩大德,砖壁村村民特地把这眼井叫作"抗日井"。直到今天,砖壁村村民还传唱着这样的民谣:"抗日井啊抗日井,红砂甜水清粼

---

① 张雪琴:《朱德总司令在山西(四)》,《党史文汇》2005年第8期。
② 同上。
③ 李志宽:《朱德总司令在太行》,山西人民出版社1984年版,第15页。

邻；吃水不忘八路军啊，日夜想念朱总司令。"①

1940年5月，在华北抗日前线指挥八路军三师主力近三年的朱德总司令，离开太行，回到革命圣地延安。带着对太行军民的深情厚谊，也怀着对太行军民的热切期盼，他心潮起伏，思绪万千，写下了激情澎湃的临别诗《出太行》："群峰壁立太行头，天险黄河一望收。两岸烽烟红似火，此行当可慰同仇。"②

严格治军的彭德怀

"山高路远坑深，大军纵横驰奔。谁敢横刀立马？唯我彭大将军。"③提起彭德怀，他英姿勃勃、战功赫赫的威名自不必提，其治军之道得之于严的名号也是响当当的。在抗日战争时期，八路军中就流传着"慈总（朱德）严副（彭德怀）"的说法。

一次，彭总看到一个战士在军装上缀了7个扣子，当场给他敬了个军礼。看到彭总给自己敬礼，这个战士局促不安。彭总这时面带笑容，话语却很严肃地说："你身上这扣子缀得太少了点吧？不能多缀几个，缝上13个扣子，成了十三太保、花花公子该多好？"这个战士恍然大悟，连连检讨说："彭总，是我错了，我一定改正。"④

八路军总部移驻山西辽县时，彭德怀要求机关不论干部、战士，一律要列队到大灶吃饭，行进时还要唱歌，连他自己也不例外。有一回，彭总在随部队去食堂吃饭的路上，看到一个干部站到队列后面走，就上前问他为什么不站队。这个干部解释说："我没文化，不会唱歌，站在队里觉得挺难看。"彭总当即批评说："不会唱歌，站到

---

① 中共武乡县委党史研究室编：《红色之旅》，山西人民出版社2006年版，第98页。
② 皇甫建伟、张基祥主编：《左权抗日根据地史料丛书：抗战诗歌选》，山西人民出版社2012年版。
③ 孙东升主编：《毛泽东诗词研究丛刊》（上），中央文献出版社2011年版。
④ 谷峰：《彭德怀元帅在山西》，《山西文史资料》（第105辑），第127页。

二十四 八路军众将领群聚山西

队里可充个人数，但不能因此破坏我定的纪律！"① 但是，彭德怀的这种威严是至诚至爱的，是出于对军队、对官兵无私的爱，出于对革命事业高度负责的表现。诚如林伯渠所说："彭德怀是有德可怀，有威可畏。"②

左权将军

1937年抗日战争爆发，红军主力改编为国民革命军第八路军，左权任副参谋长。从那时起，左权作为朱德、彭德怀的得力助手，辅佐朱总和彭总取得了一系列重大战役行动的胜利。他们相与既深、相知更切，"朱彭左"从此成为八路军总部的代称。

左权将军是一个很好的军事指挥员。③ 在抗日战场上，他协助彭德怀副总司令精心制订战役计划，运筹于帷幄之中，决胜于千里之外，度过了戎马倥偬、叱咤疆场的一生。1938年2月25日，八路军总部由洪洞向晋东南转移中，于安泽以东约20里遭遇进犯临汾的日军先头部队。在敌众我寡的危急时刻，左权命令部属将朱德护送到20里外的安全地带，自己则不顾安危，亲临前沿指挥战斗，给日军以重大打击，有力地掩护了群众的转移和军需物品的安全疏散。对此，罗瑞卿说："左权参谋长躬身前哨侦察，侧击制胜，迄今军中称道不已。"④ 此外，无论是反日军"九路围攻"、长乐战役、反摩擦自卫反击战，还是百团大战、黄崖洞保卫战等战役的胜利，其背后都是他整日整夜的通宵达旦、宵衣旰食。

做参谋工作，心要细，胆要大，受得气，挨得骂，所以说当个好参谋很不容易。左权同志担任参谋长期间，大事必亲躬，小事不疏忽，

---

① 《山西文史资料》编辑部：《山西文史资料》（第3辑），1996年，第127页。
② 高士振编著：《滚烫的印记：中共抗战将帅风云录》，台海出版社2012年版，第21页。
③ 刘伯承、邓小平：《纪念我们的战友左权同志》，《山西文史资料全编》（第8卷），1999年版，第835页。
④ 罗瑞卿：《纪念左权同志》，《抗战档案》（中），中央文献出版社2005年版，第739页。

以其高度的责任心和火一般的热忱,将这份工作干得如火如荼。聂荣臻同志说,左权堪称"我们军中参谋工作者永远的好榜样"[1]。

总部警备连是一个有着200多人的加强连,大家的名字、籍贯、爱好、性格等,左权都了如指掌。有次晚上紧急集合,连长唐万成训斥战士小赵迟到、身上披挂不齐,小赵事后委屈地哭了。左权听说后,立即到连队做了调查,并找唐万成单独谈心:"小赵拉了三天肚子,浑身无力,夜里还发高烧,这些你了解吗?"末了又语重心长地说:"人民把优秀子弟送给八路军,党把200多个战士交给你们,责任有多重啊!这个家你们一定要当好,要帮助爱护他们,要热情对待他们。"[2]

在繁忙紧张的八路军前方总部里,除重大的事情由朱德、彭德怀决定之外,一般工作都由他处理。参谋可以轮流值夜班,他则是天天值夜班。1940年的一天,深夜他还在端着小半截蜡烛站在地图前思考问题。因为当时战况很紧张,他已经两昼夜没有合眼了,由于实在困乏至极他就打了个盹儿,谁知手中的蜡烛竟把地图烧着了。火烧疼了他的手,他才猛地惊醒,急忙脱下上衣把火扑灭。这时警卫员也被惊醒了,警卫员赶紧点燃一支蜡烛,端来一盆冷水。左权用冷水浸了浸头,又忘我地接着工作。

左权一生虚心好学,孜孜不倦,素以酷爱读书、善于钻研而闻名军中。即使在艰苦的战争环境中,他每天都要挤出一两个小时读书、看报、写文章。他制定了第一个《八路军各级司令部暂行工作条例》,使司令部工作有了比较正规的章程。身为参谋长,他根据自己长期管后勤工作积累的经验,在《论我军的后勤建设》中指出:"世界上没有只有前方而无后方的军队。军队组织越复杂,技术越发达,后勤工作的地位也越重要。"他与刘伯承合译的《苏联工农红军的步

---

[1] 聂荣臻:《祭左权同志》,《晋察冀日报》1942年7月3日。
[2] 郑成:《军事家左权将军传略》,《山西文史资料》(第93辑),第161页。

二十四 八路军众将领群聚山西

兵战斗条令》，于 1942 年被第 18 集团军总司令部列为步兵战术教育的基本教材，并要求"今后本军关于现代步兵战术的研究，均应以此为蓝本"①。作为"中国著名的游击战术创始人之一"②，他结合华北敌后抗战实际，先后发表了《埋伏战术》《坚持华北抗战》《袭击战术》《"扫荡"与反"扫荡"的一年》等文章，论述了游击战的战略地位和游击战的战术原则。为此，周恩来夸赞左权是"一个有理论修养，同时有实践经验的军事家"③。

1942 年 5 月 25 日，左权在日军对太行区的一次"扫荡"中不幸牺牲，时年 37 岁。三军恸哭，左权将军的英魂从此永远地留在了太行的巍巍青山之中。左权是优秀的共产党员，是我军卓越的高级将领。在烽火硝烟的战争年代，他南征北战，驰骋沙场，为中华民族、中国人民的解放事业，贡献了毕生精力，直至流尽最后一滴血。朱总的悼诗为左权将军的一生做了最好的阐释："名将以身殉国家，愿拼热血卫吾华，太行浩气传千古，留得清漳吐血花。"④

骁勇善战的陈赓

八路军第 129 师第 386 旅是一支劲旅，陈赓任旅长，副旅长是陈再道，政委是王新亭，参谋长为周希汉。陈赓曾经给自己带的这支部队起了个日本名，叫"三子一郎"，这是怎么回事呢？原来在会昌战斗中和在红四方面军时，陈赓腿部两次负重伤，落下残疾，人称"瘸子"；政委王新亭高度近视，戴个瓶子底厚的眼镜，平素看书还得眼贴书页，人称"瞎子"；参谋长周希汉则是精瘦精瘦的，人称"瘦子"；副旅长陈再道在红四方面军时因为作战英勇，被人称为"拼命三郎"。

---

① 胡晓琴主编：《中国共产党山西历史人物传》（第2卷），山西高校联合出版社1994年版，第126页。
② 《左权烈士略传》，《人民日报》1950年10月20日。
③ 周恩来：《左权同志精神不死》，《新华日报》（华北版）1942年6月21日。
④ 皇甫建伟、张基祥主编：《左权抗日根据地史料丛书：抗战诗歌选》，山西人民出版社2012年版，第7页。

"瘸子""瞎子""瘦子""拼命三郎"凑到一块儿，这可不就是"三子一郎"部队嘛。可就是这样一支"老弱病残"队伍，抗日战争时期，在陈赓的率领下驰骋在太行山，立下了赫赫战功。

1937年10月，第386旅一进入山西抗日战场，就以三战三捷闻名全国。它先是在平定县长生口的七亘村重叠设伏，以伤亡30余人的代价，歼日军400余人[①]；5个月后，又用"引蛇出洞计"，在神头岭毙伤俘敌1500余人[②]；接着，又在响堂铺扎了一个"口袋阵"，毙伤日军官兵400多人，击毁汽车180辆[③]。在此后的时间里，陈赓率部转战于平汉路和晋冀鲁豫战场，屡屡重创日军，打出了威风，打出了名堂。

由于第386旅骁勇善战，日军对其恨之入骨，一心欲找其复仇，甚至在先头装甲车上专门贴上"专打三八六旅"的标语。1938年"九路围攻"开始时，侵入北线的日军抓住八路军一个通讯员，第一句话就问："你是不是第386旅的？"一听不是，汽车一溜烟儿就走。第386旅每到一处宿营，第二天日军的飞机必来轰炸，继之以炮轰和围攻。但是他们始终没有一次抓到第386旅，最后只得悻悻而归。当时太岳区广泛流传着这样一首歌谣："小日本，你听清，太岳山上有陈赓；小日本，别捣蛋，让你碰上周希汉……"

刘伯承和邓小平的战友情

1938年1月，邓小平替换原政治委员张浩担任第129师政委兼主任。从此，在山西的抗日战场上，八路军历史上最为著名的一对"黄金搭档"产生了。刘伯承主军，邓小平主政，他们俩相互支持，相得益彰，共同锻造了一支战功卓著的"刘邓大军"，也结下了坚不可摧的

[①] 郑建英、陈文桂：《纪念中国共产党建党七十周年：新编中共党史简明辞典》，哈尔滨出版社1991年版，第151页。
[②] 同上书，第153页。
[③] 同上。

二十四　八路军众将领群聚山西

深厚情谊。

说起来两人很有缘分，同是四川人，刘伯承1892年生，大邓小平一轮，都属龙。在邓小平看来，刘伯承是一位大军事家，指挥有方；在刘伯承眼里，邓小平文武双全，从善如流。凡是刘伯承做出的重要决定，邓小平都能给予紧密配合。即使是军情紧急，来不及研究商量，只要刘伯承做出了决定，邓小平都会坚决支持。一位在第129师工作过的老同志曾经说：凡是刘师长表过态的，去问邓政委时，他必定说"按师长讲的办"。① 反过来，刘伯承也十分支持邓小平，而且在战争危险时刻非常关心邓小平的生命安全。

1942年3月，为了应付日军有可能进行的大"扫荡"，第129师决定由刘伯承留太行区指挥"反扫荡"作战，邓小平则率第772团一部去太岳区布置检查工作。为了保证邓小平的路途安全，刘伯承可谓是悉心安排、严密部署。他对参谋长李达说："现在敌人'扫荡'得很频繁，我们一定要保证邓政委的安全。你立刻通知邓政委要路过的几个地方，叫他们把接送情况，在当天电告师部。"② 3月19日晚上，邓小平即将通过白晋线，刘伯承通宵未眠，亲自坐镇师作战科值班室。直到天快亮时，陈赓来电话告知邓政委已安全到达太岳区，他才放心地回去睡觉。对此有人感慨地说："刘邓就是刘邓，之间是很难放进一个'顿号'的。"③

"山西老乡"徐向前

1937年8月25日，洛川会议结束后，中共中央决定派徐向前随同周恩来、彭德怀到山西与阎锡山进行谈判。毛泽东对徐向前说：

---

① 何立波：《刘邓不可分——邓小平与刘伯承半个世纪的战友情缘》，《军事史林》2006年第2期，第3页。
② 谭一青：《军事家邓小平（上）》，中国青年出版社2013年版，第307页。
③ 杨国宇：《威严的山》，载《邓小平的历程：一个伟人和他的一个世纪》，解放军文艺出版社1994年版，第244页。

"你是山西人，和阎锡山是同乡，好好做做阎锡山的工作。"①徐向前欣然应允。

9月7日，徐向前跟随周恩来、彭德怀、彭雪枫，来到晋东北代县太和岭口的阎锡山行营。这时，阎锡山正为日寇的进逼而焦急，他对周恩来一行的到来表现出很高的热情，对于徐向前更是刮目相看。这个比自己小18岁的五台老乡，曾在他创办的国民师范读书，如今竟然成了中共高级军事领导人。阎锡山对来访的周恩来说："周恩来真会选人才，让我们五台老乡、又是我的学生徐向前参与会谈。但是，千万不要刨我的墙脚啊！"②周恩来妙语作答："百川先生把话说到哪里去了，我这次和向前一块儿来，是因为他是山西人，要他给我带路的。同时，向前又是百川先生二战区八路军第129师副师长，以后是你的部属了，特来拜会你的。还要请先生多多关照呢！"③话匣子一打开，会谈进行起来就方便了。双方就国共合作、发动民众、共同抗战的主张达成了共识，一致决定成立第二战区民族革命战争总动员委员会。

此后，徐向前奉命率八路军第129师一部回到故乡五台县。期间，他利用同乡身份多次到阎锡山部队中开展统一战线工作，与阎锡山的高级将领杨爱源、李俊功、田世俊、金宪章等，商谈国共合作、发动民众，并积极进行抗战动员，使党在山西的统战工作，初步打开了抗日战争的新局面。

---

① 江英：《徐向前元帅》，四川人民出版社2009年版，第114页。
② 五台县政协文史资料委员会编：《人民的公仆——徐向前》，2002年版，第171页。
③ 同上。

二十五、八路军女情报科长

早期曾主管红军情报工作的刘伯承元帅将其比喻为:"玻璃杯里押宝,看得一清二楚。"[1]20世纪三四十年代,正值抗日战争时期,共产党在敌后战场充分发挥情报战的优势力量,相继涌现出了一批优秀的地下情报工作者,他们的事迹不一定广为人知,但对抗日战争的胜利有着不可或缺的重要作用,滕代远的夫人林一同志就是其中的突出代表。林一,1917年8月12日出生于黑龙江省依兰县,1936年5月加入中国共产党,同年秋被派往苏联莫斯科东方大学保卫工作专业学习。1938年8月期满回国后任中共中央特别工作委员会机要科长,12月与时任中共中央军委参谋长的滕代远结为革命伴侣。1940年10月,奉中共中央社会部之命组成七人工作组,赴地处晋东南的八路军前方总部开辟部队情报工作,任情报科和派遣科科长,直至1945年8月抗日战争胜利。

奔赴山西抗日前线

为了适应全国抗日战争形势的需要,1940年10月20日,中共中央社会部派出由林一任组长的七人工作组小分队,奔赴晋东南八路军总部开展部队情报工作,当时工作小组的人均年龄仅为25岁。1940年12月27日,工作组抵达八路军前方总部驻地山西省辽县武军寺村。第二天上午林一主持召开会议,研究工作如何开展并向八路军领导做了汇报,林一说:"根据中共中央有关部门的决定,我们的主要任务是搜集日伪军队、政府、警察、宪兵、特务情报,了解打入抗日根据地的

---

[1] 孙果达:《赤水河畔情报战》,《湖北档案》2005年第11期。

敌特人员的踪迹,开展反敌特斗争,以保卫我党我军的安全。"①她说:"至于完成任务的方法,可以派人打入敌占区,潜入日伪内部,长期埋伏,等待时机,也可在我根据地边沿地带设立情报工作网点和交通联络站点等。"会议商议确定工作组由彭德怀领导,日常具体业务向组织部部长刘锡五请示和联系。为了工作方便,其建制属前方总部司令部秘书处。

经过半年多的实践,对于华北、华中、东北部分地区敌我态势和状况有所了解后,即着手派遣工作,各方面工作都有了很好的进展。1941年7月,左权副参谋长对林一说,你们几个人组建前总司令部参谋处情报科,对外称第二科,科长为林一,工作人员有张箴、刘岱、路展等,对外称参谋。

太行山抗日根据地地处日军、伪军、顽军各种反动势力夹击之下,中国共产党领导的抗日力量在复杂的斗争环境中求发展,坚持敌后游击战争。1941年5月20日,中共中央军委决定,在各战略单位建立情报组织。之后,前总所在地区的太行军区一至五军分区先后建立了情报站。这几个情报站的站长都是林一亲自挑选安排的。到1941年年底,八路军前方总部情报处正式成立,处长由左权兼任,副处长为项本立。1942年5月25日,左权副参谋长在战斗中壮烈牺牲,中共中央于8月25日调抗大总校副校长滕代远任八路军前方总部参谋长兼情报处处长,林一担任情报处第一科科长,即派遣科科长。在中共中央领导的指导和林一等同志的具体组织下,中国共产党的情报站点建设日益完善。当时,由八路军前方总部情报处直接派往日军占领区的干部和在敌占区发展的共产党员、可靠的进步人士有170人之多。在华北、华中、东北日军占领的大城市和伪军中建立了情报站、情报点、交通站、交通点,基本上形成了以华北为中心的地下情报工作网

---

① 史莉:《林一在山西》,《山西日报》2014年8月13日。

络，上下联络，畅通无阻。

纵横穿梭掌控情报局势

1944年10月初，滕代远听取了林一关于前总派遣人员分布情况的汇报，林一在办公桌上摊开中国地图，按华北、华中、东北地区标出派出人员的职业、姓名、被派往的城市以及潜伏身份，各情报网、站、点的人数。林一还把山西太原，河北邢台、邯郸、石家庄、张家口，河南安阳、洛阳、郑州，天津，东北瓦房店及华东等地，亲自指挥和联系的情报站、点，交通站、点的简况、人员一一做了汇报。随后林一提出要亲自深入日伪军占领区，代表总部领导检查情报工作，看望奋战在龙潭虎穴里的战友们。1944年11月5日，经过周密筹划，准备好潜入敌占区的各种必要证件，确定好行程和路线，安排好沿途交通站点派专人带路和转送后，由柏淑卿协助化装成大城市阔小姐的林一出发前往敌占区。

林一出行的第一站是距根据地最近的敌占区河南省安阳县城。在那里，她听取了共产党员苏鸿伯开办茶庄并与伪军司令王自全结拜兄弟的工作汇报后，实地到达火车站棉布店与员工谈话。还会见了八路军豫北办事处主任王百评离任前换帖的兄弟、地方势力派、矿警队长吴守正。

第二站，林一风尘仆仆来到河南开封。潜伏在这座城市的郭有义情报站，就活跃在日本人的鼻子底下。郭有义的公开身份是开封税务局车站分所所长。林一在开封的活动，由郭有义负责安排。从根据地潜入开封的人都愿意与"娘家人"林一见面和谈话。林一对刚派到开封不久的曾洁光说，开封是日寇在中原地区的政治、经济中心，在军事上处于非常重要的战略地位，我们的人在这里搜集日伪军事、政治、经济、文化情报，十分重要，任务光荣而艰巨。

此后林一乘火车顺利抵达北平，这里是她潜入敌占区的第三站。

八路军前总情报处在延安中共中央社会部的安排下，在北平先后开辟了姚继鸣、王岳石、贾建国所领导的情报站。这几个情报站虽然在一个城市里，但不可能像在根据地一样召开联席会议听取情况，林一只能分别与他们见面和谈话。为了保证林一的安全，几个情报站负责人都做了周密安排。林一落脚的地方是北平西城北沟沿后纱罗胡同7号，这里是共产党员郑平、王今英夫妇的家。此地独门独院，房屋宽敞，而郑平在社会上又有一定的身份和影响，前方总部来人经常住在这里。在古都北平城内居住两个多月的林一，力争走到各情报站的主要点。她和姚继鸣漫步在中山公园松树林下交谈情况；和贾建国乘汽车在南苑一带观察日军的军事设施；与王岳石在中南海边走边交流情况，边逛公园边谈工作，神不知鬼不觉。林一在北平期间，探访了前总情报处副处长申伯纯在北平长辛店的家，特意看望了从日军监牢里出来的姚继鸣夫人李玉盈，还分别走访了由太行山根据地派到北平工作的女战友朱烨、王伯彦、赵向明等人。

　　三个月的纵横穿梭，林一冒着生命危险，纵身虎穴，视察工作，掌握了第一手材料，为总部首长决策提供了可靠的依据。在返程途中，她对陪同她返回总部的朱烨说：中国人民关注的抗日战争到了战胜日本帝国主义的时候了，我这次敌占区之行收获颇丰，非常有意义。回到"家里"我要仔细归纳，向总部首长提出有价值的、有利于抗日战争最后胜利的建议。1945年1月下旬，林一回到了八路军前方总部情报处。就在这一年，中国人民取得了抗日战争的胜利。

二十六、牺牲在山西正面战场上的国民党军将领

从忻口到中条山，在由北而南的正面战场作战中，国民党军将士满腔爱国情怀，不畏强敌，奋起抗击，英勇顽强，不怕牺牲，用生命和鲜血奏出了中华民族抵御外敌入侵可歌可泣的最强音。从高级将领到普通士兵，数以万计的中华优秀子孙把他们的热血抛洒在山西这块热土上，他们是郝梦龄、唐淮源、王凤山、刘家祺、寸性奇、郑廷珍、陈文杞……以及千千万万个连姓名都没有留下的英烈们。他们的英名值得我们世世代代永远铭记！

郝梦龄（1898—1937），字锡九，河北省藁城县人。家境贫寒，幼读私塾。1919年，保定陆军军官学校第六期步兵科毕业后，入西北边防军任见习排长。嗣后，历任连长、营长、团长。1926年，所部归属国民军，升任第4军第26旅旅长、第2师师长。北伐时各部统编，任魏益三第30军副军长兼第2师师长。中原大战前后，所部改编为第54师，仍任师长。1932年6月，国民政府军事委员会颁发陆军师暂时编制表，全国陆军统一编制。同年9月接替上官云相，任第9军军长。1931年至1935年期间，率部参加过"围剿"红军的作战。1935年4月6日，获授中将军衔。

1937年7月初，郝梦龄奉调到四川陆军大学将官班学习深造，途中得悉卢沟桥事变发生。危急关头，毅然由重庆返部。他表示："我是军人，半生光打内战，对国家毫无利益。日寇侵占东北，人民无不义愤填膺。现在日寇要灭亡中国，我们国家已到生死存亡的最后关头。我应该去抗战，应该去与敌人拼。"随即，主动请缨，率部北上抗日。出发前，他已下定以死报国的决心。在途经武汉与家人告别时，

他语重心长地对儿女们说:"我爱你们,但更爱我们的国家。现在敌人天天在屠杀我们的同胞,大家都应该去杀敌人。如果国家亡了,你们也没有好日子过了。"并事先写好遗书交给大女儿慧英,书云:"此次北上抗日,抱定牺牲。"

郝梦龄率所部第9军自武汉到达石家庄后,编入了卫立煌第14集团军序列。其时的山西雁门关已失守,忻口成了抵御日寇侵略的第一道防线。第二战区司令长官阎锡山决定在忻口组织会战,10月上旬,郝梦龄率部先期到达忻口布防。在抗日前线耳闻目睹了日本侵略者的野蛮行径和嚣张气焰后,他更加坚定了抗战到底的决心。

10月10日,忻口会战即将正式打响之际,郝梦龄给妻子剧纫秋写下最后的遗嘱:"余自武汉出发时,留有遗嘱与诸子女等。此次抗战,乃民族、国家生存之最后关头,抱定牺牲决心,不能成功即成仁。为争取最后胜利,使中华民族永存世上,故成功不必在我,我先牺牲。为军人者,为国家战亡,死可谓得其所矣!"字字慷慨,句句悲壮!

10月11日,板垣征四郎指挥日军第5师团,在飞机、大炮、坦克的掩护下,倾全力向忻口阵地发起猛攻。郝梦龄亲临第一线指挥,只等日军炮火一停,即冲出堑壕与日军展开白刃战,战况惨烈,双方损失惨重。10月12日,南怀化主阵地被日军攻破,第9军与日军在忻口西北、南怀化东北的204高地上展开激烈的拉锯战,一昼夜间阵地数易其手。为了坚守阵地,郝梦龄进行阵地动员,鼓舞士气:"先前我们一团人守这个阵地,现在只剩下一连人还是守这个阵地,就是剩下一个人,也要守这个阵地。我们一天不死,抗日的责任一天就不算完。现在我同你们一起坚守这块阵地,绝不先退。我若是先退,你们不管是谁,都可以枪毙我!你们不管是谁,只要后退一步,我立即枪毙他!"

10月15日夜,总司令卫立煌给郝梦龄增派了七个旅,并命令他分三路夹击日军。16日凌晨,郝梦龄率部队对日军阵地发起了攻击,

二十六 牺牲在山西正面战场上的国民党军将领

枪炮声如雷,喊杀声震天,日军节节败退。5时许,天已微明,他担心天明后新夺回的阵地受敌空、炮火力威胁,决定乘胜直追。在我军追袭之下,敌阵纷乱,不得不以机枪、榴弹炮掩护退却。这时,郝梦龄已临散兵线之前,距敌仅二百多米。突然,一梭子机枪子弹打来,将军中弹倒下,壮烈牺牲,实践了"站在哪里,战在哪里。生在哪里,守在哪里"的出战誓言。

郝梦龄是抗战初期,牺牲在抗日疆场上的第一位军长。噩耗传开,举国悲悼。10月24日,郝梦龄的灵柩由太原运至武汉。11月16日,武汉各界举行万余人参加的公祭仪式,全市下半旗致哀。1938年3月12日,在延安追悼抗敌阵亡将士大会上,毛泽东高度评价了郝梦龄等为国家、民族的献身精神。12月6日,国民政府明令褒扬,追赠为陆军上将。1983年,中华人民共和国民政部追认其为革命烈士。

唐淮源(1884—1941),字佛川,云南省江川县人。早年考入云南讲武堂,被编入丙班2队,与朱德为同学,相交甚厚,并结为"金兰之交",常相聚于圆通、古幢等古刹名寺,谈论时事,畅叙友情。在讲武堂学习期间,唐淮源加入中国同盟会。毕业后分发云南新军,任排长。1911年10月,参加云南重九起义,后升任营长。1936年10月,升任第3军副军长兼第12师师长。

抗日战争爆发后,唐淮源率部奔赴河北抗日前线,参加对日作战,隶属第一战区第2集团军。1937年10月,唐淮源率部在娘子关一带阻击日军。11月初,参加了太原保卫战。1938年三四月间,在襄垣、武乡、黎城、涉县等地与日军苦战;7月,入中条山作战。1939年,升任第一战区第5集团军第3军中将军长。

自1938年10月开始,日军为夺取中条山这一战略要地,组织强悍劲旅,车轮式地接连发动了一次次大规模进攻。每当前方情况险恶时,唐淮源总是亲自去督战,哪里危急就出现在哪里。在坚守中条山的日子里,唐淮源还不时召开第3军防区内老百姓的会议和走访乡亲们的家，讲解抗日救国和军队要与老百姓搞好关系的道理，很多老百姓都知道唐军长，都说他真是一个名副其实的"唐菩萨"。

1941年2月10日，唐淮源已抱定与中条山共存亡之决心，他在一封家书中写道："所悬念者物价日高，尔等生活究竟如何？明知艰困，意欲随时接济，必致贪污，似又不值。"

1941年5月7日，日军以异常密集猛烈的强大火力集中攻击我第3军和第98军防地。首先利用空中优势，数百架次飞机轮番狂轰滥炸；随之，上千门重炮一齐开火轰击，整个中条山成了一片火海。紧接着日军的坦克、装甲车扫射开路，大量步兵跟随其后。日军发起总攻的第二天，即5月8日，防守中条山中心地带垣曲的第43军，在失去几个阵地之后，提前撤退，使得日军乘虚而入，将中条山我军阵地分割成两半，整个中条山战场局势危急险恶。战区司令长官部下令撤退。

唐淮源所部第3军驻地为中条山主脉，首当其冲。敌军于8日突入第3军左侧后，分袭各部，截断我后方联络给养线。第3军将士在唐军长的率领下"浴血奋战，死事之烈，前此所无"。在十分危急的情况下，唐淮源以守土卫国、寸土必争的精神，沉着果敢指挥所部官兵，展开运动战，与敌拼杀肉搏。官兵们义愤填膺，以一当十，殊死奋战。但敌众我寡、敌强我弱，我军腹背受敌，左右被攻，疲惫至极。

唐淮源在收到战区司令长官部的撤退电令后，已经陷入重围，无路可退。当其他部队已经突围撤退时，唐淮源仍在指挥第3军将士以死相拼，反复冲杀，声震苍天，气吞山岳！5月10日，唐淮源率所部向南突击，与敌遭遇于温谷村附近。为争温谷村以北之高地，第3军将士前赴后继，厮杀拼搏，血染黄河！5月11日，沿山口与黄河各渡口，均被敌占，敌主力以分进合击之势合围第3军，必欲置之死地。第3军伤亡过半，四面受敌，粮尽援绝，后路已断。紧急关头，唐淮源召集手下三位师长进行战前动员："现情势险恶，吾辈对职责及个人

二十六 牺牲在山西正面战场上的国民党军将领

之出路,均应下最大之决心,在事有可为时,须各竭尽心力,以图恢复态势,否则应为国家民族保全人格,以存天地正气!""中国军队只有阵亡的军师长,没有被俘的军师长,千万不要由第3军开其端!"

当时的情势是第3军将士经过一周的殊死决战,饥疲交困,且敌我纵横交错,天险黄河横亘于后,身处绝境。为争取最后的机会,开出一条生路,唐淮源下令以团为单位,化整为零,以分敌势,分头突围。随即,他亲率第12师之一部,向县山(亦称尖山)且战且走。随即,遇到日军大部队,左冲右杀,难以推进。不得已转向西,处于不利地势,又被敌军阻于东交口附近。几经激战冲杀,至12日晨到达县山。马蹄沟、水泉沟、大寺坪等处之敌又追踪而至,围攻甚急。第12师师长寸性奇、第34团团长张正书均负重伤。第34团副团长潘尔伯、第36团团长黄仙谷、第7师第21团副团长张永安、第34师第100团团长薛金吾相继阵亡。尸横遍野,血染黄土地。

危急时刻,唐淮源身先士卒,以一军之长始终冲杀在第一线。虽处境险恶,但身经百战的唐淮源却异常冷静。警卫连战士大部分已经牺牲,剩下的已被派上去迎敌,身边仅有的几个通信兵和报务员,实际上充当了唐军长的贴身警卫。这时的他神闲气定,挥笔写下遗书:"余身受国恩,委于三军重任,当今战士伤亡殆尽,环境险恶,总军两部失去联系。余死后,望余之总司令及参谋长收拾本军残局,继续抗战,余死瞑目矣!"

1941年5月12日,已是炎热的初夏,但这天的下午,寒冷异常,阴风怒号,大雨滂沱。唐淮源身陷绝境,突围无望,愤未尽保卫中条山之志,有负国家养育之恩,唯不愿落入敌手。敌人已经离得很近很近,唐淮源最后一次命令剩余的士兵冲上前去,仅留一名卫士在身边。这时的唐军长望着成堆的将士尸体和血染的阵地,悲愤万分,毅然决然举枪自戕!卫士见军长壮烈殉难,伏在将军的尸体上失声痛哭,然后举起手枪,在唐军长尸体旁饮弹身亡!

一代抗日名将唐淮源,慷慨就义,壮烈殉国,九天为之动容,三军为之哭泣。正如1942年1月4日《云南日报》为悼念唐淮源和中条山战役阵亡将士曾发表的社论《哀痛悼忠魂》所说:"回忆五年来之战史,如中条山之能坚守四年之久者有几?能以寡敌众,在械劣、粮缺、弹乏险恶之条件下屡挫敌锋,数度实施反扫荡而均获成功者有几?高级将领能身先士卒,杀身成仁者又有几?……(唐)将军等之死,实为国家之无上损失。将军为国之干城,抗战之支柱。国家损此干城,抗战失此支柱,将增加抗日之困难,平添战争之阻碍,吾人为国惜才,更难禁为之一哭!"

王凤山(1905—1942),字鸣岐,山西五台人。性情憨厚,勤于读书,常以中国历史上的民族英雄岳飞、文天祥自勉。幼时家贫,在乡人的资助下入高小读书,后考入太原国民师范学校。国师毕业后投笔从戎,入山西学兵团第4期。1926年,学兵团改编为山西军官学校,转入工科1期。1928年,军校毕业留校任工兵科第2分队上尉分队长。1931年,调职晋绥军中,历任连长、团副、营长等。

七七事变时,王凤山身任第203旅第427团第3营营长,随部驻守茹越口。茹越口居雁门关与平型关之间,是内长城与雁门关的结合部,战略地位十分重要。1937年9月25日,占领大同的日军在侵占怀仁后,突然改变方向,向驻守长城茹越口的我第203旅扑来。敌攻势甚猛,天上有飞机扫射轰炸,地面有大炮、坦克、骑步兵冲击。战况惨烈,尸横遍野。28日,第203旅旅长梁鉴堂阵亡。战至夕阳西下时,主阵地被日军突破,守军伤亡过半。接着相邻阵地失守,战局已无可挽回。王凤山以"守土卫国乃军人天职"的胸怀和必死之决心仍命部队坚守,迟滞日军进攻。危急关头,卫士将他强行拖离战场,从山后悬崖跳下,被酸枣树丛阻拦,幸免于难。

1938年,王凤山升任晋绥军第427团中校团副、代理团长。1939年,改任军事突击团团长。1940年春,任军士教导团一大队上校大队

二十六
牺牲在山西正面战场上的国民党军将领

长。1940年秋,调任第二战区长官部任整理处副处长,任内对军队补充和训练工作,筹划周密,颇有建树。1941年,升陆军第218旅旅长。不久,再升陆军第34军暂编第45师少将师长。

1942年春夏之交,日军驻山西的第1军司令官岩松义雄以诱降为目的,集中优势兵力,向汾河一带晋西南的中国军队发动进攻。为了变被动为主动,阎锡山组织晋西北保卫战,特令第34军渡过汾河作战,抗击日寇的进攻。王凤山奉命率领所部在汾南进行游击战争。在屡屡受挫的情况下,日军集中优势兵力,以清水、长野两师团纠集各县伪军步、骑、炮兵两万余人,辅以飞机、坦克助战,分七路对第34军控制区域进行大规模"扫荡"。第34军第43、第44师经苦战失利,两师师长分别受责;军长王乾元负伤返汾北医治。王凤山临危受命代理军长,指挥所部继续转战万泉、荣河一带。据报,王凤山当时骑一匹白马,率部无日不战、无日不行,竟月连战28天,连获大德庄、望嘱村、乔村等战斗的胜利。妙用营团兵力奇袭日据点,予敌以重创。日军恨之入骨,四处张贴告示,悬赏1万大洋活捉王凤山。

1942年6月17日拂晓,万泉、荣河、临晋、猗氏等县的日军千余人,在飞机、大炮及战车的掩护下,分数路突袭,把王凤山及其第45师师部和第2团包围在万泉县张瓮村(今属万荣县)。王凤山亲临第一线指挥作战,用"抗日必胜,为国捐躯光荣"的道理教育将士,鼓励大家奋勇杀敌,与阵地共存亡。双方激战两昼夜,日军损失惨重,我阵地岿然不动。战至中午,河津敌千余人来援。敌众我寡,我军逐渐失利。不久,日军在密集火力助攻下突破我阵地,双方展开白刃格斗,打得难解难分。王凤山闻听消息,心急如焚,立即亲率预备队前往逆袭,一鼓作气冲上阵地,与日军展开近战搏斗。战况异常激烈,特务连连长王士新及全连官兵全部血洒疆场。王凤山左胯负伤,坚不言退。因张瓮村北地势平坦,麦收刚过,缺少掩护物,指挥所暴露在敌人面前。拉锯战中,王凤山右腹又连中枪弹,肠流腹外。将军裹伤抱腹忍痛坚持指挥，终因不支，壮烈殉国，时年 37 岁。

王凤山的壮举感天动地，身后哀荣备至——第二战区长官司令部剧宣二队将其事迹编为话剧《盘肠英雄王凤山》，广为上演。1943 年 5 月 28 日，国民政府颁发"国民政府令"对王凤山"明令褒奖"；同时"将生平事迹存留宣付史馆，表彰壮节而慰英灵"；并追认为陆军中将，入忠烈祠；将张瓮村易名凤山村，村小学改称凤山小学。1986 年 4 月 11 日，中华人民共和国民政部颁发证书，确认王凤山为革命烈士。

刘家祺（1894—1937），字铮磊，又字锡侯，湖北武昌人。曾先后就读于湖北陆军小学、保定军官学校、陆军大学。历任排长、连长、营长、团长、师参谋长、旅长等职。1937 年夏，正在陆军大学学习时，日本发动全面侵华战争，刘家祺多次向校方申请上阵杀敌。同年 9 月，被任命为第 54 师少将师长，立即率部奔赴山西忻口前线，奉命担任中央兵团南怀化东北高地中央地区主阵地的布防和占领云中河北岸下王庄前沿阵地的任务。

10 月中旬，日军板垣师团开始向忻口进攻，南怀化主阵地首当其冲。刘家祺率领第 54 师就坚守在这里，敌我双方展开了激烈的血战。密集的日军步兵冲锋集团，在炮火和飞机的掩护下，向我阵地一次又一次地发起波浪式冲锋。刘家祺率领部队沉着应战，在敌人飞机、大炮轰炸时，他指挥部队躲入掩蔽部。待炮火一停，又马上冲上阵地，用步兵武器狠狠地打击日军。敌人志在必得，我军宁死不退，双方多次展开白刃肉搏，近距离互掷手榴弹，战况之惨烈，抗战中之罕见。敌我双方均损失惨重，阵地前布满了尸体。

10 月 12 日，南怀化主阵地被日军突破，双方步、炮主力在忻口西北和南怀化东北高地展开了激烈的争夺战，刘家祺亲自指挥部队反复冲锋，多次拉锯，阵地得而复失、失而复得，几经易手，我军每日伤亡多达千人。到 10 月 15 日，前后击退敌 15 次进攻，敌人屡进屡退，死亡枕藉。部队当时所在的大白水村是一个没有防御工事可资据守的

二十六 牺牲在山西正面战场上的国民党军将领

开阔地带,日军每次在坦克掩护下冲进村时,他们避开坦克,扫射跟随在坦克后面的敌人,然后用手榴弹掷向坦克孔中,将其炸毁。刘家祺在给妻子的信中激动地写道:"今早2时,我前进部队遭敌装甲车队袭击,被我张营第3连用手榴弹炸毁数辆,敌即溃退。我师开始作战于天气晴和之日,即获此胜利,将来结果,决得美满。余决继续奋斗,期答国家之培育。"又在给其弟的一封信中表示:"此番请命杀敌,早具牺牲之决心。"

10月15日晚,卫立煌将军亲临阵地慰勉,并令第9军在夜幕下偷袭敌军。刘家祺奉命率一队进袭,连克数座山头,很快接近敌人指挥所。16日晨5时许,与郝梦龄所率部队会合后,乘胜直追,占领有利阵地,以防敌人反扑。敌军阵形大乱,落荒而逃。刘家祺协同郝梦龄军长挥兵追歼逃敌,郝梦龄不幸被敌兵机枪子弹击中,倒卧在地。刘家祺不顾个人安危,上前抢救,头部亦为敌掷弹筒炸伤,接着又中机枪子弹数发,倒地不起,为国捐躯。

12月6日,国民政府明令褒扬刘家祺:"此次奉命抗战,于南怀化之役,率部鏖战,历时五昼夜,犹复身先士卒,奋力无前,竟以身殉,眷怀壮烈,较悼弥深,应予特令褒扬。"并追赠他为陆军中将。蒋介石还亲笔题写挽联:"御侮竟捐躯,卫国洵为天下重;縻身能扼敌,裹尸如见九原心。"

寸性奇(1893—1941),字念洁,云南腾冲人,早年毕业于云南讲武堂。1911年入伍新军,参加辛亥革命。1917年参加护法战争。1922年参加讨伐陈炯明之役,迎接孙中山回广州,任宪兵司令兼大元帅府大本营少将参军。1926年参加北伐,任国民革命军第31军参谋处长。1937年调任第3军第12师第34旅旅长,率部北上抗日。在井陉、阳泉间血战数月。之后,升任第12师师长,随部驻守中条山。

1941年5月7日,日军重兵进犯中条山时,寸性奇所部被包围。在此之前长达4年的中条山防守战中,寸性奇参加了大大小小无数次作战。1938年12月,日军第三次进攻中条山时,已是第12师师长的寸性奇率部担任正面抗击。为争夺小岭阵地,他率部血战九昼夜不下火线。在战与失的几番更迭之后,日军倾全部兵力,向第12师第1营阵地发动猛烈攻击,该营不敌,败退下来。在小岭丢失,即将影响全师正面战线、危及中条全线防守的重要时刻,寸性奇痛开杀戒,毅然依军法处死该营营长,并以一师之长、将军之躯,亲率兵士在第一线奋勇冲杀。一时,军威大振,喊杀之声震天动地。日军不支,全线溃退,小岭阵地失而复得。

中条山战役中担任攻击作战的是日军精锐——樱井师团,师团长樱井是日军的名将之花。战起之时,樱井声称,此次作战是专奔中条山主力第12师而来。寸性奇闻言后,用他略带滇西家乡的腔调幽默地说:"好吧,本人十二分欢迎。"

战役打响的当天下午,东线的第9军第47、第54两师,面对日军第35师团、第4骑兵旅团的猛烈进攻,未做坚决抵抗即撤出阵地,南渡黄河,致使东大门洞开;西北第43军在日军第43师团、独立第6旅团的强烈炮火攻击下,未能死守,亦即全部转移,西北隅门户洞开;北线第17军在重创日军之后,遭受东线及西北隅涌来之敌的两面夹击,损失惨重,不得已转移二线,北门不守。死守西大门的第12师,在日军四面合围步步紧缩、强敌锐利进攻的不利形势下,与敌樱井师团激战两昼夜,重创敌人,坚守阵地,迫使樱井所部于9日下午全线败退。10日拂晓,樱井倾全师团兵力包围了第12师第36团防区,企图撕开缺口,突破西线。当敌人于重炮轰击之后进入第12师第36团防区时,阵地上一片死寂。举棋不定之时,炮弹从天而降,樱井师团被炸得尸横遍野,晕头转向。原来足智多谋的寸性奇估计到敌人拂晓时必来进攻,遂命第36团乘夜撤出,对敌实行反包围。遗憾的是当进退维谷的樱井难以支撑时,天空中突然出现数架日军飞机,对我阵地进行轰炸,樱井之围始解,寸性奇的围歼计划落空。

二十六 牺牲在山西正面战场上的国民党军将领

此时,整个战局对第12师极其不利,樱井师团与各线日军形成的合围圈一步步紧缩,寸性奇所部第12师已被重重包围,陷入孤军奋战的境地。这时,军长唐淮源命各师坚守阵地,等待集团军总司令部增派援军,组织反攻。但是,集团军总司令却于11日晚下令各部队以团为单位撤退,致使分散撤退的部队多次遭受数倍于我的日军之围歼,损失极为惨重。面对如此境况,当唐军长召集各师师长进行战前动员时,寸将军明确表示:"诚如军长所言,军人为国战斗,生则奋力拼杀,死亦为国增光!"

之后,寸师长率其余部实施突围。正午时分,一颗炮弹在几步之外的地方爆炸,寸性奇右腿被炸伤,跟随卫兵大声惊呼,然将军充耳不闻,只顾指挥战斗,在他走过的草地上,留下了长长的血迹。是夜9时,几经冲杀,才突出重围,部队依然保持建制。

突出重围的第12师,已跳出中条山死亡圈,按照集团军总司令部的撤退命令及军长事先的安排,寸性奇本来可以直奔稷王山集结,然后随全军他调驻防,这是既合情合理,又堂而皇之的选择。然而,军长此时"被围东交口,形势危急"。在生与死的考验面前,他毅然冒死回救军长及自己的手足部下。之后,在分别突围时,所部连遭敌人截击,伤亡过半。在大雨滂沱、饥疲交困中,寸性奇不幸胸部中弹。与此同时,军长身陷重围,无法自救而舍身成仁的消息传来。他不禁"悲愤交集,豪气倍增,大呼杀敌,声掩巨炮"。这时的寸性奇不顾身上血流如注,率部勇猛冲到胡家岭附近,再遭敌封锁,而后面的追兵又尾随而至,前后夹击,情势万分危急。寸性奇已经把生死完全置之度外,在左肩又中一弹的情形下,仍坚持指挥部队奋勇冲杀,至夜间11时,始攻下胡家岭。

13日晨,他身边只剩下一名团长及护卫数十人,难以组织有效战斗。众人且战且行,及至毛家湾,四面日军已近在咫尺,炮火更加密集。眼看敌兵瞬息即至,为保全精神的完善,毅然自我牺牲,身边随护官兵亦无一人离开，跟随其一起殉国。一颗闪闪发光的将星，不幸陨落在中条山上，实践了他的临终誓言："我腿已断，不必管我。我决心殉国，以保全国格人格。"

郑廷珍 (1893—1937)，河南省柘城县人。祖上以行医为生，后医道失传，转以务农为本。1917年，青年郑廷珍报名参军，投身于冯玉祥第16混成旅李鸣钟第3团。郑廷珍自幼务农，身强体壮，加之为人正派、公道，又粗通文墨、聪颖过人，学习军事技术刻苦认真，随军南征北战，屡立战功。从而赢得了部下的拥戴和长官的赏识，逐步擢升，由排长而连长、营长、团长。1932年，官至独立第5旅旅长。

1924年，郑廷珍在参与冯玉祥领导的囚禁贿选总统曹锟、驱逐清废帝溥仪出宫的北京政变中，率部执行命令坚决，作战勇敢，受到褒扬。1930年，所部归属第25路军总指挥梁冠英节制，被派到鄂豫皖苏区"围剿"红军，因厌恶内战，而与红军默许互不侵犯。后来，因为梁冠英扣发部队军饷而发生冲突，闹到南京国民政府。协调的结果是郑廷珍独立第5旅脱离第25路军序列，直属军事委员会管辖，受卫立煌节制。

1937年7月，卢沟桥事变爆发后，郑廷珍痛感民族危机迫在眉睫，曾亲自到南京，代表独立第5旅全体官兵向军事当局请缨，强烈要求率部开赴抗日前线，保家卫国。

1937年8月底9月初，日军于攻陷南口后，大举进攻山西。郑廷珍所部独立第5旅奉命配属于郝梦龄之第9军开赴山西与日军作战。接到开拔命令后，他对全旅官兵做战争动员："过去的内战都是自己人打自己人，胜不足武，败不足惜，今天是真正打敌人，打日本鬼子，这是保家卫国，是军人最光荣的事，就是部队拼光拼净也值得，也甘心情愿。我们部队上阵后，一定要杀敌立功，如不打败日本，就一个也别回来！"铿锵有力，掷地有声。

10月初，忻口战役前郑廷珍率部急如星火赶到前线，马上在指定位置布防，构筑工事，准备好迎击敌人的进攻。10月11日，原平失陷，日军主力逼近忻口一线，向我阵地发起猛攻。敌凭借飞机、大炮等优势火力，向我防线不断冲击。郑廷珍部坚守中央阵地，他们依靠将士高昂的士气、简陋的装备，与敌人拼死血战，寸步不让。南怀化是整个中部战线的支撑点，是敌我双方的必争之地，从一开始这里的战斗就呈白热化，双方拼死争夺这个制高点，我占据高地后，得而复失，失而复得。15日，南怀化高地再次陷于敌手，日军乘机扩大突破口，想一举突破我防线，整个战局出现危机。前线总指挥卫立煌将军火速调集兵力，集中5个旅的部队，由第9军军长郝梦龄、第54师师长刘家祺和独立第5旅旅长郑廷珍担任指挥官，于16日发动反攻。

16日凌晨，反攻开始。郑廷珍率领警卫人员到前沿阵地亲自指挥作战。在他的指挥下，我部一鼓作气攻占了几个山头。正当他跃出战壕观察敌情、指挥部队继续前进时，突然遭到日军机枪的猛烈射击，当场英勇牺牲，壮烈殉国。

郑廷珍牺牲后，他的遗体被运到太原入殓，后转回河南家乡安葬，柘城县地方政府为烈士举行了隆重的安葬仪式。12月6日，国民政府明令褒扬，郑廷珍追赠陆军中将，"并交行政院转行从优抚恤，生平事迹存备宣付史馆"。

陈文杞（1904—1941），福建省莆田县人。1923年考入厦门集美师范学校。1925年，陈文杞毅然加入南下的革命青年队伍，千里迢迢赶赴当时的国民革命大本营——广州，考入了孙中山先生亲手创办的黄埔军校，进工兵科学习。由于革命形势发展的需要，次年即中断学业，在军校教育长邓演达先生率领下加入北伐军，编进工兵营第3连。北伐途中，他浴血奋战，出生入死，直至北伐军攻占武昌，才得以就地继续其军校的学业。1927年，陈文杞毕业于黄埔军校第五期后，又返回北伐军，任第22师少尉排长。不久，参加龙潭战役，一举击溃北洋军阀孙传芳之部，因英勇奋战而立功。1929年，陈文杞所在的第22

师整编为第1师,他先后任该师第1旅第1团连长、营长、大队长、团长和中校参谋主任等职。

卢沟桥事变爆发后,陈文杞随第1师转战各地,英勇抗击日寇,屡立战功。第1师也因此伤亡惨重,被调回西安整编。1941年年初,陈文杞被选派进陆军大学深造。中条山战役前夕,他毅然告别平静的军校生活,立马请缨上前线,担任新编第80军第27师参谋长。

在中条山战役中,陈文杞率部在闻喜、夏县等地与敌激战,一个阵地一个阵地地顽强抵抗。当台寨阵地遭日机狂轰滥炸时,他身先士卒,不顾生命危险,穿梭于枪林弹雨之中,亲自指挥官兵坚守阵地。在最危急的时刻,陈文杞以身实践自己曾经立下的抗日誓词:"有我无敌,有敌无我!"最后,终因寡不敌众,不幸中弹阵亡,为国捐躯,年仅37岁。陈文杞牺牲后,国民政府颁令表彰,并在其家乡城厢忠烈祠内立主牌纪念。

二十七、归国华侨投身山西抗战

在抗战八年的艰苦历程中，情系中华的海外华侨华人，秉承"国家兴亡，匹夫有责"的古训，流寓远方，不忘中土，同仇敌忾，万众一心，纷纷成立各种救亡团体，通过各种方式和渠道，支持祖国抗战。当时作为抗日主战场的山西，也活跃着不少爱国华侨的身影。他们战斗在抗日的前线和后方，同广大军民风雨同舟、前赴后继，有的甚至献出了宝贵的生命。这种舍家别业、共赴国难的义举，追求光明、浴血疆场的事迹，将永远载入中国人民抗日战争的史册。

炮兵先锋黄登保

黄登保，1918年出生在海滨城市厦门，自幼随母亲生活，就读于鼓浪屿英华学校。15岁时漂洋过海到菲律宾，投靠在那里做买卖的父亲。漂泊的生活，使他深感海外游子的命运与祖国的命运紧密相连。抗日战争爆发的消息传到菲律宾，怀着一颗拳拳赤子之心的黄登保和七位热血青年结伴而行，踏上了回国的征程。

1938年6月，黄登保抵达延安，在陕北公学学习了三个月。因表现突出，同年10月被吸纳为中国共产党党员。毕业后，组织上为了照顾华侨，把黄登保分配到后勤部门。他找到当时抗大的负责人何长工，坚决要求到抗战前线的战斗部队。何长工见他态度坚决，便问道："八路军总部炮兵团刚建立，正需要人，你愿意去吗？"黄登保说："太愿意了。"[①] 从此以后他便与火炮结下了不解之缘。

[①] 叶介甫：《黄登保：从华侨青年到炮兵将领》，《党史纵横》2013年第12期。

1940年10月，日寇开始对晋东南大"扫荡"。为了搞好"反扫荡"，黄登保所在的炮兵团配上了笨重的日本四一式山炮和骡马，向太行山东麓的黄烟洞（现名黄崖洞）行进。经过几天的艰难跋涉，队伍到达目的地。在彭老总的指挥下，炮兵团配合大部队在附近的关家垴村歼灭了日寇的冈崎大队人马，取得了一次"反扫荡"的重大胜利。由于在保卫战中英勇善战，黄登保同志深受领导和战友们的好评，"第一勇士"很快就名扬全团。此后，在战火的不断洗礼中，黄登保历任连长、团长、师参谋长、副师长、代师长，直至炮兵司令部副参谋长、副司令员……逐渐成长为一名有勇有谋、胆识兼备、战斗勇敢、指挥有方的优秀炮兵战将。

优秀军工谢宾元

新加坡归侨谢宾元（原名谢星），祖籍广东三水，1918年出生。因生活所迫，幼年时随母亲赴新加坡谋生，14岁便进入一家机械厂当学徒，先后在德国和英国工厂干过活。由于悟性高、肯吃苦，干了八年后，谢宾元成为一名技术精湛的机工，掌握了一手好技术。抗日战争开始后，耳闻日本侵略者的铁蹄在祖国母亲的胸膛上肆无忌惮地践踏，谢宾元在异国他乡如坐针毡。1939年5月，他背着家人参加了"南洋华侨机工回国服务团"，返回祖国投身于轰轰烈烈的抗日战争中。离开新加坡前，他特意委托好友给弟弟捎话："我救国，你养家。"[1]

1941年1月，谢宾元来到武乡梁沟兵工厂工作。初来乍到，一切都那么陌生，谢宾元在吃、住、行各个方面非常不习惯。但他一直咬牙坚持，从不叫一声苦，不搞一点特殊。面对日寇的频繁"扫荡"，谢宾元和同志们经过无数次实验、演习，很快摸索、掌握了一套神速

---

[1] 林卫国：《战斗在山西抗日前线的归国华侨》，《党史文汇》2005年第8期。

的机动战术：能够在一小时之内，把一座千人兵工厂的设备、人员，化整为零，分散隐蔽起来，使进剿的日军一再扑空、败兴而归。有一段时间，兵工厂缺乏砂轮机，车刀磨损后，就得用磨盘改制的手摇砂轮机去磨，但因手摇转速太慢，十分麻烦。谢宾元就动脑筋、搞实验，终于摸索出一套土办法：先把磨损的车刀加热，趁车刀发红变软时迅速用锉刀挫磨，然后再用油石加工。就这样，他和战友们攻克了一道道难关，用简陋的设备，为前方生产了一批批性能良好的武器。

1944年9月，谢宾元调到垴子沟兵工厂。他废寝忘食地紧张工作，仅用20天就试制成功了这个厂的第一门"五〇炮"。1945年4月，左权县西安村子弹厂由于工具问题，生产的子弹质量不过关，上级特意调他去当部主任，帮助解决技术难关。他一到任，便发挥技术精湛、经验丰富的优势，带领同志们没日没夜地进行研究、试验，终于解决了子弹打出去成横弹的问题。此后，大批高质量的子弹源源不断地被输送到前方。为此，谢宾元荣获了"刘伯承工厂运动"一等功，他也被人们称为"兵工厂的专家"。

爱洗澡的彭光涵

彭光涵（原名彭海涵），1918年10月生，广东陆丰县的客家人，父亲早亡。1928年随母亲下南洋，在马来西亚安家生活。1935年，17岁的彭海涵在马来西亚加入共青团，不久又加入共产党。全国抗战爆发后，他积极参与并领导了新马抗日救亡运动。后来被英殖民政府驱逐回国。

1940年，彭光涵来到晋东南抗日根据地的腹地——武乡，在抗大学习。此时正是百团大战时期，日军为报复八路军，组织了残酷的大"扫荡"，实行"烧光、杀光、抢光"的"三光政策"，根据地没吃没穿，以野菜、树叶充饥。面对这种恶劣的环境，彭光涵克服了一切困难，坚强地生活下来。但是，由于一直在海外生活，他的一些生活习俗还是与当地老百姓不同。比如，太行山老百姓习惯睡土炕，可是他却只习惯睡板床，为了让这个"外国人"能睡得舒服一些，老乡们就把自己家里的木板拿出来，帮他支了张床。还有当地的老百姓从来没有洗澡的习惯，可是彭光涵习惯了热带的气候，每天傍晚都要站在石槽边光着膀子洗澡，这也成了当地的一件稀罕事。由于这种卫生的生活习惯，他身上没有长虱子，也没有传上疟疾。当时，部队要从很远的地方背军粮、拉装备，许多战士都打摆子（疟疾）病倒了，只有他没事，他也就成了运输队的骨干。

不久，日军又一次组织重兵侵犯武乡，八路军总部只好离开武乡，向辽县一带转移。当时由于日军"扫荡"，抗大学员不能安然地学习，经常是日军来了就和老百姓一起"反扫荡"打游击，敌人走了就学习。彭光涵所在的连队在太行山上与敌人周旋，杀伤敌人数百人，缴获不少武器弹药。由于在战斗中不怕苦、不怕死，他被评为"模范党员"。

值得一提的是，彭光涵后来任第一届全国政协国旗、国徽、国歌、国都、纪年方案审查委员会秘书，参与并见证了新中国第一面国旗的诞生。

二十八、山西抗战中的国际友人

抗日战争是中国历史上一次伟大的民族解放战争，也是世界反法西斯战争的重要组成部分。在这段艰苦的岁月里，中国人民得到世界各国人民的广泛同情和支持，许多国际友人甚至千里迢迢、远渡重洋来到山西抗日前线，直接投身于抗击日本侵略者的斗争中，在血与火的考验下，谱写出一曲曲壮丽的反法西斯正义之歌。

"两国将军"洪水

在灿若星河的中国人民解放军将军序列中，有一位传奇的外籍少将——越南人洪水（原名武元博）。他不但是迄今为止中国人民解放军中唯一一位外籍将军，而且还是唯一一位中国、越南"两国将军"。抗战期间，洪水辗转山西、陕西等地，以大无畏的革命精神和伟大的国际主义品质，与中国人民并肩战斗、生死与共，共同谱写了中越两党两国两军人民的深厚友谊。

七七事变后，中国燃起全国抗战的烈火。时任八路军民运工作部干部的洪水受上级派遣，随聂荣臻领导的第115师奔赴山西，开创中国共产党领导的第一个敌后抗日根据地——晋察冀抗日根据地。洪水工作热情，大胆负责，很受当地官兵和群众的喜欢。到达五台县后，他依靠地方党组织，动员支持抗日的地方名流、进步知识分子和各方人士，很快组成动委会，并亲自担任主任。不久，洪水调任晋东北特委副书记兼宣传部部长。期间，他经常在县城的群众集会上，在农村的地头田间，发表慷慨激昂的抗日演讲，宣传中国共产党的抗日救国主张。1938年3月，洪水出任晋察冀抗日根据地党报《抗敌报》副主任，主持日常工作。在他的领导下，报社全体人员克服重重困难，精心编辑，及时把报纸送到边区抗日军民的手中，极大地鼓舞了军民的抗日斗志。离开这一职位后，他仍不断给晋察冀边区党的机关报刊《战线》《抗敌月刊》等撰写文章，在当时产生了较大影响。此后，洪水又在我军教育战线耕耘多年，尤其在抗战最艰苦的1941年，他所在的抗大二分校在敌人频繁"扫荡"的艰苦环境下，边教学、边战斗，先后培养出1.4万多名学员，为打击日本帝国主义培养了一大批骨干和生力军。

令人称道的是，在五台县工作期间，洪水与当地的妇救会主任陈剑戈相识相恋，并结为革命伴侣。但由于当时八路军有严格的纪律，抗战期间不允许结婚，洪水因此受到上级批评。消息传到延安，毛泽东主席和朱德总司令感慨地说，这是军心啊！考虑到战争期间的特殊情况，中央随后颁布了"二八七团"规定，即符合年满28岁、7年军龄、团级干部条件的，准许结婚。为此，许多年龄大的老同志开玩笑地说，洪水挨了批评，却为我们做了一件好事。①

1945年抗战胜利前夕，经越南共产党中央与中共中央协商，洪水被调回越南参加抗法战争，先后担任越南第四、第五战区司令员兼政治委员，为越南人民的民族解放事业做出了重要贡献。1956年，年仅48岁的洪水因患肺癌在越南不幸离世，从此结束了他传奇而光辉的一生。

朝鲜义勇军

在那战火连天的抗战岁月里，和太行军民同生死共患难的还有朝鲜义勇军华北支队的朋友们。他们在中国共产党的领导下，与八路军一起并肩作战，相互支持，同生共死，不仅给日本侵略者以沉重的打击，也有力地支援了华北敌后的抗日战争。巍巍太行，铭刻朝鲜志士

---

① 边树堂：《洪水将军与陈剑戈的革命传奇》，《先锋队》2007年第4期。

二十八 山西抗战中的国际友人

抗日业绩；滔滔清漳，象征中朝友谊源远流长。朝鲜义勇军战士的革命业绩将永载史册，为后人所怀念和景仰。

1941年夏，随着华北敌后根据地日益成为抗日的主战场，同时为了拯救、争取、团结华北沦陷区的20万朝鲜侨胞，一部分朝鲜的革命志士在山西辽县桐峪镇成立了朝鲜义勇队华北支队。刚一成立，朝鲜义勇队的成员们便立即投身于打击日寇、保卫抗日根据地的斗争行列中。战士们不但纪律严明、秋毫无犯，还帮助群众挑水、推磨、扫院等，深受根据地广大群众的欢迎。他们向敌占区、游击区张贴用汉语、朝鲜语和日语写出的标语、传单，散发抗日报刊、画册和书籍，到日军的前沿据点用日语和朝鲜语向日军官兵和朝鲜伪军喊话，对其发动强大的政治宣传攻势，甚至还乔装成日本人，到碉堡里活捉日本兵，给日军以极大的震撼。

与此同时，朝鲜义勇队华北支队还积极配合八路军，直接参加对日作战。从1941年7月至1942年8月，他们在太行山共计参加大小战斗40余次，[①]其中发生在山西麻田的战斗最为惨烈。1942年5月25日，日军发动了名为"第二期驻晋日军总进攻"的春夏大"扫荡"，出动大量兵力向八路军总部发动进攻，妄图歼灭八路军主力。此次行动由于日军事先对信息进行了严密封锁，直接导致八路军总部、中共中央北方局等机关逾1万人被日军包围在偏城和辽县交界的南艾铺、十字岭一线，情况万分危急。当时，跟随八路军总部一起活动的30多名朝鲜义勇军队员，自告奋勇配合八路军总部警卫连、第769团一部负责掩护抗击任务。他们英勇善战，奋勇杀敌，顶着密集的火力与日军激战数日，毙伤敌30余人，终于杀开一条血路，成功掩护彭德怀、罗瑞卿等总部首长和机关突出重围。但是，这场战斗也使八路军和朝鲜义勇队付出了巨大的代价。除左权将军壮烈牺牲外，朝鲜义勇队华

---

① 《新华日报》1943年1月10日。

北支队重要成员、华北朝鲜青年联合会负责人之一石正（尹世胄），中共党员、太行区党委党校副校长、华北朝鲜青年联合会负责人之一陈光华（金昌华）等血洒青山，永远留在了中国的土地上。

此外，牺牲在山西的义勇军战士还包括胡维伯（在长治敌占区突围中牺牲）、文明哲、金巴伦（在晋西北一次"反扫荡"战斗中牺牲）等。这些朝鲜义勇军战士，是朝鲜人民的优秀儿女，也是中国人民的忠实朋友，他们的事迹中国人民将永志不忘。正如八路军总司令朱德在《为自由而死生命永存》的悼文中指出的："为自由而战的战士，他们的生命是永在的。"①

八路军中的日本兵

抗日战争初期，由于日本士兵中广泛流传"拒绝投降论"和"俘虏否定观"，因此战场上很少有日本士兵主动投降。随着抗战的持续，在中国共产党战俘政策的感召和日本共产党人的努力下，一部分在中国的日本志士、觉悟了的日本士兵和日俘直接加入到中国人民的抗日斗争行列，掉转枪口，反戈一击，从而谱写了世界战争史上一段绝无仅有的奇迹。

1939年1月2日下午，在山西武乡县王家峪村举行的庆祝元旦集会上，日本战俘杉本一夫、小林武夫、冈田义雄正式加入了八路军。是年11月7日，杉本一夫等七名日本士兵在山西辽县麻田镇组成日本反战士兵在中国的第一个反战组织——华北日本士兵觉悟联盟。此后，反战组织经过了华北日本士兵觉醒联盟——在华日人反战同盟——日本人民解放联盟的演变壮大，到1945年8月，盟员已达1000余人。②

---

① 《新华日报》（华北版）1942年10月5日。
② 王世刚主编：《中国社团史》，安徽人民出版社1994年版，第417页。

二十八 山西抗战中的国际友人

反战成员的工作，主要是发动宣传攻势，瓦解日军士气，唤起日军觉醒。他们利用自己与日军的同乡、同学、朋友等各种关系，结合日本的民族习惯和日军思乡厌战的心理，创造了阵前喊话、电话攻心、邮寄通信、送慰问袋、散发反战传单和小册子等几十种行之有效的斗争方法。1942年11月，"反战同盟"两个成员对山西省潞安县老顶山分遣队进行喊话，其中一个盟员镰田小西与日军分遣队长既是同乡，又是同学，在部队里又在同一个分队，十分熟悉。听到镰田来了，日军分遣队长十分激动，抽泣着说："镰田，你来得正好，没关系，你到碉堡里来吧！"喊话就在这种温馨的气氛中开始了。过了几天，八路军给这个碉堡送去了慰问袋，他们回了三封感谢信，还送回10公斤大米。①

除反战宣传外，一些反战日人还利用自己的一技之长，在根据地内大显身手。他们有的帮助八路军开办"日语训练班"，有的任军事技术教员，有的从事医务工作。山田一郎毕业于东京帝国大学，被俘前是日本军队的中尉医官，被俘后经过教育，到山西省辽县羊角村野战总医院当了医生。他为人温和亲切，每个伤病员对他都有非常好的印象。尤其是在前方医药极端缺乏的环境下，他研究出医治肺病的简单施疗仪，采用土产的中药材来代替紧缺的西药，救治了不少军民，被誉为"日本的白求恩"。②

值得一提的是，在抗日战争中还有不少日本反战战士血染沙场，仅"反战同盟"太行支部，就有25名盟员为中国人民的解放事业流尽了最后一滴血。1943年1月初，太行区平顺县留田村民兵班长牛来仓与敌作战负伤，无法行动。"反战同盟"太行支部成员广川冒着生命危险，将牛来仓背离险境。1944年5月，砂原和住野两位日本反战士兵

---

① 前田光繁、李东光：《战斗在太行山上的日本士兵觉醒联盟》，《山西文史资料》1997年第4期，第68页。
② 《觉醒联盟》，《解放日报》1942年8月11日。

在山西省襄垣县进行反战宣传,当他们在离日军碉堡20米远的地方喊话时,遭到碉堡内士兵的射击壮烈牺牲。

  在华日本人反战运动是解放区抗日战争的"特殊战场",它不仅反映了中国共产党坚持以人道主义、爱国主义和国际主义对日本俘虏进行争取感化取得的奇效,同时也有效地瓦解了敌军,为夺取抗战的最后胜利发挥了重要作用。据"反战同盟"统计,如果把全体日俘定为100,其中自动投降八路军和从日军中逃亡者,1940年只有7%,1942年增至18%,1943年达到48%。①

---

① 张惠才、韩凤琴译:《从鬼子兵到反战斗士》,第84页;中共河北省委党史研究室河北省政协文史资料委员会:《在华日人反战纪实》,第168页。

参考文献：

一、著作

（1）蒋纬国主编：《抗日御侮》（第4卷），台湾黎明文化出版社1980年版。

（2）日本防卫厅防卫研究所战史室：《中国事变陆军作战史》，中华书局1981年版。

（3）秦孝仪主编：《中华民国重要史料初编——对日抗战时期》（第2编），中国国民党中央委员会党史委员会1981年版。

（4）日本防卫厅战史室编：《华北治安战》，天津人民出版社1982年版。

（5）山西省地方志编纂委员会办公室：山西地方史志资料丛书之二《抗日战争时期山西大事记》，1984年。

（6）牺盟会和决死队编写组：《牺盟会和决死队》，人民出版社1986年版。

（7）中国第二历史档案馆编：《抗日战争正面战场》（上），江苏古籍出版社1987年版。

（8）中国第二历史档案馆编：《抗日战争正面战场》（下），江苏古籍出版社1987年版。

（9）日本防卫厅战史室编纂：《日本军国主义侵华资料长编》，四川人民出版社1987年版。

（10）耿成宽、韦显文编：《抗日战争时期的侵华日军》，春秋出版社1987年版。

（11）阎伯川先生纪念会编：《民国阎伯川先生锡山年谱长编初稿》（五），台湾商务印书馆1988年版。

（12）阎伯川先生纪念会编：《民国阎伯川先生锡山年谱长编初稿》（六），台湾商务印书馆1988年版。

（13）刘国铭主编：《中华民国国民政府军政职官人物志》，春秋出版社

1989年版。

（14）中共中央党校本书编写组：《阎锡山评传》，中共中央党校出版社1991年版。

（15）陈文秀等：《忻口战役》，山西人民出版社1992年版。

（16）王厚卿、罗继长：《百战图》，北岳文艺出版社1995年版。

（17）星火燎原编辑部：《解放军将领传》，解放军出版社1995年版。

（18）李茂盛等著：《阎锡山全传》，当代中国出版社1997年版。

（19）张麟著：《徐向前》，昆仑出版社1999年版。

（20）冉淮舟、朱海燕：《北方有战火》，解放军出版社2000年版。

（21）杨圣清、段玉林：《巍巍中条——中条山军民八年抗战史略》，中央文献出版社2000年版。

（22）彭德怀：《彭德怀自传》，解放军文艺出版社2002年版。

（23）景占魁：《阎锡山与近代山西》，天马图书有限公司2003年版。

（24）杨建中：《阎锡山与山西抗战》，当代中国出版社2003年版。

（25）迟浩田：《抗战档案》（中），中央文献出版社2005年版。

（26）晋冀鲁豫烈士陵园管理处编：《怀念左权同志》，解放军出版社2005年版。

（27）陈锡联：《陈锡联回忆录》，解放军出版社2007年版。

（28）聂荣臻：《聂荣臻回忆录》，解放军出版社2007年版。

（29）王照骞：《八路军将领在武乡》，山西人民出版社2008年版。

（30）吴秀峰、孙石轩：《形意拳发展史略》，山西人民出版社2008年版。

（31）阎百真：《成成烽火：成成中学师生抗日游击队纪实》，中共党史出版社2009年版。

（32）徐剑铭等：《立马中条》，太白文艺出版社2010年版。

（33）李茂盛主编：《民国山西史》，山西人民出版社2011年版。

（34）国民党研究资料丛书：《抗日战争时期国民党战场史料选编》，浙江省中国国民党历史研究组(筹)印行。

二、论文

(1) 朱令名、杨志超：《英名长与日争光——左权将军传略》，《湖南师院学报》1982年第2期。

(2) 张国祥：《我国宗教史上最光辉的一页》，《五台山研究》1986年第3期。

(3) 乐嘉庆、姜天鹰：《评抗战前夕国民党南京政府的抗日准备》，《复旦学报》(社科版)1987年第5期。

(4) 余子道：《中国正面战场对日战略的演变》，《历史研究》1988年第5期。

(5) 李隆基：《抗日战争正面战场研究述评》，《抗日战争研究》1992年第3期。

(6) 牛旭光、牛荫西：《开明绅士牛友兰》，《纵横》1994年第4期。

(7) 郑成：《军事家左权将军传略》，《山西文史资料》1994年第3期。

(8) 陈蕾：《归侨谢宾元造炮》，《海内与海外》1995年第Z1期。

(9) 董平：《重叠待伏　千秋一例》，《党史文汇》1995年第8期。

(10) 董平：《七亘村伏击战前后记》，《山西文史资料》1995年第21期。

(11) 纪青：《抗战初期的天镇、阳高诸战役述评》，《大同高等专科学校学报》(社科版)1995年第3期。

(12) 贾国振：《抗日战争中的太原成成中学》，《党史文汇》1995年第6期。

(13) 康永和、马真：《在抗日烽火中成长壮大的山西工卫旅》，《中国工运》1995年第8期。

(14) 马仲廉：《忻口战役国共协同作战纪实》，《炎黄春秋》1995年第6期。

(15) 张洪祥：《华北抗日战场上的朝鲜义勇军》，《南开学报》1995年第5期。

（16）胡兆才：《神头岭大捷》，《福建党史月刊》1997年第8期。

（17）刘志坚：《七亘村伏击战》，《人民论坛》1997年第9期。

（18）前田光繁、李东光：《战斗在太行山上的日本士兵觉醒联盟》，《山西文史资料》1997年第4期。

（19）吴明：《军事执法第一枪——李服膺之死》，《文史精华》1997年第2期。

（20）谢音呼：《五台山僧众抗日斗争业迹》，《山西文史资料》1997年第2期。

（21）杨圣清：《中条山战役研究述论》，《近代史研究》1997年第3期。

（22）陈长河：《傅作义第七集团军之抗战》，《军事历史研究》1998年第1期。

（23）张全盛：《千古奇冤——李服膺被枉杀的历史真相》，《沧桑》1998年第4期。

（24）李义方：《"军神"刘伯承的经典之战》，《思维与智慧》1999年第12期。

（25）史新德：《战火中的炮兵团长——忆黄登保同志》，《党史纵横》1999年第1期。

（26）王福应、管军：《党的抗日民族统一战线政策与五台山僧人在抗日战争时期的历史贡献》，《忻州师范学院学报》2000年第4期。

（27）陈坤山：《巾帼英雄李林的生前身后》，《福建党史月刊》2001年第3期。

（28）赵群虎、伯山松：《沁源围困战》，《沧桑》2001年第6期。

（29）李庆刚：《论抗日战争时期开明士绅军事贡献——以华北抗日根据地为例》，《军事历史研究》2003年第2期。

（30）石建国：《简述华北敌后抗日根据地的朝鲜义勇队华北支队》，《抗日战争研究》2003年第3期。

（31）舒云：《细说平型关战役》，《党史博览》2003年第1期。

（32）傅雁南：《崇高伟大的模范——记抗日名将姜玉贞》，《黄埔》2004年第4期。

（33）金绮寅、杨静：《激战晋中——太原会战》，《黄埔》2004年第6期。

（34）池茂花：《甘愿征战血染衣　不平倭寇誓不休——追记归国华侨、抗日民族女英雄李林在雁北战斗生活片断》，《党史文汇》2005年第11期。

（35）代文明：《打破"囚笼"，1940年百团大战实录》，《军事历史》2005年第7期。

（36）谷峰著：《风范长存——彭德怀元帅在山西的故事》，《先锋队》2005年第3期。

（37）霍效昌：《姜玉贞将军事略》，《文史月刊》2005年第7期。

（38）孔春林：《浴血太行的朝鲜义勇军》，《党史纵横》2005年第9期。

（39）梁红一、刘婧：《一场典型战争——沁源围困战》，《当代世界》2005年第8期。

（40）林卫国：《战斗在山西抗日前线的归国华侨》，《党史文汇》2005年第8期。

（41）刘继英：《人民之战——"沁源围困战"胜利的主要经验与启示》，《党史文汇》2005年第11期。

（42）刘向东：《东渡黄河第一战——平型关大捷历史再回眸》，《军事历史》2005年第6期。

（43）宋凤英：《"两国将军"洪水的传奇经历》，《党史纵览》2005年第3期。

（44）魏庆、韩和平：《百团大战——抗日战争最辉煌的战役》，《国防科技》2005年第8期。

（45）王家进：《抗日画卷中的血火青春——太原成成中学感怀》，《党史文汇》2005年第7期。

（46）戴润生：《平型关大捷打破"日军不可战胜"的神话》，《广西党史》2006年第Z1期。

（47）徐峰：《抗战时期觉醒联盟述论》，河北大学硕士论文，2006年。

（48）徐鸣皋、王晋源：《毛泽东肯定过的开明士绅刘少白》，《红岩春秋》2006年第5期。

（49）边树堂：《洪水将军与陈剑戈的革命传奇》，《先锋队》2007年第4期。

（50）陈晓东：《1937夜袭阳明堡事件》，《神州》2007年第7期。

（51）季大承：《用手榴弹炸毁二十四架敌机——陈锡联率部夜袭阳明堡日军机场的故事》，《下一代》2007年第9期。

（52）潘泽庆：《说不尽的百团大战》，《党史纵横》2007年第7期。

（53）潘泽庆：《细说抗战时期的沁源围困战》，《党史博览》2007年第12期。

（54）王淑华：《革命的摇篮——太原成成中学历史回顾》，《山西社会主义学院学报》2007年第1期。

（55）吴家林：《汤恩伯与南口战役》，《炎黄春秋》2007年第9期。

（56）姚杰：《血战娘子关》，《黄埔》2007年第6期。

（57）王志斌：《战争与佛教徒——对五台山佛教徒抗战的个案研究》，山西大学硕士论文，2008年。

（58）萨苏：《日寇"特别挺进杀人队"真容》，《书摘》2008年第3期。

（59）张天晴：《吕梁三捷》，《文史月刊》2008年第6期。

（60）柏冬友：《喋血中条山——记抗日英雄孙蔚如将军》，《海内与海外》2009年第6期。

（61）王继亮：《谁道兵不可重伏？——七亘村伏击战评述》，《轻兵器》2009年第11期。

（62）杨飞：《险恶的日军"C号作战计划"》，《湖北档案》2009年第9期。

（63）杨飞、杨剑：《日军"C号作战计划"覆亡始末》，《文史精华》2009

年第5期。

（64）雨水：《夜袭阳明堡——以步兵歼灭大量敌机的光辉战例》，《先锋队》2009年第3期。

（65）布秉全：《抗战时期布学宽先生二三事》，《精武》2010年第10期。

（66）纪莹：《奇袭阳明堡》，《党员干部之友》2010年第5期。

（67）苏芝军：《娘子关失守内因探析》，《湖北第二师范学院学报》2010年第4期。

（68）杜舒书：《秦晋武术文化研究》，上海体育学院博士论文，2011年。

（69）何立波：《夜袭阳明堡一战成名的陈锡联上将》，《党史博采（纪实）》2011年第11期。

（70）申毅敏、王东明：《抗战硝烟中的山西工卫旅》，《山西政协报》2011年12月7日。

（71）赖晨：《左权被日寇挺进队袭害始末》，《文史春秋》2013年第10期。

（72）滕久昕：《彭德怀组织暗杀队为左权报仇》，《党史博览》2013年第10期。

（73）王敏、朱洪涛：《开明绅士支持抗战的深层文化因子——以山西忻县奇村邓养忠为例》，《北华大学学报》2013年第5期。

（74）王庆生、梁正：《抗日战争时期的山西工人武装自卫旅》，《山西社会主义学院学报》2013年第3期。

（75）叶介甫：《陈赓神头岭巧设伏兵》，《党史纵览》2013年第9期。

（76）陈辉：《巧用神兵战日寇：杨勇在抗战中的三大传奇》，《湘潮》2014年第1期。

（77）董志铭：《平型关大捷成因及军事意义述略》，《日本侵华史研究》2014 年第1期。

（78）戚厚杰：《八路军在太原失守前的抗日应为正面战场作战》，《中华民族的抗争与复兴——第一、二届海峡 两岸抗日战争史学术研讨会论文集》(上),第271页。

三、档案

(1)《第二战区二十八年冬季攻势作战经过概要》,中国第二历史档案馆藏,全宗787,案卷5106。

(2)《东路军各时期之战斗》,中国第二历史档案馆藏,全宗787,案卷5106。